文 化 名 家 暨
"四个一批"人才作品文库

出 版 界

《读者》的人文关怀

彭长城 著

中华书局

图书在版编目（CIP）数据

《读者》的人文关怀/彭长城著. —北京:中华书局,2013.11
（文化名家暨"四个一批"人才作品文库）
ISBN 978 - 7 - 101 - 09640 - 8

Ⅰ.读…　Ⅱ.彭…　Ⅲ.杂志社 - 出版工作 - 研究 - 甘
肃省　Ⅳ.G239.22

中国版本图书馆 CIP 数据核字（2013）第 221635 号

书　　名	《读者》的人文关怀
著　　者	彭长城
丛 书 名	文化名家暨"四个一批"人才作品文库
责任编辑	郭　妍　罗华彤
装帧设计	毛　淳
出版发行	中华书局
	（北京市丰台区太平桥西里38号　100073）
	http://www.zhbc.com.cn
	E-mail:zhbc@zhbc.com.cn
印　　刷	北京瑞古冠中印刷厂
版　　次	2013 年 11 月北京第 1 版
	2013 年 11 月北京第 1 次印刷
规　　格	开本/700×1000 毫米　1/16
	印张22¾　插页20　字数300千字
国际书号	ISBN 978 - 7 - 101 - 09640 - 8
定　　价	72.00 元

出　版　说　明

　　实施文化名家暨"四个一批"人才工程，是宣传思想文化领域贯彻落实人才强国战略、提高建设社会主义先进文化能力的一项重大举措。这一工程着眼于对宣传思想文化领域的优秀高层次人才的培养和扶持，积极为他们创新创业和健康成长提供良好条件、营造良好环境，着力培养造就一批造诣高深、成就突出、影响广泛的宣传思想文化领军人才和名家大师。为集中展示文化名家暨"四个一批"人才的优秀成果，发挥其示范引导作用，文化名家暨"四个一批"人才工程领导小组决定编辑出版《文化名家暨"四个一批"人才作品文库》。《文库》主要收集出版文化名家暨"四个一批"人才的代表性作品和有关重要成果。《文库》出版将分期分批进行，采用统一标识、统一版式、统一封面设计陆续出版。

文化名家暨"四个一批"人才

工程领导小组办公室

2012年12月

彭长城

　　1953 年 12 月生，河南罗山人。毕业于兰州大学历史系。1982 年元月起，历任《读者》杂志编辑、副主编、主编、社长，现任读者出版传媒股份有限公司总经理、《读者》编委会主任。参与《读者》从月发行量 10 余万册到 1000 万册的办刊历程，是《读者》办刊思想的奠定者和《读者》品牌的打造者之一。著有《让〈读者〉御风而行》等。曾获韬奋出版奖，被评为中国百名优秀出版企业家、新中国 60 年百名优秀出版人物，被国务院授予"全国先进工作者"称号。是中国共产党第十七次全国代表大会代表，第十二届全国人大代表，全国新闻出版行业领军人才，享受国务院颁发的政府特殊津贴。

读者 的人文关怀

1981—1989

这个阶段是《读者》的初创期和成长期,《读者》的创办者提出了"博采中外、荟萃精华、启迪思想、开阔眼界"的十六字方针,奠定了杂志开放的文化架构,并在刊物里播下了知识、人性、爱和爱国的种子,使《读者》虽偏居中国西北一隅,却具有世界的视野和现代的眼光,符合人类进步和时代发展的大趋势。

彭长城、郑元绪、胡亚权、曹克己、张力、丛海、高海军

读者文摘

'81/11

1981 年,《读者文摘》创刊号封面。电影演员：娜仁花

甘肃人民出版社总编辑、《读者文摘》创始人曹克己

甘肃人民出版社

甘人出（1981）008 号

关于申请登记《读者文摘》的报告

省出版局并省委宣传部：

经过一段时间的筹备，我社新创刊的《读者文摘》已经出版。受到广大读者普遍欢迎，为广大发行，方便读者，我们准备正式登记期刊，交邮局发行，现将有关情况报告如下：

一、指导思想：

《读者文摘》是一个综合性的文摘刊物。摘登全国各地公开发表的报刊、杂志、图书之精华，适当采集国外报刊之有益作品。

《文摘》强调思想性、知识性、趣味性的统一，而以知识性为主。所摘的文章，必须内容健康，思想向上，对读者有启发作用，不猎奇，不迎合某些群众的低级趣味。

《文摘》既要坚持正确的政治方向，又要办得生动活泼。

≈ / ≈

1981 年，甘肃人民出版社关于申请登记《读者文摘》的报告

《读者文摘》创始人胡亚权（前）、郑元绪（后）

《读者文摘》杂志的三位领导人早年合影。左起：郑元绪、胡亚权、彭长城（1982 年）

《读者文摘》目录

《读者文摘》封三

《读者文摘》宣传页

983 年，第一届"阅读奖"开奖式现场

20 世纪 80 年代早期的读者来信和荐稿

辑部人员在兰州黄河母亲雕塑前合影。左起：高海军、孙永旭、彭长城、郑元绪、李一郎、孙玉明、袁勤怀

郑元绪带领编辑部人员整理读者来信和荐稿

1985 年的《读者文摘》编辑部,左起:郑元绪、彭长城、李一郎、高海军、张永钟、孙永旭

《读者文摘》创刊五周年座谈
。左起：甘肃人民出版社副总编
周顿、总编辑曹克己、甘肃省新
出版局局长韩志德、甘肃省委
传部部长宋静存、甘肃人民出
社党委书记马乾卿

1986 年，编辑部在兰
州炼油厂职工俱乐部听取
读者的办刊意见

1988 年 6 月，中国文摘类期
在兰州首次召开工作研讨会

1985 年，在《北京晚报》举办的"我最喜欢的杂志"评选中《读者文摘》获得少年组、青年组、中年组 3 个第一名。这是《读者文摘》第一次获得社会团体的颁奖，彭城代表编辑部领奖

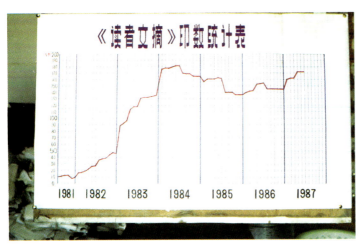

20 世纪 80 年代，
《读者文摘》印数统计表

读者寄给编辑部的
贺卡和明信片

读者 的人文关怀

1990—1999

这个阶段是《读者》的发展期。此时的《读者》提出了"选择《读者》,就选择了一种优秀的文化"和"贴近时代,贴近生活,贴近读者"的办刊口号,在人文关怀方面增加对社会、时代和文化的关注。这不仅使杂志在价值观上与现代社会保持合拍;在文化选择上,也以更加自觉和自信的心态,立足中国传统文化,包容世界优秀文明。

95 年,《读者》杂志社全体人员。左起:陈绍泉、胡亚权、彭长城、李一郎、张正敏、袁勤怀、刘英坤、任伟、张涛、王祎、高茂林、孙玉明、王燚

1990 年，编辑部工作场景。左起：李一郎、郑元绪、孙永旭、彭长城、刘英坤、袁勤怀、孙玉明、高海军

1991 年，《读者文摘》月发行量突破 200 万。甘肃省委宣传部召开专题表彰会议

1992 年 8 月,《读者》杂志社部分人员在青海湖纵情欢呼

1994 年,《读者》正式刊登广告。以上三图为当年以科学家为题材的广告

1993 年 6 月,用《读者文摘》刊名的最后一期杂志

1993 年 7 月,《读者文摘》正式改名为《读者》

1994 年,《读者》杂志第一届编、印、发工作会在兰州召开,开启了"编、印、供、广、发,携手创辉煌"的序幕

世纪 90 年代部分杂志封面

1994 年, 第四届阅读奖抽奖现场

1994 年, 彭长城在北京某一报刊销售点

　　1994 年 9 月，由赵朴初书写的 "读者" 二字为《读者》杂志最早的商标在第 16 大类 "杂志" 小类中注册成功。1995 年 7 月，由中央工艺美术学院陈汉民教授设计的 "绿色小蜜蜂" 图案被选为《读者》杂志的刊徽，并在 1997 年至 1999 年期间，与 "DUZHE" 拼音一起，先后在第 16 大类 "杂志" 小类注册成功。至此，形成了完整的《读者》LOGO。右图为陈汉民先生（左）和胡亚权合影

1995 年，编辑部全体员工去甘肃漳县采风路上的合影

1998年,《读者》
志社向南疆军区边
官兵赠送文化用品
式

1998年,《读者》杂志社慰问戍守西北边陲的解放军官兵,为他们赠送
籍和电器

1998年,《读者》出版发行200期光盘、纪念册

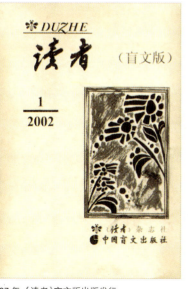

97年,《读者》盲文版出版发行

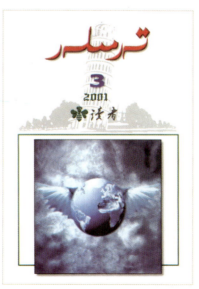

1993年1月,《读者》维文版出版发行

《读者》杂志自 1988 年分印以来,杂志社对印刷质量进行国标化管理,使得印刷质量大幅提升。图为 1998 年《读者》第一届印刷质量评比现场,左起:朱国范(上海)、夏玉德(南京)、许志荣(济南)、康力平(《读者》经营部副主任)、彭长城、张生寿(兰州)、赵树光(天津)、陈昌发(武汉

1999 年年底,美国《读者文摘》副董事长、远东地区主管布里南先生来到兰州,与《读者》杂志社领导交谈

1999 年,《读者》参加国家新闻出版署在美国举办的"中国期刊展"。左二为甘肃省新闻出版局报刊处处长杨怀生

读者 的人文关怀

2000—2013

这个阶段是《读者》的快速拓展期。《读者》提出了"始终如一的关怀"、"与读者一起成长"、"中国人的心灵读本"等办刊理念,人文关怀的理念基本成熟。2006年4月,《读者》月发行量达到1003万册,居亚洲第一,世界第三。以"读者"命名的读者出版集团和上市主体读者出版传媒股份有限公司相继成立,数字出版和多元化产业稳步推进。

年8月23日,《读者》杂志社员工合影

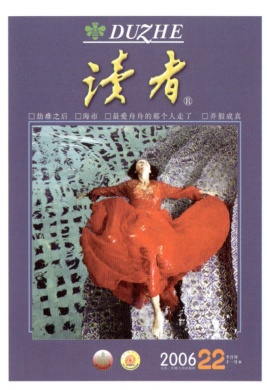

2000年1月,《读者》改为半月刊,杂志上半月版全部沿用以前的风格,下半月版采用黑底白字的形式,内容则较为青春时尚。2001年将黑色改为明亮的蓝色

1998—2001年《读者》杂志连续获国家新闻出版总署颁发的第一、第二届全国百种重点社科期刊奖,1999年获首届"国家期刊奖",2001被国家新闻出版总署认定为"双高"(高知名度、高学术水平)期刊,2003年再获第二届"国家期刊奖",2005年又获第三届"国家期刊奖"。20年,《读者》杂志社获得首届中国出版政府奖先进出版单位奖。2010年,《读者》杂志荣获第二届中国出版政府奖期刊奖(首次设立)

在 2001 年《读者》创刊 20 周年纪念会上，各地《读者》邮发局联合向《读者》杂志社赠送别克商务车一辆

2000 年 4 月，在刘家峡"读者林"，参加"保护母亲河、共建读者林"活动的部分代表在现场合影

由共青团中央、中国青少年发展基金会、《读者》杂志社等单位倡导发起的"全国保护母亲河"活动取得重要成效。截至 2006 年 4 月，由《读者》杂志的读者捐款种植的林木已达 2 万余亩。图为在 2001 年植树节，甘肃人民出版社领导班子成员在刘家峡"读者林"植树后合影。左右起：张正义、陈绍泉、张正杰、罗笑云

2001 年,主编陈绍泉(左四)与编辑们在一起交流。左起:袁勤怀、陈泽奎、彭长城、陈绍泉、张正敏、高剑峰、潘萍、宁恢、李剑冰

2000 年 1 月,《读者》乡村版创刊

2001 年 10 月,《读者欣赏》创刊

2001 年,《读者》明信片

《读者》2003 年征订宣传页

彭长城所写《读者》2002 年第 1 期卷首语手稿

2002 年 4 月 18 日,《读者》杂志主编彭长城与美国《读者文摘》董事长汤姆·瑞德通过 CCTV-4《让世界了解你》栏目进行空中对话

《读者》2002 年第 1 期卷首语

2003 年,在中国历史博物馆举办的纪念尼克松访华 30 周年展览会上,彭长城与美国《读者文摘》董事长汤姆·瑞德合影

2002 年 5 月,《读者》杂志主编彭长城在法国巴黎桦榭·菲力柏契总部演讲

与法国同行交流

2003 年 8 月,《读者》杂志与 121 名作者签订作品使用协议。2009 年至 2013 年 5 月,与 779 名作者签订了《著作权许可使用合同》。左起:毛志成、张丽钧、周国平、朱学勤、邓康延

左起:刘燕敏、沙叶新、高建群、毕淑敏

2004年8月27日，中宣部出版局、新闻出版总署报刊司、中国期刊协会在北京召开"品位·质量·效益——《读者》之路研讨会"

左起：张秦生、王光辉、高茂林、陈泽奎、彭长城、王祎、邱仿、李一郎

2004年《读者人文读本》出版发行，受到学生关注

2004年8月，《读者》(原创版)创刊

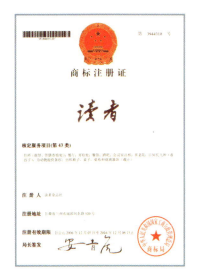 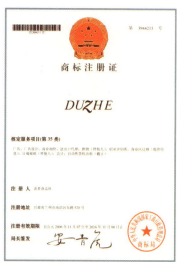 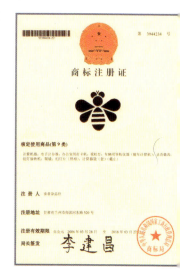

《读者》杂志社注重商标保护。2004年对"读者""DUZHE""小蜜蜂"三件核心商标进行了涵盖全部45个类别共计135件商标的注册工作，截至目前已成功注册124件，其中包括文化用品、不动产事物等重要门类，这为《读者》发挥品牌优势，进行多元化经营，打下了扎实的基础。图为成功注册的部分商标证书

经甘肃省委、省政府和国家新闻出版总署批复同意，2006年1月18日，读者出版集团有限公司挂牌成立，同时保留甘肃人民出版社的牌子。它标志着甘肃人民出版社告别原来的自收自支的事业单位，成为名副其实的企业。图为读者出版集团成立大会现场

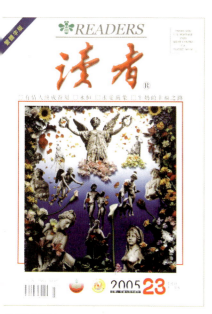

2006 年,在美国洛杉矶举行《读者》推介会

《读者》北美版

2006 年 4 月,《读者》创刊 25 周年,《读者》杂志月发行量达到 1003 万册,创中国期刊月发行量之最

中宣部及甘肃省委省政府发出贺信
祝贺《读者》
月发行量突破一千万册

中国新闻出版报
China Press and Publishing Journal
2006 年 4 月 12 日 星期三 第 3808 期 中华人民共和国新闻出版总署主管 国内统一刊号 CN11-0079 邮发代号 1-50 国外代号 D-21

总署传达贯彻全国文化体制改革工作会议精神,动员全面推行行政执法责任制
坚定不移把新闻出版体制改革引向深入
龙新民讲话 柳斌杰石峰邬书林传达中央领导讲话精神 于永湛主持 王立英出席

《读者》的发展历程

年份	发行量
1981年	9
1982年	31
1983年	119
1984年	173
1985年	149
1986年	146
1987年	163
1988年	174
1989年	146
1990年	181
1991年	241
1992年	305
1993年	340
1994年	350
1995年	407
1996年	375
1997年	386
1998年	353
1999年	329
2000年	505
2001年	467
2002年	545
2003年	738
2004年	810
2005年	896
2006年	918

2006 年,在商务部组织的"商业新长征,品牌万里行"活动中,《读者》杂志成为全国唯一树立品牌地标的文化产品。图为 2006 年 8 月 22 日,中共甘肃省委常委、宣传部长励小捷(右)与商务部副部长魏建国(左)共同为《读者》品牌地标揭幕

2007 年 5 月 13 日至 15 日,第三十六届世界期刊大会在北京召开。彭长城与美国《大都会》杂志主编凯特·怀特(左一)、《中国国家地理》杂志社社长李栓科(右一)、英国《热度》杂志主编马克·弗里斯(右二)等做现场交流

2007 年 12 月 17 日，"读者的挚爱" 诗文音乐朗诵会北京站全体演员与新闻出版总署署长柳斌杰（前排左八）、文化部部长孙家正（前排左
）、中国期刊协会会长石峰（前排右一）、甘肃省委宣传部部长励小捷（前排左六）、甘肃省副省长咸辉（前排右五）等领导合影

《读者》杂志国内印刷、发行点分布示意图

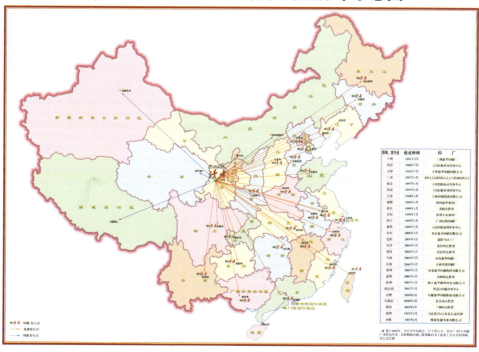

　　截至目前，《读者》在全国共设 19 个印刷点、27 个发行点。其中博商传播事业有限公司为中国台湾地区印刷发行总代
理，锦州邮局为《读者》合订本印刷、发行全国总代理

2009 年 9 月 15 日至 18 日,中国共产党十七届四中全会在北京召开。彭长城列席本届全会,并在 9 月 17 日上午第十组分组会议上,向胡锦涛总书记汇报《读者》在社会主义精神文明建设中的积极作用

2007 年,彭长城当选中共十七大代表

2009 年 12 月 24 日,读者出版传媒股份有限公司成立

2011 年 1 月,《读者》台湾版出版,在台北举行发行仪式。左起:《读者》杂志社社长富康年、台湾作家王文华、读者出版传媒股份有限公司董事长吉西平、读者出版传媒股份有限公司总经理彭长城、甘肃省新闻出版局局长张余胜、台湾杂志出版人何飞鹏

2010 年 5 月 14 日,读者电纸书新闻发布会。左二起:吉西平、新闻出版总署副署长蒋建国、甘肃省副省长咸辉、新闻出版总署科技与数字出版司司长张毅君、甘肃省委宣传部副部长管钰年

2011年4月,甘肃人民出版社建社60周年暨《读者》杂志创刊30周年庆祝大会上,读者出版集团对荣获"业奖"和"贡献奖"的老同志进行了表彰和奖励。图为受到表彰的部分老同志,左起:曹小强(代其父曹克己领奖)、亚权、郑元绪、张正义、王维新、郭耀中、杨家胜、傅保珠

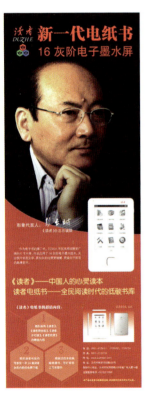

彭长城代言"读者"电纸书

2012年11月,《读者》藏
文版创刊号

2013年1月,《读者》
月刊创刊号

2012年1月,《读者·校园
版》创刊,2013年全新改版

左起第三座为读者出版传媒股份有限公司在天津滨海新区动漫产业园建设的读者新媒体大厦(效果图

2011 年 4 月，甘肃人民出版社成立 60 周年暨《读者》杂志创刊 30 周年之际，举办了 "2011 第三届《读者》插图艺术邀请展"，图为部分参展艺术家与美术编辑合影。后排左起：刘宏、于泉滢、李晨、喻梁、何保全、秦龙、沈尧伊、戴晓明、冷冰川、黎青、高荣生、李晓林、张弘、任伟；前排左起：邝飚、刘全镛、李艳凌、陈妮娜、李小光、董世强

2011 年 10 月 29 日，甘肃省委常委、宣传部部长连辑（前右一）、常务副部长张建昌（后右一）来读者出版集团调研，吉西平（左一）董事长汇报工作。连辑部长就股份公司如何发挥品牌优势，打造融资平台，建设营销网络，尽快实现上市提出具体要求

2013 年，彭长城当选十二届全国人大代表，与同事探讨《读者》在国家文化建设中的担当

2013 年 9 月 9 日，中共甘肃省委书记王三运（前排左五）、宣传部长连辑（左三）、省委秘书长李建华（左四）来到读者版集团考察调研。王三运书记指出："要认真研究《读者》的成功经验，不断创新，巩固老阵地，开拓新平台，为文化大发展繁荣做出新的贡献"

2013 年，朝气蓬勃的《读者》杂志社员工

目　录

本书所选文章索引

引　言

一本杂志引发的现象

在经济欠发达的甘肃,诞生一本发行量亚洲第一、世界第二,蜚声海内外的品牌杂志《读者》[1],并且这本杂志成为一个省的一张名片,成为一种现象,这是创办者始料未及的。

2007年8月14日,时任中宣部部长的刘云山同志到《读者》杂志社视察,他说:"不管是在出版界还是期刊界,甘肃的《读者》可以称之为一个现象,我叫它《读者》现象。"他特别强调:"《读者》成功的经验主要有三条,一是改革,二是创新,三是编刊精益求精,这三条非常重要。"在2011年甘肃人民出版社成立六十周年暨《读者》杂志创刊三十周年庆典前夕,刘云山同志深情地赋诗一首:

扎根陇原黄土地,

常念万千读者情。

---

① 《读者》原刊名《读者文摘》,1993年7月改为现刊名《读者》,因表述需要,本书内文统一使用现刊名

> 根深叶茂一棵树，
>
> 秀木葱茏已成林。

温家宝、吴仪等党和国家领导人也长期订阅《读者》。一本普通的杂志，既得到大众的青睐，又得到国家领导人的认可，无论如何都是一种殊荣。著名作家贾平凹说："作为一本文学杂志，又是出现在中国西北的边城，见证和参与了一个时代，影响了广大人群的生活，《读者》简直是创造了一个奇迹。"中国期刊协会原会长张伯海先生在研究了国内外期刊后指出："从全世界来看，像《读者》这样定位的刊物都很少见。这是一本独一无二的刊物。"

"《读者》现象"含义非常丰富，不仅是一个传媒现象，还是一个文化现象、经济现象、社会现象。不同背景的研究者从不同的角度解读它。

时任甘肃省委书记的苏荣同志曾专门写了一篇《论〈读者〉现象》的文章。① 在苏荣看来，《读者》的成功有六个方面的原因：一是得益于改革开放的历史机遇；二是成功地建造了开放型的优秀文化构架；三是在价值观上始终保持与时代合拍、同步；四是大众化、高质量、低价位的办刊定位和为读者服务的市场意识；五是人才创造了《读者》，《读者》也造就了人才；六是各级领导部门、领导同志在《读者》发展中表现出很强的发展意识、责任意识。中国期刊协会会长石峰认为："人文关怀"的办刊理念是《读者》与读者的"黏合剂"；"与时俱进"是《读者》长盛不衰的一个法宝；"经营有道"使《读者》不断拓宽市场。② 时任甘肃省委宣传部部长、现国家文化部副部长、国家文物局局长励小捷则从甘肃文化精神的角度进行了深入分析和解读。在励小捷看来，甘肃悠久丰厚的文化资源是培育《读者》的肥沃土壤，甘肃特有的文化精神是催生《读者》并使它发育成长的支撑。这直接促使杂志形成了包容、坚韧、创新的办刊历程。③

作家们对内容的体验更为敏感。"巴山鬼才"魏明伦评论说：《读者》不靠

---

① 《甘肃日报》2004年1月2日
② 石峰：《让〈读者〉御风而行》序（一），《让〈读者〉御风而行》，甘肃教育出版社2011年版，第1—4页
③ 励小捷：《让〈读者〉御风而行》序（二），《让〈读者〉御风而行》，甘肃教育出版社2011年版，第6—7页

'枕头'，不靠'拳头'，却能超越'两头'书刊的销量，靠的是什么？文学感染力，知识信息量，观赏趣味性，德育、智育、美育，多种维生素。"文化大家余秋雨则如此分析："历届编辑人员忙忙碌碌，其实都在延续和修订一种魅力长久的道义原则和美学原则。"

那么，《读者》成功的深层次内核究竟是什么？它如何打通精英文化和大众消费的通道？如何关注人性，关注时代？这本"独一无二"的刊物在内容上究竟如何排兵布阵？它坚持了怎样的"道义原则和美学原则"？这些问题的回答，最终都指向一个命题，即《读者》的人文关怀。

另一个"反常"现象也说明了《读者》人文关怀的生命力。

最近几年，新技术的运用和生活节奏的加快已经大大改变了人们的传统阅读习惯，与之前追求具有丰富知识含量和人文含量的信息相比，人们更热衷于追求快餐式的信息，求知变成求新，深度阅读被碎片化阅读所取代。新媒体的崛起已形成了新的阅读文化，并不断冲击和压缩传统出版格局。由于市场的萎缩，2009年，美国《读者文摘》宣布申请破产保护；2012年，《读者文摘》的中文版《普知》在试水四年后宣告停刊；同年，英国《大英百科全书》和美国《新闻周刊》先后停止发行纸质版本，全面转向数字版。

《读者》的发行量在2006年达到顶峰之后，仍然一刊风行，保持亚洲第一的发行量，并且仍有巨大的提升空间。这些都说明，喧嚣之下，不管技术如何发展，优质内容依然是核心竞争力，人们还是希望获取更有意义的可留存的信息。数字出版只是提供了新的传播介质和传播渠道，越是海量的信息，越需要编辑们的精心选择和加工。《读者》以人文关怀为标尺，挑选和整理这些可留存的信息，是这本杂志的生存方式，也是其保持长久生命力的内核。

李晓光插图作品：《机会成本》(《读者》2011年第7期)

第一章

历久弥新的人文关怀

办刊是一种创造性的劳动,也是一场长途跋涉。《读者》人文关怀的理念并不是创刊之初就提出来的,而是在长达三十多年的办刊历程中,一步步总结提炼出来的。从某种意义上讲,《读者》的人文关怀既成就了这本杂志今天的地位,也蕴藏着一本杂志的光荣和梦想。

高燕插图作品:《我们是怎样过母亲节的》(《读者》1984年第5期)

第一节

不同语境下的“人文”释义

“人文”是人类共同的文明成果,不同的文化语境使“人文”一词具有不同的指向。在论述人文关怀之前,有必要先了解一下“人文”,以及与之相关的“人文主义”“人文精神”“人本主义”“人道主义”等词汇的基本含义。

一、影响深远的西方人文传统

“人文主义”一词来源于西方,是西方文化中Humanism①一词的译语,也有人把它译成人本主义。人文主义从人类的角度来思考人,思考人存在的根基,包括人的本源、人的本性、人和人的关系、人和自然的关系、人和神的关系。西方人文主义

---

① Humanism一词无论是在古代还是在文艺复兴时期都还没有出现,它是直到1808年才由一个叫尼特哈麦的德国教育家在一次关于古代经典在中等教育中的地位的讨论中,用德语humanismus首创的,后来又由沃伊格特在1859年出版的《古代经典的复兴:人文主义的第一个世纪》一书中首先用于描述文艺复兴时期,这比布克哈特著名的《意大利文艺复兴时期的文化》还要早一年。阿伦·布洛克(Alan Bullock):《西方人文主义传统》,群言出版社2012年版

起源于公元前5世纪中叶的古希腊的人文思想,在14—16世纪的文艺复兴运动中得到大发展,在17—18世纪的启蒙运动中走向成熟。因此,广义上讲,人文主义是指欧洲始于古希腊的一种文化传统,狭义上是指文艺复兴时期的一种思潮。

公元前5世纪,航海和殖民扩张的拓展使古希腊城邦在工商业方面日益发达,此时的文化交流也日益频繁,奴隶主民主制得到了完善,公民参与政治的意识逐渐加强,人的中心地位日益突出。关注人性、人与人、人与社会的"智者学派"由此兴起。"智者学派"主张"人是万物的尺度",一方面否定神或命运等超自然力量对社会和人生的作用,认为世界上没绝对不变的真理;另一方面强调要突出人的地位和作用,主张人人平等。比如其代表人物安提丰说:"根据自然,我们大家在各方面都是平等的,并且无论是蛮族人,还是希腊人,都是如此。在这里,应当适时地注意,所有人的自然需求都是一样的。"①这在当时是对雅典民众思想的启蒙和解放,树立了人的尊严和权威。

智者学派重视人的作用,但常常为追求功利忽视道德。与之不同,苏格拉底则强调道德哲学,他认为人生的最高目标是追求正义和真理,"美德即知识",要"认识你自己"。苏格拉底对人性本身的深入研究,使哲学真正成为一门研究人的学问。这是人类精神觉醒的一个重要表现。苏格拉底被广泛认为是西方哲学的奠基者,他和他的学生柏拉图及柏拉图的学生亚里士多德被并称为"希腊三贤"。

一定的文化是一定社会政治和经济在观念上的反映。古希腊先哲们从人类社会生活中的各方面,不断强调人性,强调人存在的价值和意义,体现了最初的人文精神,是西方人文主义思想的起源,为后来的文艺复兴、宗教改革提供了丰富的精神养料。

文艺复兴时期,针对中世纪宗教神权、君权对人的精神和肉体的摧残和束缚,人文主义思潮兴起。人文主义者用"人学"对抗"神学",主张天赋人权,宣扬个性解放,反对等级观念,追求自由幸福。文艺复兴时期的人文主义传统,就是关心

①涅尔谢相茨:《古希腊政治学说》,商务印书馆1991年版,第105页;转引自张伟、王巍:《试论古希腊罗马的自由政治哲学》,《华侨大学学报》(哲学社会科学版)2003年第2期

人,尤其是关心人的精神生活;尊重人的价值,尤其是尊重人作为精神存在的价值。人文主义文学的集大成者莎士比亚发出这样的呼唤:"人是多么了不起的一件作品!理想是多么高贵,力量是多么无穷,仪表和举止是多么端正,多么出色。论行动,多么像天使;论了解,多么像天神!宇宙的精华,万物的灵长。"总体来看,文艺复兴时期的人文主义,其核心思想为:一是关心人,以人为本,重视人的价值,反对神学对人性的压抑;二是张扬人的理性,反对神学对理性的贬低;三是主张灵肉和谐,立足于尘世生活的超越性精神追求,反对神学的灵肉对立、用天国生活否定尘世生活。

文艺复兴时代的人文主义开启了人的现代性历程,从欧洲开始了全世界的征程,所到之处,都受到了极大的欢迎。尽管文艺复兴的人文主义又演变为各种流派,产生了不同的哲学、文化和思想体系,但肯定人性、尊重人的价值的核心思想,已经成为西方的共识。文艺复兴也因此深深影响了西方人的哲学体系和价值观,对社会、政治、经济、文化等形成了深远的影响。

西方人文主义思想得到进一步弘扬是17—18世纪的启蒙运动。这是继文艺复兴之后,在思想领域掀起的一场反对封建专制统治和教会思想束缚的轰轰烈烈的思想解放运动,是欧洲历史上的第二次思想解放运动。此时,在经济上,资本主义已经得到进一步发展,资产阶级进一步壮大,要求打破封建专制统治和教会思想束缚的诉求越来越强烈。同时自然科学也取得了重大进步,使人们开始用科学方法取代宗教信仰作为理解世界的途径,人们普遍相信人类可以征服自然,也因此推动人类社会自身不断前进。

这场持续近一个世纪的思想解放运动覆盖了各个知识领域,如自然科学、哲学、伦理学、政治学、经济学、历史学、文学、教育学等等,但核心是倡导自由、平等、天赋人权,强调理性,认为判断是非的唯一标准只有人自己的"理性",人们应该用理性之光驱散黑暗,走向光明。启蒙思想开启了人类反封建的意识,使人的权利得到进一步尊重,自由和平等思想日益深入人心,在思想上和理论上直接为1789年的法国大革命奠定了基础,后快速传播到世界其他地区,成为强大的社会思潮,成为人们追求解放的精神武器,在人类历史的发展进程中发挥了重要作用。

二、源远流长的中国人文精神

在古代，"文"的本义是指各色交错的纹理。《易经·系辞下》有记载："物相杂，故曰文。"《礼记·乐记》称："五色成文而不乱。"《说文解字》曰："文，错画也，象交文。""文"就是事物之间的交错关系，后来，逐渐引申为语言文字的各种象征符号，进而具体化为文物典籍、礼乐制度。

"人文"一词最早出现在《易经》："刚柔交错，天文也。文明以止，人文也。观乎天文，以察时变，观乎人文，以化成天下。""天文"即自然运动的规律，"人文"指社会规范。社会规范"化成天下"，重要媒介就是诗书礼乐，"人文"一词由此具有礼乐教化的含义。宋程颐在《伊川易传》卷二释作："天文，天之理也；人文，人之道也。天文，谓日月星辰之错列，寒暑阴阳之代变，观其运行，以察四时之迁改也。人文，人理之伦序，观人文以教化天下，天下成其礼俗，乃圣人用贲之道也。"《易》孔颖达疏："言圣人观察人文，则诗书礼乐之谓，当法此教而化成天下也。"《北齐书·文苑传序》："圣达立言，化成天下，人文也。"这些都突出了人文的教化功能。北大学者楼宇烈在《中国传统文化中的人文精神》中也说："人文就是不以武力，而以一种文明的办法，以诗书礼乐来教化人民，由此建立起一个人伦有序的理想的文明社会。"①

《辞海》对"人文"一词给出了更广义的解释："人文是指人类社会的各种文化现象。"按照此解释，人文就超越了"化成天下"、"以文教化"的传统范畴，而将社会历史、地理、风土人情、传统习俗、生活方式、文学艺术、行为规范、思维方式、价值观念等都纳入自己的领域。因此，各种在自然基础上形成的物质文化景观被称为人文景观，各种非物质文化遗产被称为人文遗韵。

对于中国文化来说，虽然经典繁杂，浩如烟海，却统之有序，而人文精神正是其核心。儒家思想、道家哲学和佛教文化是中国传统文化的三个支柱，都对中国的

---

① 《现代国企研究》2011年第3期

人文精神产生了深远的影响。与西方强调"人本"与"神本"的二元对立并由此产生的肯定人性不同,以儒、释、道为主体的中国传统文化,其人文精神集中在四个层面:一是重视对人的道德、理想、欲望、生命的探讨;二是探求人与社会的关系;三是人与自然的关系;四是人与神灵的关系。中国的人文思想在东方产生了广泛的影响,形成了具有鲜明特色的文化和哲学体系,并且演变为东方社会一种朴素的意识和习惯。

从某种意义上讲,东西方文化中的人文理念并无高低之分。不同的地理分布和经济形态,是形成不同人文理念的重要原因。从地理环境看,中国背靠大陆,是依托平原大河的闭塞内陆环境,小农经济自给自足,加之中央集权政治,形成了重视礼仪、人情和宗法制度的文化传统;而西方属于开放的海洋环境,航海和手工业发达,冒险、追求、个性、开放、自由、平等等文化为社会所推崇。另一方面,中西文化也是不断交流而互有影响的。18世纪法国启蒙思想家伏尔泰①就深受儒家思想的影响。他极为赞扬孔子提倡的仁爱、信义、克己容人、自省自谦的思想,并把孔子关于"己所不欲,勿施于人"的观点与压抑、不宽容的基督教作了对比,认为正是由于孔子思想的长期影响,才有了今日中国的道德和文明。而在中国近现代兴起的新人文主义思潮,也都受到美国欧文·白璧德新人文主义的影响。因而,可以说东西方人文理念只是人类文明形态中的不同类型,它们都是人类文明的有机组成部分。

三、马克思主义哲学维度的以人为本

人文关怀同样也是马克思哲学的基本维度之一。马克思在早期著作《1844年经济学哲学手稿》中提出了人道主义思想,当时的背景是黑格尔强调绝对精神的存在,认为劳动是抽象的精神活动,人的本质力量对象化的过程也仅仅是纯粹的

---

① 在文学创作领域,伏尔泰把孔子思想视为"真美之源",认为"孔子的文艺思想强调人的感情的抒发,强调道德的净化,以及自然纯朴的审美追求"。伏尔泰把儒家思想融注到自己的哲学、历史和文学创作中去,是18世纪欧洲受儒家思想影响最大的作家。参见柏寒:《略论中国古典文学的世界影响》,《重庆师院学报》(哲学社会科学版)1994年第1期

精神运动的过程。而马克思把人的类特性定义为"自由的、有意识的活动",批判指出人是现实的人,观念是现实生存关系中的产物。因此可以说,此时的人道主义是观念(精神)与现实中的人的二元关系的探讨,与文艺复兴时期的"人本"与"神本"的探讨具有完全不同的背景和价值。马克思晚期著作《资本论》中同样提到了人本主义,指出资本主义的商品拜物教把人与人的关系变成了商品与商品(物与物)的关系。资本主义生产把人看做手段和工具,而不尊重人的物质、精神和自由全面发展。社会发展的历史是人民群众实践活动的历史,人民群众是历史的创造者。人类只有改变充满了剥削和压迫的资产阶级社会关系,人的尊严、个性的解放和全面自由的发展才能最终实现。

通过深入研读马克思主义经典文献,学术界普遍认为人文关怀是马克思主义的基本维度,人的生存、人的权利、人的价值、人的解放、人的自由而全面的发展等问题是马克思主义所关注的永恒主题。有学者认为,"马克思主义人文关怀,概括地说就是:强调历史是人们自己创造的,强调把实现广大人民群众的生存和发展需要作为一切社会历史活动的根本追求,要求一切社会历史活动都必须在根本上造福于广大人民群众的生存和发展需要、有利于人民群众作为'人'所具有的'人的类本质'的充分展现及其才能的全面发展"[1]。也有学者认为,马克思主义人文关怀思想主要体现在:对人的需要、个性的尊重和重视,对人的自由、解放的执著追求,对人的全面发展的高度关注。[2]

毛泽东继承和发展了马克思列宁主义,提出了"全心全意为人民服务"是中国共产党的根本宗旨。1978年党的十一届三中全会以后,以邓小平为核心的党中央逐步开辟了一条有中国特色的社会主义道路,人民的权利、思想、价值得到解放和发展,"人"在中国一步一步被大写,民族素质进一步得到提高。江泽民在2001年庆祝中国共产党成立八十周年大会的讲话中,深刻论述了人的全面发展问题:"我们建设有中国特色社会主义的各项事业,我们进行的一切工作,既要着眼于人

---

①高湘泽:《新时期中国社会治理理念的马克思主义人文关怀》,《广东社会科学》2009年第1期
②王东莉:《德育人文关怀论》,中国社会科学出版社2005年版,第231—234页

民现实的物质文化生活需要,同时又要着眼于促进人民素质的提高,也就是要努力促进人的全面发展。"党的十六大则把促进人的全面发展列入全面建设小康社会的奋斗目标之中。

党的十六大以来,以胡锦涛为总书记的中央领导集体在其提出的科学发展观中融入了以人为本、和谐社会等执政理念。党的十六届三中全会作出的《中共中央关于完善社会主义市场经济体制若干问题的决定》中,把"以人为本"作为基本原则加以强调,"坚持以人为本,树立全面、协调、可持续的发展观,促进经济社会和人的全面发展"。这一论断是对马克思主义关于人的全面发展理论的继承、丰富和发展。党的十六届四中全会,进一步提出构建社会主义和谐社会的任务。社会主义和谐社会具有六个方面的特征:一是民主法治,二是公平正义,三是诚信友爱,四是充满活力,五是安定有序,六是人与自然和谐相处。具体又包括五个方面:一是个人自身的和谐,二是人与人之间的和谐,三是社会各系统、各阶层之间的和谐,四是个人、社会与自然之间的和谐,五是整个国家与外部世界的和谐。其中,最为关键的是社会成员的心理和谐。社会主义和谐社会是共产党人不懈追求的一种社会理想,也是人类孜孜以求的一种美好社会。

党的十七大报告第一次提出"加强和改进思想政治工作,注重人文关怀和心理疏导"。人文关怀和心理疏导这两个名词不仅显示了党的思想政治工作的新变化,更确立了人的主体性,从而确立一种赋予人生以意义和价值的人生价值关怀,实现人的自由而全面的发展。

以习近平为总书记的新一代中央领导集体在讲话和报告中多次提及"人民"和"责任",集中体现了新的领导集体的爱民思想。2012年11月29日,习近平和新一届中央政治局常委集体参观国家博物馆的《复兴之路》展览,习近平阐述了中国梦:"每个人都有理想和追求,每个人都有梦想,现在大家在讨论中国梦。何为中国梦?我以为,实现中华民族伟大复兴,就是中华民族近代最伟大的中国梦。"2013年3月17日,在十二届全国人大一次会议闭幕会上,中共中央总书记、国家主席、中央军委主席习近平向人民郑重宣示:"中国梦归根到底是人民的梦,必须紧紧依靠人民来实现,必须不断为人民造福。""我们要随时随刻倾听人民呼声、回应人民期待,保证人民平等参与、平等发展权利,维护社会公平正义,在学有所教、劳有所得、病有所医、老有所养、住有所居上持续取得新进展,不断实现好、维护好、发展好最广大人民根本利益,使发展成果更多更公平惠及全体人民,在经济社会不断发展的基础上,朝着共同富裕方向稳步前进。"中国梦的本质内涵是实现国家富强、民族复兴、人民幸福和社会和谐,是马克思主义"以人为本"思想在新的历史时期的重要创新和发展。

总体来看,"以人为本"是具有全局性指导意义的思想理念,是改革开放的必然结果,是构建社会主义和谐社会的必然要求,也是实现"中国梦"的必不可少的组成部分。从马克思主义的创始人到中国共产党的第五代领导集体,共产党人的历史使命,从来都是以人民的解放和幸福为根本目标,这就要求必须真正尊重人、理解人、关心人,把不断满足人的全面需求、促进人的全面发展作为执政的根本出发点。

第二节

《读者》人文关怀的基本立场

人文主义、人文精神、以人为本等思想的历史实践和时代发展为《读者》的人文关怀提供了丰富的思想来源。所谓人文关怀，就是从人文主义出发，肯定人的价值，尊重人、关怀人，使个体得到发展、价值得以实现。《读者》的人文关怀吸取了西方文明和中国传统文化的精华，又融入了当代社会主义思想建设、文化建设、道德建设和精神文明建设的内容，使《读者》的人文关怀既有自上而下的国家意识形态的主旋律，又有自下而上的普通百姓的文化消费和精神诉求，还有中西方文明中的积极成果，这使整本杂志呈现出多元的文化格局，不同年龄、不同经历、不同职业、不同文化程度和文化背景的人都能够从中寻找到属于自己的阅读领域。

2004年8月，中宣部、新闻出版总署在北京召开"品位·质量·效益——《读者》之路研讨会"，向全国新闻出版界宣传推广《读者》经验。2004年9月2日，中央电视台《焦点访谈》播出名为"相约心灵"的专题片，对《读者》杂志的人文关怀思想和发展史作了广泛宣传和深入报道。这在中国期刊界尚属首例。从某种意义上讲，《读者》的人文关怀既成就了这本杂志今天的地位，也蕴藏着一本杂志的光荣和梦想。

三十多年来,《读者》的人文关怀已经形成了自己的基本立场,即人性立场、文明立场和时代立场。

一、人性立场:关注人性,尊重人性

人性是文学的永恒主题。诺贝尔文学奖获得者、著名作家莫言曾说,作家最终探讨的还是人性,"必须站在人的立场上,把所有的人都当做人来写……如果一个作家在人性方面没有他自己的发现,他的作家称号是值得怀疑的"。近两年票房颇佳的《唐山大地震》、《一九四二》,之所以能够感动人,都是在灾难大背景中展示着人类共同的人性。《一九四二》影片男主角扮演者张国立在接受媒体采访时曾说:"在这个灾难面前,没有什么精英,没有什么地主,大家都是一样的,甚至你承受灾难的那种能力还不及一个普通的长工。"

在人性上,每个人都是平等的,没有高低贵贱之分。中国文学界对人性的肯定,源于进入20世纪,在启蒙主义思潮的影响下,文学创作对生命个体的关注。郁达夫说,"五四"的最大成就,第一要算"人"的发现。也就是说,这个时期人们开始注重人性的揭示,深刻而真实地展现人们的精神世界。梁实秋是国内第一个研究莎士比亚的权威,在美国哈佛大学留学时,曾选修美国新古典主义大师白璧德的《十六世纪以后之文艺批评》课程,在文艺思想上深受白璧德的影响。他一再强调:"文学发于人性,基于人性,亦止于人性","人性是超阶级的,资本家与工人他们的人性并没有两样,他们都感到生、老、病、死的无常,他们都有爱的要求,他们都有伦常的观念,他们都祈求身心的愉快,文学就是表现这最基本的人性的艺术"。人性正是梁实秋文学创作的核心与唯一标准。

1949年以后,由于意识形态宣传的需要,有些作品政治意向和阶级味太重,作品里的人物形象单一,符号味浓,不能给读者留下什么印象,因此很难长久流传。但有些作品却因为富含对人民的热爱,对人性的尊重而得到人们喜爱。而真正世界性的作品,都具有普遍的人性,这是它们能够超越阶级、超越地域、超越文化、

超越时代,因而引起世界各地读者共鸣的重要原因。

《读者》创办者认为,只有人性的东西才可以征服人心。一本杂志要想获得长久的青睐,必须打破各种局限,站在人性的立场,从全人类的角度,去表现普遍的人性。

对人性的刻画和展现,是一项貌似重复却有意义的工程。如果把世界文学的主题进行分类,无非是爱情、亲情、友情、战争、死亡、人与社会、人与自然等,但这些主题折射的善良与罪恶、理性与感性、博爱与自私、美好与丑陋总能在某一刻散发出独特的光芒,俘获我们的内心。正是这些全人类共通的东西,才构成人类社会审美的共同趋势与走向,才构成全世界范围内人类的审美交流和思想沟通。

人总是要追求价值的实现,这是人性的体现。马斯洛把人的需求分为五个层次,即生理需求、安全需求、社交需求、尊重需求和自我实现的需求,生理需求和安全需求基本上是人和动物所共有的;在社交需求和尊重需求方面,人比动物需求的层次更高、程度更强、内容也更广泛;而自我实现的需求,则是人类所独有的。北京大学哲学系教授朱德生将人的存在方式归为两个特点:"一是超越性,即人类总不满足于已有的现实世界,总想超越这一世界去追求尚不实在的彼岸世界,去追求理想中的世界。这种理想的世界,其实仍来源于现实的世界,但又永远不能归结为现实的世界。二是开放性,即人的历史既没有现成的开端,也无所谓最终完成的时刻,而是在不断前进中的。或者说,人的规定性既不是先验的,也不是到某时便能最终完成。人类是在他自主的创造活动中不断前进的。人类不断前进的历史,也就是人类文明不断创新的历史,人性不断张扬的历史。"[1]不断超越和开放是人实现价值和尊严的基本方式,《读者》由此刊登了大量的文章,展现人性的优点和弱点,以帮助阅读者更好地提高自身的能力、养成健全的人格和健康的行为方式,最终实现不断的超越。《读者》创刊200期之际,作家梁晓声来信说:

全世界的文字中也许只有中国的文字里才有"者"字。

[1]朱德生:《浅析人类精神的几层内涵》,《云南大学学报》(社会科学版)2006年第4期

"者"字在中文中是一个古字。

"者"就是人哪。

读是人类的一种古老的习惯。古老的习惯与"者"这一古字相结合，就不但使"读者"二字具有了古典性，而且似具有了庄严性。

据我看来，《读者》所容纳的风格是多种多样的。但是，在它的现代的下面，我始终能感受到一种古典性的律动；在它的轻松活泼的下面，我始终能感受到一种庄重性的坚持。

据我想来，读者普遍地是那样的一些人，他们和她们的脾气秉性千差万别。但是，我始终能从他们和她们的精神世界里，感受到人的古典性的执著的继承，感受到人的庄重性的情愿的恪守。[①]

诚如斯言。三十多年来，《读者》的办刊团队一直延续一个基本的共识，即从来没有把《读者》当做印刷品来看，而是把她当做一个活生生的"人"去培养，把《读者》人格化，努力使她有思想、有追求、有风骨、有情致、有志趣、有格调、有性格、有风韵，有自己的喜怒哀乐，有自己的幸福家园，有自己的自然环境和自己的祖国。她简直就是一位中国公民。[②]

二、文明立场：美美与共，天下大同

费孝通老先生在他八十寿辰聚会上，曾经意味深长地讲了一句16字箴言："各美其美，美人之美，美美与共，天下大同。"意思是说各个民族要懂得欣赏自己创造的美，还要包容、欣赏他人创造的美，这样各个民族、各个国家的优秀文化互相包容、互相欣赏、互相学习，就会展现一个多彩的世界、多元的文化，实现理想中的大同美。大同美究其本质而言，就是各个民族达到互相尊重、互相融合的状态。

---

①梁晓声：《祝福读者》，《读者》1998年第3期，刊发时有删节
②胡亚权：《〈读者〉往事》，甘肃教育出版社2011年版，第5页

人类文明是一个多元的有机系统。《读者》尊重人类文明的进程，既不妄自菲薄，也不骄傲自大；既欣赏本民族的文化，对中国传统文化和人文精神进行选择性吸收和扬弃，使传统文化能够历久弥新，又发自内心地欣赏异民族的文化，对西方文明的哲学思想、道德系统和美学元素持开放的心态，而不以本民族的文化标准，去评判异民族文化的优劣，努力呈现费孝通先生所强调的君子风度。对此，兰州大学柯杨教授在来信中评价说："'凡洋必反'是义和团狭隘民族主义的思维方式，决不应成为当今中国人的心态。在自己的国家做主人，尊重传统习俗，是自尊和自爱；到国外去做客，尊重他人的习俗，是文明和教养。"《读者》使我明白了这样一个道理：我们中国人现在必须努力使自己具有一种世界公民的健康意识。"[1]

三、时代立场：以人为本，社会进步

《读者》的人文关怀秉持马克思主义哲学视野下的人本主义思想，积极践行社会主义核心价值观，同中国众多媒体一道，立足时代发展和社会实际，坚持以人为本和公民视角，关注社会主义精神文明，参与推动中国社会的文明进程，是社会主义精神文明建设、思想道德建设的传播载体和实践载体。

社会主义核心价值观分为三个层面：在个体层面提倡爱国、敬业、诚信、友善；在社会层面提倡自由、平等、公正、法治；在国家层面提倡富强、民主、文明、和谐，最终实现人的全面发展、社会的进步和中华民族的伟大复兴。三个层面是相互联系、相互贯通、和谐一体的。时代是媒体的土壤，社会主义核心价值观是中国媒体的指引。诞生于改革开放初期的《读者》杂志，始终坚持从这三个层面贯彻落实社会主义精神文明建设。

在个体层面，《读者》平等、真诚对待每一位读者。《读者》通过大量的文章促进个体的成长，倡导行为准则和社会导向的统一，希望通过个体的进步，推动社会的进步。

---

[1] 柯杨：《二十五载真相知》，《读者》2006年第20期

　　在社会层面和国家层面,社会主义核心价值观所诉求的"自由、平等、公正、法治"与"富强、民主、文明、和谐"常常是由社会的精英阶层或者普通民众中的精英人士率先提出的,但精英的思想必须通过平民和整个社会的实践来实现,因为社会是由精英和平民组成的,精英和平民都是社会的公民。《读者》努力打通精英阶层和平民阶层沟通的渠道,使精英文化和平民文化有一个很好的结合。以科学和民主为例,这个"五四"时期的口号到如今并没有过时,仍然是社会前进的方向。《读者》对"德先生"和"赛先生"的宣传,三十年如一日,很多文章都出自著名学者之手,而表达方式则不是严肃的面孔,也没有深奥的词汇,每篇文章都浅显易懂。

　　值得注意的是,近几年,中国学者叶小文、刘吉等人提出了新人文主义思想。刘吉认为"新人文主义"在强调人的价值和人的全面自由发展之外,还包括四个方面的内容:一是人与人之间的友爱关系;二是人与社会的和谐关系;三是人与自然的协同关系;四是不同社会文明之间的融合关系。[①]《读者》的人文关怀是人的发展与社会的发展的辩证统一,是马克思主义哲学视野下的人文关怀,是传统文化中"天人合一""仁者爱人""慈悲为怀"等人文理念的传承和延续,与新人文主义概念不谋而合,因而呈现出一道独特的风景!

[①]刘吉:《迎接新人文主义时代》,《文汇报》2011年10月24日

第三节

《读者》人文关怀的提出

一本杂志思想的形成和内容的呈现,是经过长时间坚持使命、理念微调、适应社会变化、编辑创新和文化积淀的产物。回顾《读者》三十年的变化和发展,可以把其人文关怀大致分为四个阶段,这与杂志的发展历程基本一致。需要指出的是,这四个阶段并没有特别明显的分界线,在不同的阶段有着许多重合的内容,这说明《读者》的人文关怀是不断酝酿、实践和成熟的一个过程。

一、1981—1984年:播下知识和人性的种子

1981—1984年是《读者》的初创期,这个阶段杂志的人文关怀主要体现在文化知识和人性两个方面。

一是文化知识的关怀。此时的中国正面临着“文革”之后的文化知识断层,主打文学牌、知识牌、思想牌的杂志基本上办一本火一本,“文化热”开始席卷全国,具有激情、理想和丰富多彩的出版活动在各地如火如荼地展开。《读者》提出

了"博采中外、荟萃精华、启迪思想、开阔眼界"的办刊宗旨,率先介绍西方的优秀文化、先进的思想和科学知识,内容从文学、科学、体育到趣闻、轶事无所不包,很快引起了广大读者尤其是青年读者的关注。杂志在创刊第三年发行量便达到136万册,为杂志的发展打下了良好的基础。

二是人性的关注。"文革"十年发生了许多人性扭曲的惨剧,给民族造成了巨大的创伤,也成为数亿中国人的惨痛记忆。20世纪70年代末,在对"文革"的控诉和反思中,以刘心武的《班主任》①和卢新华的《伤痕》②为代表,当时文坛掀起了伤痕文学的思潮。20世纪80年代前半期,作为伤痕文学的发展和深化,反思文学登场。新时期文学的两股思潮掀起了对历史、人性的反思和批判,许多作品如实描写了人性和人道主义,突破了长期以来文艺创作的清规戒律,产生了广泛的社会影响。《读者》创刊号原选入《共和国主席之死》《彭德怀的最后八年》与《省委第一书记》等文章,这三篇文章也是对"文革"的反思,但那时极"左"思潮仍然盛行,敏感的题材让上级管理部门颇为紧张,在压力之下,编辑部用张贤亮的小说《灵与肉》替换了被撤下的文章。而《灵与肉》恰恰是伤痕文学高峰时期的代表作品。主人公许灵均在少年时被父亲抛弃,随后母亲病逝,遭舅舅席卷遗物,无家可归睡牛棚,后无缘无故被打成"右派",遭劳改,后又成了一名放牧员,得到恩爱的妻子和漂亮的女儿。当父亲从国外回来,准备带他全家离开时,他面临选择的苦恼。过去的一幕幕重现在眼前,痛苦和欢乐刺痛着他,他再次经历了肉体和灵魂的折磨。从某种意义上讲,《灵与肉》体现了时代的悲剧。在这样的悲剧下,人性的脆弱令人深思。《灵与肉》的发表确立了《读者》不以敏感题材追求市场的办刊方针,亲情和人性的主题也成为杂志沿袭的重要办刊思路。

在20世纪80年代扑面而来的浩荡西风中,《读者》也介绍了大量西方哲学、思想、文学中与人性相关的内容。1983年在全国整顿报刊与出版界的精神污染问题时,《读者》被举报,理由是这本杂志脱离政治,宣扬人性论与国外的东西,有

---

① 《人民文学》1977年第11期
② 《文汇报》1978年8月11日

自由化的思想倾向，是一本宣扬"资产阶级的东西"的阵地，例如写戴高乐的文章，把他写得比共产党人还好。刚刚有点起色的《读者》杂志遇到一个重大的挫折。不过，最终审查者认为，举报者对人性的批评过于上纲上线，杂志不必停刊，原有的办刊方针也得以延续。

总体来看，《读者》在这段时间的人文关切，具有一种启蒙的味道，播下了杂志关注知识和人性的种子，使杂志具有人类开阔的视野和一种现代的眼光。

二、1985—1989年：增加弘扬中华文明和爱国主义的内容

1985—1989年是《读者》的成长期。这一时期，杂志的发行量一直在150万册上下徘徊。《读者》根据形势的要求，对编辑思想适时作了调整，增加了弘扬中华文明和爱国主义的内容，杂志成功实现了分印，解决了制约杂志发展的"瓶颈"问题。

增加爱国主义内容的主要背景是读者来信反映西方的东西太多。当然，国内还有两个重要的事件不容忽略：一是1985年中英签订《中英联合声明》，根据声明要求，自1997年7月1日香港特别行政区成立以后，香港英治时代终结；二是1979年到1989年近十年间，中越边境军事冲突不断。为此，1985年第4期的"卷首语"中，《读者》编辑部特别写道：

> 祖国的富强和统一，是炎黄子孙梦寐以求的愿望和矢志不移的奋斗目标。今天，离开祖国一百多年的香港，经过一个过渡时期之后，将要重新回到祖国的怀抱。每个中国人，将会感到何等的骄傲和自豪。在欣喜之余，你可能会问：这走向祖国统一道路上的一大步是怎样迈开的？那举世瞩目的《关于香港问题的联合声明》是怎样草签的？请看：《为了这片神奇的土地》。

对越自卫反击战的文章则以《忠烈家风》①为代表。这篇文章讲述了20世纪80年代在对越自卫反击战中,一位军分区司令员接连把两个儿子送上前线报效祖国,大儿子牺牲了,小儿子又送上去,小儿子牺牲了,又把女婿送上去的故事。此文刊发后,读者来信如雪片般飞来。一个读者写道:"这期杂志在大院里传阅,后来我干脆从屋里拉出了电灯,在院中给大伙诵读《忠烈家风》,弄得乡邻老幼哭声一片。"此外,还刊登了《五星红旗的诞生》②《东京法庭的中国法官》③等文章,并将两篇文章在1986年第6期的"卷首语"用诗的形式予以推荐:

> 至于开国大典最庄严的一幕,
>
> 您一定了如指掌倒背如流,
>
> 但《五星红旗的诞生》的日日夜夜,
>
> 您也像彭光涵同志了解得那样清楚?

> 讲到《东京法庭的中国法官》,
>
> 还要追溯到抗战胜利的时候,
>
> 一位炎黄子孙的凛然正气,
>
> 使侵略元凶伏了法,为中国人民复了仇!

在栏目上的调整是增加了"中华之光",刊发杰出人物的故事。《第一钢琴协奏曲》④讲述了被称为"中国最卓越的钢琴家"的刘诗昆去苏联参加一次世界性比赛的故事。刘诗昆3岁开始学习钢琴,5岁即登台演出,10岁在上海举行的全国最高级别的少年儿童钢琴大赛中一举夺冠,被称为"神童"。1958年4月,"第一届柴可夫斯基国际钢琴比赛"在莫斯科举行,这是当时被公认为水平最高、难

---

①顾月忠、吴克鲁,《读者》1986年第1期

②彭光涵,《读者》1986年第6期

③方进玉,《读者》1986年第6期

④张威,《读者》1985年第1期

度最大,被称为"国际乐坛最高奥林匹克赛"的世界顶尖钢琴赛。然而,19岁的刘诗昆到达莫斯科之后,发现那些要比赛的曲目他只弹过一次,而这时距离比赛仅有4个月。为了祖国的期望,他将自己反锁在屋内,从既定曲谱的第一页,扎扎实实地弹奏起来。两周后,当他出门时,满眼血丝,指甲也渗出了血。经过紧张的努力,在这次比赛中,刘诗昆夺得了第二名。苏联领导人赫鲁晓夫亲自拍电报给毛泽东主席和周恩来总理表示祝贺,刘诗昆从此蜚声世界乐坛。在当时,这样的文章很容易令人热血沸腾,因为这与爱国有关,也是一个典型的励志故事。为此,编辑部特别引用了法国安格尔的名言作为引题:"卓越的艺术成就只有靠眼泪才能取得。谁不备受折磨,谁就不会有信心。"此后,"中华之光"栏目又刊发了《杰出的旅行家——玄奘》①《军神》②等数篇文章。

三、1990—1999年:关注时代、社会和文化

1990—1999年为《读者》的发展期。此时的人文关怀增加了两个方面的内容:一是增加对社会和时代的关注,二是增加对文化的关注。发生这样的变化,背景有二:

一是1992年邓小平发表南方谈话,提出要加快改革开放步伐,集中精力把经济建设搞上去。南方谈话掀起了新一轮的经济建设高潮,社会发生了翻天覆地的变化。"三个有利于"、"不争论,大胆地试,大胆地闯"等政治宣示进一步解放了思想,社会意识形态领域也再次活跃起来。俗话说"铁打的营盘流水的兵",杂志要一期期办下去,但读者是流动的,要想吸引住读者,杂志就必须具有新意。因此,这个阶段的《读者》进一步加强风格的转变,一改20世纪80年代"象牙塔"的文风,增加了与时代脉搏合拍、与现实生活相关的作品,并且明确提出了"贴近时

---

①肖国亮,《读者》1985年第2期
②毕必成,《读者》1985年第3期

代,贴近生活,贴近读者"的口号①,注意增加文章的深度、广度和力度。

二是进入20世纪90年代,国家对报刊进行了整顿,净化市场。1994年1月24日,江泽民在全国宣传思想工作会议上发表讲话时指出:"我们的宣传思想工作,必须以科学的理论武装人,以正确的舆论引导人,以高尚的精神塑造人,以优秀的作品鼓舞人,不断培养和造就一代又一代有理想、有道德、有文化、有纪律的社会主义新人。"这成为新时期党的宣传思想工作的指导方针。面对报刊市场的喧嚣,《读者》的编辑们敏锐地感觉到,杂志必须用新视野、新观念看待现代社会,看待改革开放,从而在价值观上与现代社会保持合拍。在文化选择上,必须选择更优秀的文化来作为杂志的内容,对古今中外优秀思想、文化、知识方面的文章进行精挑细选。于是,明确提出"选择《读者》,就选择了一种优秀的文化"。②

内容的改变使杂志的发行量开始快速攀升,1991年《读者》月发行量突破200万册,1992年突破300万册,1994年突破400万册大关,一跃成为全国第一大刊。1995年月发行量稳定在400万册,稳居全国第一。对此,读者孔立新来信说:

> 作为一本博采众长的文摘类杂志,它的第一要义便是可读性。简要管窥一下《读者》设置的主要栏目,就可以看出编者的良苦用心:"文苑",明丽的短诗,富有情趣的生活类散文;"社会之窗",焦点瞭望,洞幽烛微;"人物",名人的成败给后人最好的启迪;"杂谈随感",赠给你智慧与思想。还有"青年一代""人生之旅""人世间""在国外""风情录""知识窗""生活之友""心理人生""经营之道""趣闻轶事"等等,形式活泼,格调高雅,再加上广博的选萃,使不同的读者在这里都找到了自己心

---

① 2002年,党的十六大报告上首次提出"三贴近"原则,即"贴近实际、贴近生活、贴近群众",从此,宣传思想战线把"三贴近"作为改进和加强自身工作的一条重要指导原则

② 江泽民从全面总结党的历史经验和如何适应新形势新任务的要求出发,提出了"三个代表"重要思想,其中之一就是要求我们党要始终代表中国先进文化的前进方向,先进文化建设成为党的建设的重要组成部分。2002年11月,党的十六大作出战略部署:根据社会主义精神文明建设的特点和规律,适应社会主义市场经济发展的要求,推进文化体制改革。五年之后,党的十七大从中国特色社会主义经济建设、政治建设、文化建设、社会建设四位一体总体布局的高度,提出深化文化体制改革,兴起社会主义文化建设新高潮,推动社会主义文化大发展大繁荣。2011年10月,党的第十七届六中全会一致通过《中共中央关于深化文化体制改革 推动社会主义文化大发展大繁荣若干重大问题的决定》

灵的栖息地。《读者》杂志发行量能突破400万册，并被评为"文摘杂志全国十佳第一名"，这与编者贴近读者、贴近生活、贴近实际的办刊方针是分不开的。[①]

　　到20世纪90年代末，大众传媒悄然兴起了一股对人文关怀的讨论。经过了二十年的改革开放，中国经济发展取得了令人瞩目的辉煌成就。世纪之交的中国站到了新的历史起点上。此时的大众媒体，面临着从计划经济向市场经济转轨期的社会迷惘和巨大变化，经历了90年代人文精神的讨论[②]，文化消费快餐化倾向和媒体市场化改革，有责任的媒体如《南方周末》和《中国青年报》"冰点"栏目等就如何报道下岗工人和弱势群体的讨论[③]，开始了对自身加强人文关怀的呼吁。

　　媒体工作者张振楣研究了多份有责任的媒体报道，敏感地发现了《读者》的努力和变化，1999年，他在《人文关怀：报刊的跨世纪"卖点"》[④]一文中写道：

　　　　这些年持续上升的发行量表明，《读者》并不仅仅以高雅取胜，或以通俗见长。在它精心的包装后面，同样充溢着对人的关怀。这种关怀不是浅俗的矫情，不是粉饰的美好，而是有着深厚文化底蕴的关爱和热情。

　　　　一份《读者》放在案头，搁在床头，俨然成了一份圣诞礼物，它为不同的读者带来不同的梦，还有抚慰、爱，这很可能是《读者》本身始料未及的。《读者》所营造的文化品位，直指不同层次读者的心灵，它用文化编织起人类共同的梦想，为处在冰冷的后工业社会的人们送去了热情的

---

①孔立新：《心灵漫步的芳草地》，《读者》1995年第8期"编读往来"栏目

②人文精神论争始于《上海文学》1993年第6期发表的《旷野上的废墟——文学和人文精神的危机》一文。《读书》杂志随后连续刊载《人文精神寻思录》加以讨论，接着不少报刊都发表有关讨论文章。以报刊为阵地研讨、发言，人文精神论争历经两年，多位作家、文学评论者和人文学者加入讨论，从文学危机、人文学术危机到人文精神危机，问题不断深入，"在中国大地上形成了当代知识分子体系内部的一次人文精神寻踪运动"。参见陈秋丽：《论20世纪90年代"人文精神论争"的缘起及背景》，《语文知识》2008年第1期

③1996年以后，媒体关于下岗工人的报道增多，但有的媒体把再就业的困境归咎于下岗工人自身的问题，如"观念转变"问题、"素质"问题、"缺乏专业技能"问题。类似的报道，无视缺少社会保障制度等体制问题、就业歧视问题。参见刘大勇：《浅谈当前新闻传媒"人文关怀"的体现》，《现代传播》2000年第5期

④原载《新闻通讯》1999年第3期，《读者》1999年第6期转载

关怀。这种"人文关怀"的力量是难以估量的。

新世纪元日之夜,胡亚权写了一篇《解读〈读者〉》的文章,他总结《读者》的精髓:《读者》是平民性的。"简言之,《读者》体现了一种看似超然,实则亲近的人文关怀"[1]。这篇文章后作为序言收入师永刚的《〈读者〉时代》一书中,此书是对《读者》二十周年的办刊总结。

四、2000年至今:人文关怀思想成熟

2000年以后,《读者》进入快速拓展期。2001年,中国成功地加入了世贸组织,人们对新世纪充满憧憬。此时的期刊市场充满竞争和变数,网络媒体吸引了年轻人,各种包装精美的财经、时尚类刊物成为新宠,期刊进入品牌经营时代。《读者》面临一个新的发展战略机遇期。杂志利用自身的品牌效应,进行了一系列扩张,如扩版、改半月刊。2000年1月创办《读者》(乡村版)[2],2001年11月创办《读者欣赏》等。

随着《读者》在期刊市场上的知名度越来越高和影响越来越大,《读者》的办刊者身上的压力也越来越大,如何回报读者对杂志的厚爱和社会给予杂志的种种荣誉,就成了《读者》创办者经常思考的问题。办期刊是需要盈利的,是需要有一定的经济效益的,但盈利不是《读者》的终极目标。杂志要办一些群众看得见和感觉得到的实事,办好这些实事,不仅是《读者》建设社会主义精神文明行为的具体化,也是在更高的层面上提升《读者》杂志品位的需要,这对《读者》杂志的长远发展有着直接好处。2000年,《读者》与中国青基会共同策划和实施了"保护母亲河,共建读者林"活动,这一活动彰显了《读者》的社会责任,激发读者的奉献精神和社会责任感,同时也为刊物带来了更多的关注与认同。

---

[1]师永刚:《〈读者〉时代》序三,上海人民出版社2001年版,第4页
[2]2006年1月,《读者》(乡村版)改名为《读者》(乡土人文版),以下统称《读者》(乡土人文版)

《读者》人文关怀的理念通过内容的微调和大型社会公益活动的开展,更加丰富和坚实起来。2002年第1期,《读者》"卷首语"这样写道:

始终如一的关怀①

2001年是中国人扬眉吐气的一年,申奥成功,足球出线,加入WTO,成功地举办APEC会议。

2001年,也是中国媒体分化组合的一年,电视湘军异军突起,阳光、新浪、四通联手,新报新刊目不暇接,市场意义上的期刊集团初露端倪。这一切既是东风亦是压力,借东风,《读者》推出第二份子刊——《读者欣赏》,这是一份以图为主,以文为辅、图以传情、文以达理的性情杂志,一份公民的美学读本,正忐忑不安地等待读者的认可。压力下,《读者》的同仁们诚惶诚恐地编发每一期稿件,祈求每篇文章找到知音,每个故事让人感悟,每幅插图妙趣横生,每段幽默令人发笑。天道酬勤,《读者》的发行量经历了一小段时间的下滑后,很快止跌爬高,年底月印量又突破500万册。

2002年,是中国以开放的胸怀走向世界的一年,"入世"将拉动国民经济的持续增长,廉价的商品、优质的服务真正来到老百姓面前。

2002年,将是中国期刊市场充满变数的一年。老牌的大众化刊物正在淡出市场,包装精美的财经、时尚类刊物成为新宠,资本大鳄觊觎期刊的运作,网络吸引了更多年轻人,包括《读者》在内的中国期刊方阵已经启动,期刊进入品牌经营时代。

但不管期刊市场有什么变化,我们知道《读者》应坚持什么,读者需要什么。《读者》同仁们将针对全球经济一体化带给中国社会、政治、经济、文化方面的变化,针对人们在这种变化前迷茫、观望、不知所措的

①彭长城,《读者》2002年第1期

心态,在选文和栏目方面做一些调整,提供翔实的、有价值的资讯,激励大家勇敢面对接踵而来的考验,分享变化带来的喜悦与痛苦。

我们能承诺的是,《读者》将一如既往地保持对生命的热爱和尊重、对人类文明的传承和追求,用事实印证生活中的美、智慧、优雅和崇高,在喧嚣市井中保持一方精神的净土。

人心是相通的,愿《读者》以她脉脉的人性光辉,烛照我们的生活,温暖我们的内心,伴我们度过2002年的每一天。

这篇文章既是对过去《读者》人文关怀的总结,也是对杂志未来的展望。可以看出,时代资讯、文化文明、人性光辉、精神家园是《读者》人文关怀的主要内容。

《读者》人文关怀的进一步升华是对读者成长的关注。

受老出版家陈原先生提出的"杂志的读者同杂志一起成长"概念的启发,《读者》提出了"与读者一起成长"的口号,争取与读者一道,在这个纷繁复杂的社会上求索健康生存之道。2003年,《读者》编辑部调研发现,在深圳等地已经出现了全校师生集体订阅《读者》的现象。杂志适时提出了"伴着《读者》长大的孩子不会变坏"这一主题,强调要为读者负责,要使这本杂志成为广大中小学生乃至大学生的语文范本。同时,《读者》认识到唯有方便读者,杂志才能是读者的,因此加大了发行渠道的梳理和终端建设,提出了"凡有读者的地方就能购买到《读者》"。为此,在全国主要的校园、超市、码头、车站、机场建立《读者》的发行网络。

2004年初,杂志明确提出了"《读者》,中国人的心灵读本"这一理念。为了更了解读者的旨趣,《读者》与新东方教育在线联合主办了"短信平台"栏目,这一栏目成为《读者》杂志与读者互动的新平台。它由两部分组成:一部分是根据读者发来的短信评出前一期最受读者欢迎的5篇文章;另一部分是有选择性地发表部分读者的短信内容。这一栏目受到读者的广泛欢迎,每期多时有数万人参加。从中可以看到读者最喜欢的文章是什么。短信平台从2004年一直持续到2007年,收到了百万余条短信回复和评论。

为了让这本从产生之日起就和读者血肉相连的杂志更加贴近读者,2003年,

《读者》与百名作家签约,并在2004年推出"原创精品"栏目,使文章能够更及时地反映现实生活焦点和热点。

此时,读者可以清晰地看出《读者》对成长的关注。从某种意义上说,杂志实际上已经从创刊时的受众成长所需知识的介绍者、人性的启发者、心灵慰藉的关心者,演变为个人发展的促进者,以及如何成长、实现人生价值的研究者。至此,《读者》的人文关怀理念已经基本成熟。

2004年11月,《用人文关怀打造中国人的心灵读本》[①]首次发表。文章写道:

> 23年的《读者》给我们最大的感受是什么?那就是始终坚持"真、善、美"的阳光主题,以人性、人道、善良、美好为标尺,散发着独特的人文思考的芬芳,体现着看似超然、实则亲近的人文关怀。从某种意义上说,人文关怀恰恰是《读者》安身立命的基础。

在这篇文章中,人文关怀被概括为四个方面:

1. 体现为一种文化的关怀

《读者》里的文化更多体现为人们成长需要的各种知识,包括哲学、历史学、社会学、教育学、心理学、文学、经济学等等。中西方文化以及各个学科领域的深刻的、机械的、枯燥的、晦涩难懂的知识体系都被以一种浅显易懂的方式呈现出来。《读者》的定位是初中文化水平以上的人都可以看。因此,在杂志中,读者既可以读到名家对儒释道思想的别具一格的阐释,也可以了解他们的成长和轶事。古今中外人类的优秀文明通过通俗的语言为更多的普通大众所接受。因为站在巨人的肩膀上,可以增加分辨力、判断力,也可以看得更远。

[①]彭长城,《中国新闻出版报》2004年11月16日。2004年4月,笔者在母校兰州大学作"《读者》的人文关怀"的演讲,演讲稿整理后以《用人文关怀打造中国人的心灵读本》为题发表

2.体现为情感的关怀

每个人的内心都是脆弱的,文字可以直抵人心。作为一本关注人性的杂志,必须要有人情味。要有人情味,就必须深刻挖掘人类的美好情感,包括亲情、爱情、友情等等。情感关怀是《读者》被读者有效接受的一个可靠途径。

《读者》通过对小人物、人性本质的关注和温暖的文字极力为读者营造了一个可以获得精神慰藉、尊重和关爱的精神家园。以刊发历史人物的文章为例,《读者》对人物的介绍总是有其独特的视角,倾向于介绍一些人格精神方面的东西,如爱国文人闻一多、"清末怪杰"辜鸿铭的古怪人生与刚正性格等,这些文章几乎都浸透着一个重大的主题,那就是在最艰苦的状态中,仍能体现出一种人类的尊严。《读者》也集中发表一些党和国家领导人作为普通人一面的文章,那些更深层次上的人性的光芒让人们拨开政治的光环,去重新认识许多伟人的一生,校正自己的认识与直觉。[1]

从某种意义上讲,大人物和小人物是相对的。虽然大人物总是常常能够"振臂一呼,应者云集",但大人物也有无奈,也要吃喝拉撒,也有与常人一样的情感需求和道德困惑。从本质来看,人类的情感具有相通性和感染性,不分民族,不分国界,不分地位,不分贫富,只要让人感动,就会让人喜欢,引起共鸣。所以,有人指出,《读者》是一本以情见长的杂志。当代作家肖复兴来信说:"在读者与作者之间,你是一只殷勤的青鸟,传递彼此的心音。"

3.体现为成长及实现人生价值的关怀

一方面,自我实现的需要是最高等级的需要;另一方面,人文关怀

---

[1] 2002年4月,在与美国《读者文摘》董事长汤姆·瑞德的对话中,笔者向他阐述了《读者》长盛不衰的"秘密":《读者》一直在挖掘蕴藏在小人物背后的巨大精神力量和表达人性之美,因为只有人性的东西才能够征服人心

最终需要通过人的成长及实现人生价值来检验关怀的实际效应。信息时代,《读者》以大众为中心,在问题设定、引导舆论方面关注中国人的命运,引导中国人的思考,用人文的视角来思考中国人的生存、生活和发展的现状,这种信息的筛选和梳理,使《读者》成为促进个人成长及实现人生价值的理性平台,起到了媒体人文关怀的作用。需要说明的是,《读者》的说教不是居高临下或正襟危坐的训斥,而是一种传达,是一种顿悟和对心灵的渗透。

4. 体现为对社会发展的关怀

社会的全面进步和发展是实现人的全面发展的重要前提。创刊至今,《读者》刊发的文章涉及社会各个方面,包括环保、教育、公平和正义、法制、三农、户籍制度等社会发展进程中的问题,《读者》成功地以媒体的角度对社会发展中出现的各种问题进行广泛而深入的探讨。与同样有使命、有追求、有社会责任感的新闻时政类媒体不同的是,《读者》在表达方式上,更注重融思想性、知识性、趣味性为一体,以一种细雨润物的方式推动社会和人的进步,风格追求高雅、清新、隽永。

本章小结

人文关怀：《读者》的光荣和梦想

《读者》的人文关怀是全方位的，是一种从个人到社会，从家庭到国家，从道德到科技、经济、政治、文化、文明等的整体模式。人文关怀的四个方面相互交融，息息相关，缺一不可，共同构建了《读者》人文关怀的坚固大厦。

2003年，《读者》编辑部在接受媒体采访时说，《读者》当年只是集中力量办一件事，就是让《读者》更加贴近读者。回头来看《读者》三十多年的变化，虽然每年都有不同的工作重点，但总结起来，也是同样的一句话，让《读者》更加贴近读者，不断坚持人文关怀。

坚持人文关怀，是《读者》的基本使命，也是《读者》的"中国梦"。每一个口号都是一个梦想。从最初的"博采中外、荟萃精华、启迪思想、开阔眼界"到"走进每一个家庭"，到"选择《读者》，就是选择了优秀的文化"，到"与读者一起成长"，到"中国人的心灵读本"，再到"《读者》的人文关怀"，虽然叫法不同，但实质都是一个巨大梦想的延续。我们可以把这个称为"《读者》梦"，某种意义上讲，人文关怀是"《读者》梦"的实践载体和巨大舞台。

在版本的开发上，为了适应更多读者的需要，《读者》杂志出版了《读者》（乡土人文版）、《读者欣赏》、《读者》（原创版）、《读者》（繁体字版）、《读者》（大字版）、《读者》（校园版）、《读者》盲文版和维吾尔文版及藏文版、《读者》台湾版及香港版、《读者》系列丛书、明信片和《读者》多媒体光盘、《读者人文读本》等，满足人们的更多文化需要。由《读者》延伸出的出版物，都沿袭《读者》的人文关怀理念，只是因为面向不同的群体，在内容和审美上具有不同的倾向和侧重。比如《读者》（乡土人文版）主要面向新农村和城乡结合部以及打工者这一阅读群体，《读者欣赏》面向高端群体提供一种视觉文化，《读者》（原创版）面向青年提供更为新锐的思想和观点，《读者》（校园版）更切合中学生群体。由于编辑意识、经营意识等多方面的成功，《读者》杂志发行量稳步攀升，保持了高速增长的强劲态势。《读者》成为中国期刊的品牌代表。

《读者》杂志影响力的提高，得到了社会各界的认可。在国家和政府层面，《读者》同样获得了许多表彰和荣誉。《读者》连续多次入选百种重点社科期刊奖，入选中国期刊方阵"双高"（高知名度、高学术水平）期刊，连续两次获得中国出版政府奖期刊奖，连续三次获得国家期刊奖。2006年8月，在国家商务部组织开展的"商务新长征，品牌万里行"活动中，《读者》被列为知名品牌，成为"多彩甘肃、精品陇原"的重要标志。2006年，甘肃人民出版社改制，以"读者"命名的读者出版集团登上了历史舞台。2007年，《读者》荣获首届中国出版政府奖先进出版单位奖。2009年12月，读者出版集团有限公司作为主发起人，联合国内多家知名企业共同发起设立读者出版传媒股份有限公司，拉开了上市的序幕。同年，《读者》被商务部、新闻出版总署等国家四部委列入2009—2010年度国家文化出口重点企业名单。2008年、2009年、2012年，读者出版集团连续3次被中宣部、新闻出版总署等中央和国家四部委评为"全国文化体制改革优秀企业"。可以预见的是，"读者"品牌效应将在全国的出版市场、资本市场更好地一显身手。

《读者》以深远的社会影响力，获得了各级领导的肯定、支持和关心。李长春、刘云山和新闻出版总署领导龙新民、柳斌杰等都到《读者》杂志社调研过。历届甘肃省委、省政府领导都对这本甘肃的杂志很重视，阎海旺、孙英、苏荣、陆浩、徐守盛、石宗源、刘伟平、陈宝生、马西林、励小捷、连辑、咸辉及省新闻出版局的领导多次到杂志社指导工作,鼓励编辑专心办刊,心无旁骛。

2005年8月23日,时任中共中央政治局常委的李长春同志到《读者》杂志社视察,他对《读者》杂志取得的成绩给予充分肯定,并对今后的改革发展做了重要指示。在离开《读者》杂志社的时候,李长春深情地说:"《读者》是大漠瑰宝,是在西部欠发达地区开出的一朵鲜艳的花朵!"2011年7月16日,李长春同志带领国家新闻出版总署党组书记、署长柳斌杰等再次来到读者出版集团视察,并对读者出版集团今后的改革发展做了重要指示。他指出:

> 就单本杂志来讲,《读者》杂志在全国发展是最好的,以《读者》品牌成立的这个文化企业,拥有很大的舞台。在今后的发展中,你们要发挥《读者》的品牌优势,加快建立完善现代企业制度,构建有利于出人才、出精品、出效益的企业文化,迈开走向世界的步伐,不断扩大《读者》品牌的影响力。希望读者出版集团能够做大做强!

> 六年之后再来《读者》,《读者》已经完成了改制,挂牌成立了读者出版集团,又进行了股份制改造,渐渐摆脱了体制对文化生产力的束缚,适应了社会主义市场经济发展的要求,在推进文化体制改革方面取得了一定成绩。《读者》依然保持着在期刊市场上的强大竞争力,同时集团积极开拓文化领域的其他项目,品牌价值取得大幅提升,不断向打造一流期刊集团这一目标迈进。这说明改革是发展的动力,能够极大地解放和发展生产力,也说明早改革,早主动,早见效,晚改革就被动。相信再过六年,《读者》又会有全新的发展,全新的面貌。《读者》这个品牌要成为我国期刊在全球的一个亮丽的品牌,一张亮丽的名片!

这是巨大的鼓舞,更是殷切的嘱托。对《读者》来说,唯有更好地传播文化,传承文明,关心成长,关注社会,做大品牌,多出精品,传递正能量,才能不辜负读者的厚爱,不辜负我们所处的大时代!

第二章

文化的关怀

　　《读者》就是这样的一桌菜，这里有风味小吃，有家常烹饪，亦有山珍海味。每一期刊物，都尽量搭配天南地北的食材，体现不同的味道，它们有的出自名师大厨之手，有的就是乡野凡夫的偶然之作，有的甚至是标准化流水线生产的快餐，这些出自不同背景、不同文化的人的作品构成了一个大拼盘，它不属于任何一个菜系，却又体现一种典型的中国风味，具有中国人喜欢的咸淡酸甜，体现中国人的文化性格和审美趣味，不同的读者在这里可以寻找到属于自己的那一份美好的精神食粮。

俞晓夫插图作品：《爱因斯坦教我欣赏音乐》(《读者》1983 年第 10 期)

第一节

丰富的文化内容

阅读是人类生活的一部分,是个体的基本需要。美国心理学家马斯洛将需求分为五种:生理上的需求,安全上的需求,情感和归属的需求,尊重的需求,自我实现的需求。五种需求由低到高,逐级递升。另外两种需要——"求知需要和审美需要"未被列入到五个需求层次排列中,马斯洛认为这二者应居于尊重需求与自我实现需求之间。对照马斯洛的需求层次理论,阅读的作用基本可以涵盖后四个层次,即获得内心安全、情感慰藉、自我尊重和信心、实现成长,而求知和审美更离不开阅读。

真正有价值的阅读,就是一个不断开悟的过程。阅读促进人类发展,并不是通过群体,而是通过个体的不断顿悟得以实现的。不同的性别、年龄以及具备不同阅读能力、文化背景、成长经历的读者,会有不同的阅读动机、阅读兴趣,也会产生千差万别的感知、思维和情感,当然也可能获得相同或类似的精神历程。总体来看,优秀的出版物总会教人求真、向善、爱美,低劣的出版物容易使人庸俗、堕落。任何一个出版物,要想体现其价值,必须满足人的需要,必须充分尊重阅读的规律。

读书能够开阔人们的视野。英国哲学家培根说,读史使人明智,读诗使人灵秀,数学使人周密,科学使人深刻,伦理学使人庄重,逻辑修辞之学使人善辩:凡有所学,皆成性格。①《读者》尊重阅读规律,体现为主题的普适性和内容的丰富性,内容横跨多个学科和领域,涉及哲学、文学、心理学、教育学、社会学等方方面面,建构了比较完备的科学文化知识体系,能够契合各个阶层、群体和不同年龄的人的阅读需要。企业家能够从中悟出经营管理之道,教育工作者能够从中学习教书育人的规律,父母可以从中借鉴教子指南,孩子则可以从中读出感恩,创业者可以从中读出创业心得,文学爱好者可以学得作文方法。这种多元化的内容造就了杂志的丰富之美。

一、哲学:多元的才是稳定的

哲学的产生皆起源于疑问,其终极问题可以归结为 "你是谁,你从哪里来,到哪里去"。胡适在《中国哲学史大纲》中指出:"凡研究人生且要的问题,从根本上着想,要寻求一个且要的解决,这样的学问叫做哲学。"冯友兰在《中国哲学简史》中提出自己对哲学的定义:"哲学就是对于人生的有系统的反思思想。"对于一本展现人性、人的价值的杂志,必须研究和呈现先哲们的哲学思考,并由此展开对人类本质的追问、对死亡主题的关注、对存在价值的思考。

哲学家是一群爱智慧的人。个体成长是社会化的过程,也是一个心智成熟的过程。理性的提升来源于历练,也来源于智者的启发。什么样的人能够称为智者?易中天的评价可谓经典:真正的智者是对人性掌握得非常透彻的人。人心多变,而人性永恒。智者因其深刻的洞察能力和分析能力,不仅能够荣辱不惊,还能 "定乎内外之分,辨乎荣辱之境"。基于上述认识和定位,《读者》刊发了苏格拉底、柏拉图、亚里士多德、但丁、笛卡儿、斯宾诺莎、康德、卢梭、费尔巴哈、培根、叔本华、尼采、海德格尔及孔子、孟子、荀子等许多智者的观点和作品。这些论述从不同的视

---

①王佐良编译:《培根论读书》,《读者》1982年第3期

角表达着对人性的透视,展现了不同的理解和智慧。

多元的才是稳定的。生态学中只有多样性才有稳定性的规律也能给人们提供启发,即生态系统中如果只有单一一种生物,那就非常脆弱。举世瞩目的"三北"防护林工程,曾遭受天牛病的袭击, 1990年到2000年十年间,受天牛危害的林木超过4亿株,仅内蒙古自治区就砍伐了被天牛严重侵害的树木1300万株。究其原因,则是人们防沙治沙心切,主要栽植速生杨树而导致林种过分单一。而杨树的树叶正是天牛最喜爱的食物之一。当天牛袭来,这个生态系统就岌岌可危了。自然界最优越的生态系统是森林,虽然病虫害一直存在,但很难形成破坏性的灾难。因为各个物种互相制约,很难有某个物种成为生态链的霸主,这也就是"有小害无大灾""有大灾而无大害"的重要原因。

生态学的规律告诉办刊者,要想保持刊物得到大众的喜爱,即维持读者群的稳定,必须使内容及形式在秉持的办刊理念下保持多样性。这种特定主题下的哲学思想多样性,为大众提供了更多的选择,能够满足不同人群的需要。《读者》中的哲学内容基本涵盖了人类历史上出现的哲学思想和哲学现象。

《读者》对各种哲学思想和人物的介绍,看上去似乎并不成体系,却是丰富多彩而又很有规律的。多彩在于内容的多元,规律在于对本质的追问。有的哲学思想本身是共通的,儒家经典《大道之行也》[1]中表达的天下大同的社会理想,与晋代陶渊明的《桃花源记》、托马斯·莫尔的乌托邦都为人们描绘了非常美好的社会蓝图,虽然跨越时空,却又能引起人们的共鸣。有的哲学思想如唯心主义和唯物主义哲学是对立的,《读者》也都取一时一域之意,使之和谐共存。例如苏格拉底是西方哲学史上唯心主义哲学的奠基人,但《读者》并不因为其唯心主义而弃之不用,仍然刊登其哲学成就、思想和追求真理的事迹。

现代美学家、哲学家宗白华先生在《美学的散步》中曾对散步美学有个朴素的比喻:"散步的时候可以偶尔在路旁折到一枝鲜花,也可以在路上拾起别人弃之

---

[1]选自《礼记·礼运》:"大道之行也,天下为公,选贤与能,讲信修睦。故人不独亲其亲,不独子其子,使老有所终,壮有所用,幼有所长,鳏、寡、孤、独、废疾者皆有所养,男有分,女有归。货恶其弃于地也,不必藏于己;力恶其不出于身也,不必为己。是故谋闭而不兴,盗窃乱贼而不作,故外户而不闭,是谓大同。"

不顾而自己感到兴趣的燕石。无论鲜花或燕石,不必珍视,也不必丢掉,放在桌上可以做散步后的回念。"①《读者》的哲学传播,常常看似漫不经心,实则路径和范围总是在习惯之内。对照宗白华先生的散步理论,实有心心相印之妙。

二、文学:优秀作品照亮人生

1989年至1994年,一群在纽约的中国人聚在一起,听木心先生开讲"世界文学史",课程断断续续持续了五年。木心先生学贯中西,是一位全方位的艺术家和智者。听课的群体是艺术家,这是一个奇怪的学生组合。2012年,听课者之一的陈丹青把当时的笔记整理成《1989—1994文学回忆录》出版,他在文中说道:

> 我真想知道,有谁,这样地,评说文学家。我因此很想知道,其他国家,谁曾如此这般,讲过文学史——我多么盼望各国文学家都来听听木心如何说起他们。他们不知道,这个人,不断与他们对话、商量、发出诘问、处处辩难,又一再一再,赞美他们,以一个中国老人的狡黠而体恤,洞悉他们的隐衷,或者,说他们的坏话。真的,这本书,不是世界文学史,而是,那么多那么多文学家,渐次围拢,照亮了那个照亮他们的人。②

文学是人的精神的产物,是社会文化历史的一个重要组成部分。木心的《世界文学史》课程打开了这群中国艺术家的视野,使他们能够站在一个个巨人的肩膀上,以一个全景的视角看待文学、世界、人性和艺术。《读者》并不是文学作品的生产者,却是作家思想的传达者,是一篇篇文学作品的提供者。古人说,流水之声可以养耳,青禾绿草可以养目,观书译理可以养心。文学阅读是人类精神的需要,它带给人们常识、知识、乐趣、想象空间,抚慰人们的情感,培养着人们许多生

---

①宗白华:《美议》,北京大学出版社2010年版,第181页
②陈丹青:《听木心谈文学》,《南方周末》2012年12月21日

活的好态度、好习惯,由此照亮读者的人生。

《读者》文学传播的第一个特点是追求朴素自然的文笔、凝练含蓄的风格,让广大读者从一篇篇文章中感受文学的博大精深。在20世纪80、90年代,很多人认为《读者》是一本文学刊物,究其原因,与她追求清新隽永的表达方式有关,也与她的一个重要栏目——"文苑"有关。

"文苑"栏目犹如其名,是《读者》中最具文学色彩的,自创刊起到现在一直保留至今。如果把整本杂志比作一座清新素雅的小花园,"文苑"便是这所花园中一枝幽香四溢的兰花。

"文苑"栏目在早期起到了一个文学启蒙的作用。长期以来,《金瓶梅》由于宣扬了因果报应之说及充斥淫秽情节,被列为禁书。但《读者》在创刊第一年就在"文苑"栏目刊发了《金瓶梅故事梗概》①一文,并在编者按中特别指出:"小说艺术成就非常突出,它描写了当时社会的各种人物,对明朝社会的民情风俗也作了真实的描绘,在读者面前展现了一幅明朝城市社会生活的广阔风俗画。"

1987年初,为了较好地掌握读者的阅读兴趣,了解读者对刊物的要求,《读者》编辑部随当年第1期杂志发放了一份《读者调查表》。该表其中一项内容,是调查读者最喜爱的栏目。当年2月底,编辑部共回收调查表54386份,统计结果是,读者最喜爱的是"文苑"栏目。

读者对"文苑"栏目的喜爱溢于言表:"要问我为何喜爱'文苑'的文章,是因为那些文章既能揭示深刻的人生哲理,读起来又温馨上口,如潺潺流水自然而然地注入心田。""我很欣赏'文苑'这一栏目,十分感谢编辑同志为我提供了如此迷人的诗歌,简直妙不可言。"还有一些青年读者看了"文苑"栏目登载的一些优秀作品,为这些优秀作品深厚的底蕴所打动,为那行云流水般的文笔所折服,从而坚定地走上了文学创作的道路。②

以"文苑"栏目为主阵地,迄今为止,《读者》已登载了不同题材、不同形式、

---

① 厚晖,《读者》1981年第5期
② 彭长城:《这是一枝幽香四溢的兰花——介绍〈读者文摘〉杂志"文苑"栏目》,《甘肃新书征订》1987年3月25日

风格迥异的各种作品数千篇。这里既有中国文学大师鲁迅、巴金、冰心的劲健洗练的力作，也有数十位诺贝尔奖获得者如泰戈尔、罗曼·罗兰、莫言的直指人性的精品；既有先哲深邃的名言警句，也有无名之辈精妙的看法见解；既有情节扣人心弦、使人一睹为快的小说剧作，也有清婉明丽、让人一咏三叹的诗歌散文。尽管《读者》刊登的文学作品只是浩瀚的文学沧海里的几滴水珠，但读者能从这几滴水珠感受到沧海的博大精深。

《读者》文学传播的第二个特点——强调文章的哲理性。在那些娓娓道来的故事中，在那些藏而不露的诗歌里，在司空见惯的对话中，在信手拈来的花絮里，都蕴含着深刻的哲理。这些哲理包含着人生的真谛，很耐人咀嚼，不同阶层、不同文化程度的人都能从中受益。

舒婷崛起于20世纪70年代末的中国诗坛，她和同代人北岛、顾城、梁小斌等以迥异于前人的诗风，在中国诗坛上掀起了一股"朦胧诗"大潮。《读者》创刊号就刊登了她的作品《这也是一切》，里面的诗句至今仍然脍炙人口：

> 不是一切心灵
> 都可以踩在脚下，烂在泥里，
> 不是一切后果
> 都是眼泪血印，而不展现欢容。
> ……
> 一切的现在都孕育着未来，
> 未来的一切都生长于它的昨天。
> 希望，而且为它斗争，
> 请把这一切放在你的肩上。

后来，《读者》又刊登过她的诗歌《致橡树》①《也许——答一位读者的寂

---

①《读者》1984年第1期

寞》①《礁石与灯》②及散文《思念》③《女有三丑》④《父爱天空下我是最幸福的那片云》⑤等十多篇作品。

《读者》文学传播的第三个特点——追求文章的人情味。《读者》中有许多内容比较充实、情趣积极向上的文章，从不同角度讴歌了人与人之间的友谊、理解、尊重和信任。这种情感是圣洁的，没有金钱去驱使；这种情感是真挚的，没有一点虚情假意；这种情感是博大的，使人们充满爱心；这种情感是美好的，使人和人之间的关系变得融洽，使社会变得和谐，使世界变得更美好。

《读者》文学传播的第四个特点——尊重作者，并与作家们结下了深厚的友谊。作家是社会和人生的观察者、表达者。不同作家、不同的文学作品造就了杂志的丰富性。2003年第十一届兰洽会上，《读者》与百名作者签署作品使用协议，为《读者》杂志严格执行著作权法，尊重并维护著作权人权益奠定了坚实基础，也为《读者》杂志刊发首发稿，刊载原创性的优秀作品提供了有力的保障。 迄今为止，《读者》已与千余名作者签署了作品使用协议。

2003年8月下旬，应编辑部之邀，周国平、朱学勤、沙叶新、毕淑敏、毛志成、高建群、邓康延、刘燕敏、张丽钧等作家来兰州签约，并同《读者》杂志社的编辑进行座谈。"当这些通过文稿神交已久却大多互不相识的合作者欢聚一堂时，久有的'恋情'终于变成一次诉衷肠的约会，心心相印的和弦因之奏出高山流水互为知音的动人旋律。"⑥

很多作家的作品在《读者》刊登后产生了巨大的社会影响。陕西著名作家高建群的《买一张火车票去看母亲》⑦被《读者》刊发，西安市一副市长第一个打电话给他，随后北京电视台又去电提出拍专题片。对此，作家邓康延说：

---

①《读者》1987年第9期
②《读者》1991年第10期
③《读者》1990年第8期
④《读者》1998年第1期
⑤《读者》1999年第9期
⑥王立强：《两情若是久长时》，《读者》2003年第19期"编读往来"栏目
⑦《读者》2001年第1期

《读者》的编辑看似在做"拼盘",实则是在进行再创作。编辑们奉献的精神产品对社会产生的影响力有多大,很难估量。其影响小到一个边远山村煤油灯下学习的孩子,大到国家的一位决策者,作用不亚于几个大集团军,而潜移默化产生的能量就如核裂变般巨大。

三、心理学:更科学地认识自我和他人①

世界著名文学家雨果有句名言:"世间有一种比海洋更大的景象,那便是天空;还有一种比天空更大的景象,那便是内心的活动。"对于内心的研究和探讨,是古今中外哲学家、文学家、心理学家等一辈子的工作。著名哲学家、心理学家荣格就说:"心灵的探讨必将成为一门十分重要的学问,因为人类最大的敌人不是灾荒、饥饿、贫困和战争等,而是我们的心灵自身。"

各种各样微妙的人心构成了这个丰富多彩的世界。心理学的本质就是揭示心理现象发生、发展的客观规律,用以指导人们的实践活动。《读者》通过"心理人生""知识窗""生活之友"等栏目,介绍了社会心理学、教育心理学、人格心理学等各类心理学知识。

心理测试是心理学研究中比较流行的一种手段。《读者》的"测试""测一测"等栏目,曾刊登了多个心理测试问题。如《心理测验二则》②《恋爱心理测验》③等。现在许多流行的心理测试题后面,常出现"仅供参考"等小提示。究竟该如何科学认识心理测试呢?《心理测验有多准》④便告诉了心理测试这一方法的历史、科学根据和问题设计思路。当然,有些测试问题确实设计得不太合理。《危险的标准答案》⑤指出,开放性的问题更能激发人们的想象力。

---

①更多与心理学相关的内容,请参见本书第三章第一节之第三小节"变革时代更需要情感的关怀"和第四章第四节之第三小节"培养健康心态"
②浅野八郎,《读者》1987年第2期
③浅野八郎,《读者》1987年第6期
④方瑜,《读者》2008年第2期
⑤冯国伟,《读者》2007年第6期

青少年心理健康事涉民族、国家的未来，事涉每一个人、每一个家庭的幸福。20世纪80年代中期，世界卫生组织对健康重新定义："健康是身体上、精神上和社会适应上的完好状态，而不仅仅是没有疾病或者不虚弱。"这一定义一直沿用到现在。但在观念上，人们对饮食、生理健康比较重视，对心理健康缺乏认识，没有形成全社会重视的氛围。近年来，因学生心理问题长期得不到疏导和矫正而产生的校园伤害事件呈上升趋势。有些学生因为心理问题最后形成不正常的人格，甚至带到单位和社会，成为社会的隐患。《读者》很早就开始关注青少年的心理健康问题，刊发了《心理健康的标准》[1]《青春期的心理健康标准》[2]等；对青少年追星问题，刊发了《明星崇拜心理探究》[3]《遍布全球的"追星族"》[4]《疯狂粉丝的背后》[5]等；对青少年交往容易被忽视、误解和不得要领问题，《读者》刊发了《男人的心理——两性心理学之一》[6]《女人的心理——两性心理学之二》[7]《向异性朋友倾吐》[8]等。

再如，最近几年，心理学和读心术流行。人们希望通过洞察一个人外表细微的变化，了解一个人的内心。作为知识介绍，《读者》也刊登过此类文章，如《目光，传递心灵讯息的语言》[9]《笑声中透出性格》[10]《穿衣与识人》[11]等。

四、教育学：帮助教育者成长[12]

教育的本质是促进人类生命个体健康成长，实现生命个体由自然人向社会

---

①《读者》1982年第1期

②古越，《读者》1984年第12期

③张卫，《读者》1988年第8期

④王安云、言西早，《读者》1988年第10期

⑤潇雨、刘贤，《读者》2007年第16期

⑥白石洁一，《读者》1988年第5期

⑦白石洁一，《读者》1988年第6期

⑧《读者》1988年第10期

⑨李定编译，《读者》1984年第12期

⑩伊莲·卡恩，《读者》1996年第10期

⑪尤利娅·希加列娃，《读者》2000年第23期

⑫更多与教育有关的内容，请参见本书第四章"成长的关怀"和第五章第二节"教育乃国家民族兴盛之本"

人的转化,教育从类型上可分为家庭教育、社会教育、学校教育。《读者》介绍了大量的教育学知识,在语文教育、道德教育、情感教育等方面,已经成为学校教育、社会教育的一部分。《读者》覆盖了中国的许多学校,大多数老师基本都阅读过或知道这本杂志。在学校以外的社会文化教育机构,《读者》也常常是订阅书报杂志时的重要选择之一。而在家庭教育方面,许多家长通过阅读《读者》,掌握了教育的方法,也更理解了教育的规律和本质。

《读者》中关于如何做父母的讨论,主要集中在"两代之间"和"生活之友"等栏目。《读者》创刊号即开设了"父母必读"的栏目,刊发了《爱的语言》①,并加了编者按:"父母的话对子女影响很大。心理学家建议父母用另一套字眼跟子女交谈。"接着又刊发了《一个天才的培养》②《美国孩子对父母的"告诫"》③《我有一个爱打人的爸爸》④等文章。《求知者和"演员"》⑤阐述了教育家玛丽·休·米勒的忠告:做父母的应教育孩子做一个求知者而不是取胜者或者"演员"。

《母亲的账单》⑥是一篇非常经典的短篇小说。讲的是一个商人的儿子彼得和他母亲的故事:

> 小主人公彼得每天受遣把他爸爸的账单寄走。他渐渐觉着自己似乎也已成了一个小商人。有一天,他忽然有了一个主意:也开一张收款账单给他妈妈,索取每天帮妈妈做事的报酬。彼得的母亲收下了这份账单并仔细地看了一遍,她什么话也没有说,按照账单给出了报酬。正当小彼得如愿以偿,要把这笔钱收进自己口袋时,突然发现在餐盘旁边还放着一份给他的账单。这份账单列举了妈妈养育他的付出,但是所有的付出,得

---

①Alice Ginott,《读者》1981年第1期
②木村久一,《读者》1981年第2期
③卢守臣编译,《读者》1981年第4期
④武文,《读者》1981年第4期
⑤木毅,《读者》1983年第2期
⑥乃粒编译,《读者》1983年第10期

到的报酬都是0元。这份账单让小彼得感受到了母爱的无私与无价,他羞愧万分,把索取来的报酬塞进了妈妈的口袋。

　　从现在来看,《母亲的账单》一文仍然有很强的教育意义。现在的孩子都是家里的小公主、小皇帝,很难体会家长的辛苦,而家长在教育方面又总是不得其法。后来,这篇文章收进了小学生课本中,是《读者》经典文章之一。有意思的是,这篇文章发表之后,立刻在读者中产生了共鸣。一位杂文写作者深受感染,他以此撰写了1100多字的文章——《错误——施教的良机》,盛赞这母亲抓住孩子犯错误之机,巧施教育;提出孩子犯错误之时,正是父母进行家教良机的观点。这篇文章最终发表在《中国妇女》杂志上。这次成功,使作者充满了写作的信心,并埋头到家庭教育的学习和评论写作中去,一干就是五年。后来中国妇女出版社出版了他撰写的《教子成才纵横谈》一书,全书15万字,首篇就是《错误——施教的良机》,书中大约有十几篇文章的素材,也是选自《读者》①。

　　《做个不完美的父母》②则直面"父母与孩子的关系技术化、职业化了,做父母成了一门职业"这一现实,希望父母放弃焦虑,丢掉负疚感,指出"孩子需要的是完整的父母,而不是完美无缺的父母"。《哪些家庭的子女容易犯罪》③列举了苏联教育家B.尤斯季茨基的研究,在他看来,对社会不信任的家庭、只图眼前快乐的家庭、为达到目的而不惜冒险的家庭、爱动武的家庭是最容易导致子女犯罪的四种家庭类型。

　　让孩子少看电视几乎是所有家长的心声,《给孩子以责任》④讲述了孩子们与家长在"偷看"与"防看"之间的斗智斗勇。湖北读者看后深有感触,他来信说:"我就曾一度为能让儿子远离电视机而暗自庆幸。儿子考上重点高中离家时,突然对我说:'爸爸,你以后再也不用为防我看电视而奇招迭出了。'那一刻,我就像做

---

①邵泽水:《〈读者文摘〉——母亲树》,《读者》1991年第8期
②钱萃,《读者》2004年第15期
③《读者》1982年第8期
④陆炳生,《读者》2004年第14期

错事的孩子,无言以对。"①

众所周知,犹太人是世界上最聪明的民族之一,其教育一直为世人称赞,《犹太人的家庭教育》②解密了他们的教育方法。其中之一,就是作为家庭早教的重要一课,在每一个犹太人家里,当小孩稍微懂事时,母亲就会翻开《圣经》,滴一点蜂蜜在上面,然后叫小孩子去吻《圣经》上的蜂蜜。这仪式的用意不言而喻:书本是甜的。爱读书就是爱智慧。美国前总统布什的夫人巴巴拉·布什,在教育孩子时有一个独特的祖传秘诀,就是"家庭朗读"。布什夫人小的时候,父亲就经常给她读书,这对布什夫人的成长起了很大的作用。《培养孩子读书——美国前第一夫人的忠告》③就分享了她的读书经验。

关于如何做老师的讨论,主要集中在"人世间"、"心理人生"等栏目。《爱生爱》④强调了感恩教育的重要性。一名教师在小学时代被师母关心,而这些来自岁月深处的爱与柔情时时温暖他、提醒他,使他总想"怎样才能更好地为孩子们做些什么"。在他看来,"真教育其实就是对感恩之心的唤起,因为领受过,所以愿施予;因为愿施予,才会让更多人领受。如果一个教师对自己的职业心怀厌恨,却奢谈培养学生的感恩之心,那无疑是荒唐可笑的"。而《法国人教我学〈论语〉》⑤则通过法国人对"学而时习之,不亦说乎"的理解反思中国的教育。在中学语文课本中,"习"的注解是"按一定的时间复习"。而法国人则认为是"练习、实习、实践"。一位中学语文老师看了后,觉得很有新意,来信说:"我们做老师的教了这么多年,竟没有任何怀疑,没有任何思考,只按照教师用书去教。我想开学后把这个问题作为一个课题让全班同学讨论。看来我们的教育确实需要一场革命了。"⑥

---

①《读者》2004年第16期"编读往来"栏目

②杭瑞勋,《读者》1999年第7期

③巴巴拉·布什,《读者》1995年第5期

④莫菲,《读者》(原创版)2006年第7期

⑤刘植荣,《读者》(原创版)2006年第2期

⑥《读者》(原创版)2006年第3期"短信平台"栏目

五、历史学:让人们更科学地把握规律

唐太宗曾言:"夫以铜为镜,可以正衣冠;以古为镜,可以知兴替;以人为镜,可以明得失。"《读者》重视历史,为此设置了许多栏目,如"秘闻轶事"(1981),"古今谈""历史之谜"(1982),"历史一页""上下古今"(1984),"文史园地""古代奇案"(1985),"趣闻与传说""文史知识"(1986),"古今中外""历史沉思"(1991),"历史故事""古今纵横"(1992),"世纪回眸"(1999)等。刘安在《淮南子·修务训》中说:"世俗之人,多尊古而贱今,故为道者必托之于神农黄帝而后能人说。"对《读者》来说,不仰视、不俯视,而总是采取平视的态度,心平气和呈现历史真相,其目的是提高人们的人文素养。总体来看,《读者》的历史学传播有以下几个特点:

(一)传播方式浅显易懂,照顾大众阅读能力

《读者》的历史传播照顾普通大众阅读能力和需求,是大众对历史的消费。就涉及领域来说,是宽泛的,古今中外,尽收其中;就表达方式来说,重考据,更追求表达方式的浅显易懂。《读者》的历史表达不是研究,不追求概念的解读,而追求活泼的、简单的、通俗的表达方式。如《拿破仑与约瑟芬》①《隆美尔元帅之死》②《我自横刀向天笑——谭嗣同的故事》③等。

重视读者,就要把解读的重心交给读者。《读者》中的历史有事件,有人物,有点评,有叙事,生动有趣,文笔清新。细读之后会发现,《读者》把历史这面镜子的重心放在了普通读者手中,引导大家以现代人的眼光、思想去明辨历史是非,提倡大家以史为鉴。如《我国古代官吏的退休制度》④《摆平违规者》⑤《清朝的"移民

---

①戴尔·卡内基,《读者》1982年第2期
②金永华,《读者》1982年第4期
③《读者》1984年第7期
④王超,《读者》1982年第2期
⑤吴思,《读者》2002年第11期

实边"与美国西进运动》①《滑铁卢之战》②《滑铁卢战役背后的货币战争》③《甲午兵败的另类原因》④。

（二）追求历史事件和人物真相

历史的真相,也许永远无法复原,但人们追求真相的冲动,同样无法止息。《读者》中对重要的历史事件和人物不是"戏说",也不玩"穿越"。《读者》中的历史知识、事件和人物经得起推敲。如《孙中山灵柩葬在何处》⑤《"乒乓外交"始末》⑥《肯尼迪与赫鲁晓夫的维也纳会见》⑦《林彪坠机内幕》⑧《卢作孚在1938：撤离"敦刻尔克"》⑨《谁偷走了我们的茶叶》⑩《百年黄埔》⑪等。

蒋介石是中国近代史上曾经叱咤风云的人物,长期以来被当做独裁者、卖国者钉在历史的耻辱柱上。近几年随着思想的开放,其毁誉参半的评说常见报端。《读者》的文章始终努力呈现一种客观理性。这在20世纪80年代早期显得尤其可贵。截至2013年4月,《读者》中出现"蒋介石"一词的文章共222篇⑫,如《蒋介石在大陆的最后日子》⑬《蒋介石在台湾的最后日子》⑭《蒋介石居台湾反思失败

---

① 周燕,《读者》2001年第2期

② 茨威格,《读者》1986年第2期

③ 陈晨,《读者》2008年第1期

④ 张鸣,《读者》2008年第24期

⑤《读者》1981年第1期

⑥ 钱江,《读者》1988年第1期

⑦ 威廉·曼彻斯特,《读者》1985年第1期

⑧ 许文益,《读者》1988年第5期

⑨《读者》2002年第2期

⑩《读者》2002年第12期

⑪ 张志东,《读者》2003年第3期

⑫ 关键词分析是本书内容研究的重要方法之一。本书中所涉及的所有关键词分析,样本时间跨度为《读者》从创刊到2013年第8期结束。涉及样本主要是《读者》及《读者》(乡土人文版)、《读者》(原创版)。需要指出的是,一个关键词在《读者》及《读者》(乡土人文版)、《读者》(原创版)的数据库中出现的总次数、出现的总篇数与最终探讨此关键词的总文章数,在数量上并不相等。以"诚信"为例,可能在数据库中出现了800次,分布在200篇文章中,但最终探讨诚信的文章可能只有50篇。根据分析的便利,在关键词出现的数量统计上,是以出现在多少篇的文章中来统计的。仍以"诚信"为例,关键词搜索以200篇为统计数。以下关键词分析时同此标准。

⑬ 泰栋、李政,《读者》1984年第11期

⑭ 赵展鹏、吴晓武,《读者》1995年第2期

原因》①《蒋介石身上两股气》②等。大家可以从关于蒋介石的这些文章中,看到一个有血有肉的历史人物。

(三)采撷历史趣闻轶事

历史上有许多野史、传说、演绎同样能够揭示人性美丑善恶,感悟人间世事沧桑。《读者》刊登了如《宋太祖怕史官》③《戴高乐的遗嘱》④《美国总统轶闻》⑤《罗马教皇趣闻》⑥《四位大师与四副挽联》⑦等诸多文章,普及历史文化知识,丰富大众的休闲阅读,这成为《读者》历史传播的一道具有风情的风景线。

六、经济管理学:拥有全局又兼具微观的视角

在人类历史上,自从有了组织活动,就有了管理活动。管理活动的出现促使人们对这种活动的经验加以总结,形成了一些朴素、零散的管理思想。现代管理理论是以一定的人性假设为前提的。对人性的假设不同,管理理念和管理行为就会不同。因此,管理学又被称为"人学"。《读者》对经济管理学的介绍,能够帮助读者培养全局又兼具微观的视角。

著名管理学者德鲁克每隔三到四年,就会找寻一个新主题加以研究。这些主题横跨多种不同的知识领域,使他逐渐累积了大量的不同知识,而他又能将一些不相关的知识,通过新的逻辑系统转化为新的想法和创见。人们可以从《读者》中寻觅到古今中外学者和思想家提出的丰富的管理思想。截至2013年4月,《读者》中出现"经济"一词的文章3249篇,涉及"管理"一词的文章共1727篇。

---

①叶永烈,《读者》2009年第20期
②叶兆言,《读者》2012年第7期
③盛巽昌,《读者》1981年第5期
④《读者》1983年第1期
⑤陶显进编译,《读者》1984年第12期
⑥柳舟,《读者》1984年第12期
⑦刘克敌,《读者》2002年第5期

1985年,《读者》开设"经营之道"栏目并保持至今。短暂开设的小栏目还包括1987年的"经营管理",1993年的"用人之道"。一开始,经营管理类栏目影响并不大,但是20世纪90年代中后期以来,获得的社会好评明显增多,编辑对它的关注也相应加强,最终发展成为杂志的品牌栏目之一。其他的对管理规律探讨的文章如《管理定律拾零》①《8020定律》②等。

《读者》最早刊登管理方面的文章是在1982年第1期,选摘的是德鲁克《有效的管理者》一书中的《如何发挥人之所长》,并特别加了编者按:"美国经济管理大师彼德·F.杜拉克所著的《有效的管理者》一书,是一本论述企业管理方法的名著。但他所提出的精到见解,对于各界读者都有参考价值。"③第2期又选摘了《认识自己的时间》。这是国内较早探讨时间管理的文章。后来又刊发了《当你成了时间富翁以后》④《小是重要的》⑤《你的时间值多少钱》⑥《谢谢你的时间》⑦等文章。

1985年,《读者》刊登了一篇名为《以退为进》⑧的文章,主要讲商业经营中如何运用以退为进的策略和技巧。这个古老的智慧运用于商业经营领域,在当时颇有令人耳目一新之感。那时的中国已经开展了国际性的管理培训。一位名叫王继宏的读者到南宁参加了这样的一场销售谈判技巧的培训,主讲者是来自日本的培训师横田,但没有涉及"以退为进"的策略。课间沟通时,通过翻译老师,王继宏将这篇文章拿给横田看,这让横田非常惊奇,说:"中国一份非专业的杂志都研究销售,足以说明中国已经广泛开始了市场经济的探索。"⑨

企业家精神是市场活力的重要来源,也是企业核心竞争力的核心来源。《读

①关制钧,《读者》2000年第16期

②木梓,《读者》2002年第15期

③彼德·F.杜拉克:《有效的管理者》,《读者》1982年第1期。当时把德鲁克译作彼德·F.杜拉克

④岑济鸣,《读者》1982年第10期

⑤秦朔,《读者》2000年第16期

⑥钟明玲,《读者》2001年第1期

⑦刘戈,《读者》2009年第19期

⑧刘为民编译,《读者》1985年第12期

⑨王继宏:《三十年〈读者〉阅读笔记》,甘肃教育出版社2011年版,第25页

者》刊发了汪丁丁、柳传志、冯仑等关于企业家精神的文章,如《企业家的精神》[1]《什么是企业家》[2]《怎样成就伟大》[3]。

　　领导力是企业家一辈子的修炼。这方面的文章如《领导者的效率》[4]《领导者与追随者》[5]《企业家的精神》[6]《老板该看什么书》[7]《顶尖领导的成功秘诀》[8]《董事长就做三件事》[9]《追随者与领袖》[10]《你是哪一流的领导者》[11]《什么是企业家》[12]等。

　　技术创新是企业竞争力的重要来源,也是国家竞争力的重要来源。早在1982年,《读者》就已经认识到了技术创新在企业发展和国家战略中的作用,编发了《振兴企业的小发明》[13]一文,并特别加了编者按:"小发明,是一种被人忽视了的经营之道,但在良好的管理家手里,却成为振兴企业的重要之举。美国人派克把直筒形状的钢笔改为上下两头细的流线型钢笔,用此设计垄断了该行业。日本人松下幸之助在他的公司只有五个人做插座的时候,发明了双头插座,获得成功,以此为起点,发展成驰名世界的松下公司。日本是一个资源小国,却发展为经济大国,其中有一个重要的原因是:修订了名为《使用新案》的法律来保护小发明,使得好思考问题的人与日俱增。日本的专利申请数居世界第一位……"从这个短短的编者按中,人们至少可以读到两个方面的信息:一是企业经营需要不断的产品创新;二是国家的科技创新在国家战略中具有重要地位。无独有偶,《一家日本餐馆的

---

[1]汪丁丁,《读者》2001年第2期

[2]柳传志,《读者》2005年第5期

[3]冯仑,《读者》2008年第7期

[4]《读者》1984年第9期

[5]《读者》1986年第8期

[6]汪丁丁,《读者》2001年第2期

[7]赵为民,《读者》2002年第21期

[8]桑顿,《读者》2007年第1期

[9]冯仑,《读者》2007年第6期

[10]汪冰,《读者》2009年第14期

[11]祁光华,《读者》2009年第24期

[12]柳传志,《读者》2005年第5期

[13]丰泽丰雄,《读者》1982年第1期

秘密》①讲述了19世纪中叶,日本纺织行业到英国偷学纺织技术的故事。这群日本同行在英国纺织公司门口以开饭店为掩饰,经过与英国纺织公司的数年交往,最终得到英方的信任,得以进入英国公司内部工作,从而掌握核心技术。回国后,他们经过几年的艰苦奋斗,设计出一套在当时说来相当先进的纺织机械。从此,日本的纺织工业有了一个飞跃。

---

①陈震虎编译,《读者》1982年第9期

第二节

开放的文化架构

开放是文化生生不息的重要源泉,是任何一种文明演进的必然规律,是判断一种文明能否发展的基本标尺。在《读者》中,人们可以看到中西各种文化,它们碰撞却又交融,几千年的时空在一本本64页的杂志中生成,使其文化传播呈现一种海纳百川的大气象。

一、亲炙文化而非宗教

宗教是一种以信仰为核心的文化,是人类文明的重要组成部分。千百年来,宗教文化不仅在信教者的精神生活中发挥着作用,也对社会的精神追求、文化信仰、政治、经济产生了深远的影响。《读者》中有大量的文章,其蕴含的思想,读起来与宗教教义颇为契合,呈现一种鲜明的特点。

（一）传播宗教文化、历史和文学

每一种宗教文化都是具有独立的多层次和完整结构的文化系统。南怀瑾先生的关门弟子、学者魏承思把宗教文化分为三个层次。①第一层次是宗教文化的深层结构,包括宗教思想、宗教意识和宗教感情。在佛教中,对佛的信仰、释迦牟尼以及后代佛教徒所阐发的佛教教义都属于这一层次。第二层次是宗教文化的中层结构,包括宗教的经典、礼仪、制度等,它们是每一宗教的特定标志和形式。在佛教中即指经、律、论三藏以及僧团组织的一切礼仪制度。第三层次是宗教文化的表层结构,指一切为宗教思想和宗教感情所激励,与宗教相关联以及为宗教传播而服务的文化领域,如佛教的道德、教育、史学、文学、艺术和生活方式、风俗习惯等。《读者》的宗教文化传播集中在魏承思所提到的第三个层面,这个层面是宗教文化的独立的子系统,子系统的各个领域如道德、教育、史学等互相交融,又有着各自的传播和演变规律。

《读者》并不直接刊登宗教教义典籍,即使偶尔刊登的宗教的礼仪、制度,也是从文化介绍的角度入手。可以说,《读者》对佛教文化、道家文化、基督教等的传播,大多出于精神、心理和价值观的需要,而非出于亲炙某种宗教的需要。即使作者对某种文化可能有特别的信仰,但在《读者》中,这些信仰被消解了,各种宗教思想都追求简易化、生活化、心灵化、智慧化、审美化,最后又体现为非宗教化。宗教思想由此实现了向本源的回归。

有趣的是,国内很多宗教场所,都长期订阅《读者》杂志。究其原因,一方面在于所有的宗教都绕不开对生与死的探讨;另一方面,在于《读者》宣扬的真善美是人类共同的追求。

(二)呈现宗教文化的影响

世界的主流宗教文化与世俗文化、其他宗教、哲学思想相互融合,其涵盖面几乎涉及世界各民族的政治、经济、哲学、宗教、伦理、文学、史学、艺术、教育乃至民风民俗等社会文化的一切领域,对世界各国的民族心理、民族文化、民族精神的形成,都产生了广泛而深远的影响。在弘扬传统优秀文化的今天,《读者》对宗教文

①魏承思:《中国佛教文化论纲》,上海社会科学院《学术季刊》1990年第3期

化中有价值的东西认真地加以发掘、继承和发扬光大，展现了内容丰富、形式多样的各国优秀文化。

二、中国传统文化和西方文明

开放是文化得以演进的基本规律。世界上的各大宗教，之所以能够传承和发展，在于其坚守但不封闭，与社会结合，与时代结合，同时借鉴吸收其他文化的优秀部分，从而得以发展。以佛教为例，作为世界三大宗教之一，佛教具有自成一家的世界观和方法论，这些哲学和解释体系与儒道思想存在巨大的差异，甚至演变为冲突，历史上的多次灭佛事件就是问题的阶段性爆发。但在长期的冲突过程中，佛教非常注重本土化，不仅积极吸收中国本土的儒家和道家思想，还积极关注百姓，最终为中华文化所接受，成为中国传统文化的三大组成部分之一，并且具有儒家和道家所没有的宗教性和信仰力。

在中国历史上，兴盛的朝代也总是开放的。中国唐朝时期允许外国人做官，与多个国家互派使节，交换留学生，进行宗教往来、艺术交流、商品交换和技术引进，整个国家经济繁荣、文化发展、社会充满自信。所以，文化学者余秋雨说，"盛唐是一种心态"。

开放能为人们提供丰富的文化营养，不至于营养不良，而这种多元需求使文化能够传承和创新。就像米和面是中国人的主食一样，儒、释、道是中国传统文化的核心。南怀瑾说佛学是百货店，道家是药店，儒家是粮食店。百货店样样俱全，逛了买东西也可，不买东西也可，根本不去逛也可以，但是社会需要它。药店不生病可以不去，生了病则非去不可。粮食店是天天要去的，只吃洋面包，吃久了胃就出毛病。当然，这也是一家之言。不言自明的是，作为流传几千年的中国哲学或者宗教体系，每一个中国人的言行和思维总是深受它们的影响，它们塑造了人们的世界观，也成为人们的方法论。《读者》要提供一份面向中国人的食谱，做出一份能够强壮中国人的丰盛的大拼盘，就离不开对传统文化的挖掘、继承和发扬。

但是，仅仅依靠传统文化显然是不够的。因为传统文化更像一个儒士或者书生,需要在现代性的转换中焕发出新的生机。《读者》必须将目光转向全球,关注人类优秀的科技成果,寻找人类灿烂的历史和当代文明。这就要求《读者》建立一种开放的而非封闭的文化架构。

(一)儒家文化融入了《读者》的血液[①]

儒家文化思想对中国的历史、文化、政治、经济、社会影响深远,已经成为民族血液的核心组成部分。以弘扬传统文化为己任的《读者》杂志,在许多篇目中,都深深体现了儒家思想。总体来看,又体现在仁爱、君子与自强三个方面。这三个角度有部分重叠,但又相对独立,能够较为完整地体现《读者》对儒家思想的传播。

1. 仁爱思想

仁爱深深契合了中国读者的文化认知,是社会各界普遍接受的价值观和伦理准则,是存在于每个中国人内心的道德原则。君子是仁爱的践行者,是道德的载体和化身,是中国大众和精英心目中的楷模,也是社会的主流期盼。

仁爱是儒家思想的核心。一部《论语》中讲到"仁"的共有109处。儒家的仁爱不仅是一种家庭和社会的伦理道德,还包括对天地人生的多重思考,是儒家学说的最高范畴和理论核心。《读者》是讲述感恩、责任、奉献、信仰、温馨、宽容、友爱的杂志,仁爱是《读者》自然而然的核心主题。

2. 君子与道德

相对于把人生终极价值与意义最终托付给上帝的西方文化而言,以儒家和道家为代表的中国传统文化的一个最基本特色,就在于充分肯定人的现世意义,强调通过不断的道德修养与内在人格精神世界的开拓,在现实世界获得安身立命的基础。作为一种安身立命之道,中国文化所注重的不是基督教强调的灵魂不朽,而

[①]儒家文化在仁爱、道德、信念等方面的影响,在本书第四章"成长的关怀"部分有更多的表述。请参见第四章第二节"守望道德家园"、第三节"坚守信仰和信念"

是德性生命精神长存不灭。①因此,德性生命精神也成为《读者》道德传播的重要来源。

君子是儒家仁爱道德践行的载体。"君子"在《论语》中出现108次,是出现最多的词汇之一,仅次于"仁爱"。在儒家看来,君子以仁义为怀,知进退,晓礼仪,重德操,守信义,有勇有谋,德才兼备,"文质彬彬,然后君子"。儒家的君子思想深深影响了中国传统文化。

《读者》竭力通过生活中的故事,塑造君子形象和他们的闪光点,使儒家的"见利思义""义以为上""惟义所在""君子谋道不谋食""君子忧道不忧贫"等理念得以具体化、可视化,从而促进大众精神境界的提升。《读者》中的"君子"形象不是"高大全",也不是远远存在的理想人,而是普通人,是现实人,在他们身上,也会发生道义与利益、德性精神与感性欲求的冲突,但是,君子们常常能够超越利益的纠结与感性的欲求而致力于追求道义与德性,并在其中得到精神的满足和心灵的自由。因而,《读者》中的君子形象是现实的、具体的、丰满的,是可以学习的,人性的光芒在普通人和现实人身上得以闪耀。

3. 自强不息

自强是儒家对君子的要求之一,"天行健,君子以自强不息"是儒家对人生道路的设计;"修身齐家治国平天下",其核心是通过人的努力,一步步实现自己的使命。对中国普通民众来说,自强是存在于内心的一种驱动力,表现在日常生活和工作中,是不甘落后,不怕挫折,有理想,有担当,奋发有为,积极进取。从人民创造历史的观点来看,只有集聚个体的奋斗,才有民族的自强,国家的强盛。

胡锦涛在一次讲话中指出:"一个有远见的民族,总是把关注的目光投向青年;一个有远见的政党,总是把青年看做是推动历史发展和社会前进的重要力量。"

作为一本面向普通大众的读物,《读者》刊登了大量的关于小人物向上奋斗的故事。这些小人物大多生活在社会的最底层,但是他们却懂得用爱、快乐、微笑

①李翔海:《弘扬中华文化 建设精神家园》,《求是》2010年第6期

和积极向上面对生活。《读者》也刊登体现人类顽强不屈精神的文章。《绿色的梦》①讲述了治沙女杰牛玉琴的故事。她用人挖、肩扛、驴驮等人工方法二十三年来在毛乌素沙海边缘植树、种草。二十多年前,她家屋后是一眼望不见边的沙漠,如今是一眼望不到头的树林。牛玉琴的故事与荀子提出的"人定胜天"的理论颇为契合,强调人通过努力,可以掌握自然的运行规律和法则,从而更好地掌握人类的命运。

本书所选的20篇代表性文章之一

人不炼,不成器②

杨 绛

人有优良的品质,又有许多劣根性杂糅在一起,好比一块顽铁得在火里烧、水里淬,一而再、再而三,又烧又淬,再加千锤百炼,才能把顽铁炼成可铸宝剑的钢材。黄金也需经过烧炼,去掉杂质,才成纯金。人也一样,我们从忧患中学得智慧,从苦痛中炼出美德。孟子说:"故天将降大任于斯人也,必先苦其心志,劳其筋骨,饿其体肤,空乏其身,行拂乱其所为,所以动心忍性,增益其所不能。"就是说,如要锻炼一个做大事的人,必定要叫他吃苦受累,百不称心,才能养成他坚忍的性格。一个人经过不同程度的锻炼,就获得不同程度的修养、不同程度的效益。好比香料,捣得愈碎,磨得愈细,香得愈浓烈。这是我们从人生经验中看得到的实情。谚语"十磨九难出好人""人在世上炼,刀在石上磨""千锤成利器,百炼变纯钢""不受苦中苦,难为人上人"说的都是以上道理。

---

① 刘晓辰,《读者》(乡土人文版)2000年第5期
②《读者》2008年第15期

　　我们最循循善诱的老师是孔子。《论语》里孔子的话,都因人而发,从来不用教条。但是他有一条很重要的教训。他的弟子,怕老师的教训久而失传,在《大学》里记下老师二百零五字的教训。其中最根本的一句是:"自天子以至于庶人,壹是皆以修身为本。"修身,不就是锻炼自身吗?

　　修身不是为了自己一身,是为了齐家、治国、平天下。平天下不是称王称霸,而是求全世界的和谐和平。有的国家崇尚勇敢,有的国家高唱自由、平等、博爱。中华古国向来崇尚和气,"致中和",从和谐中求"止于至善"。

　　要求世界和谐,首先得治理本国。要治国,先得齐家。要齐家,先得修身。要修身,先得正心。要摆正自己的心,先得有诚意,也就是对自己老老实实,勿自欺自骗。不自欺,就得切切实实了解自己。要了解自己,就得对自己有客观的认识,所谓格物致知。

　　了解自己,不是容易的事。头脑里的智力是很狡猾的,会找出种种歪理来支持自身的私欲。得对自己毫无偏爱,像侦探调查嫌疑犯那样窥视自己,在自己毫无防备毫无遮掩的时候——例如在梦中、在醉中、在将睡未睡的胡思乱想中,或心满意足、得意忘形时,捉住自己平时不愿或不敢承认的私心杂念。在这种境界,有诚意摆正自己的心而不自欺的,则会憬然警觉:"啊! 我自以为没这种想头了,原来是我没有看透自己! "一个人如能看明自己是自欺欺人,就老实了,就不袒护自己了。这样才会认真修身。修身就是管制自己的情欲,超脱"小我",从而顺从灵性良心的指导。能这样,一家子就可以很和洽。家和万事兴。家家和洽,又国泰民安,这就可以谋求国际的和谐共荣、双赢互利了。在这样和洽的境界里,人类就可以齐心追求"至善"。这是孔子教育人民的道理,孟子继承、发挥并充实了孔子的理论。我上文所讲的,都属"孔孟之道"。

　　修身——锻炼自身,是做人最根本的要求。天生万物的目的,该是为了堪称万物之灵的人。但是天生的人,善恶杂糅,还需锻炼出纯正品色来,才有价值。这个苦恼的人世,恰好是锻炼人的处所,好比炼钢的工厂,或教练运动员的操场,或教育学生的教室。这也说明,人生实苦确是有缘故的。

(二) 道家提供了看似超然的精神和智慧来源

道家哲学对中国古代社会影响深远。从治国来看,西汉初,汉文帝、汉景帝以黄老学说治国,倡导"轻徭薄赋""与民休息""以德化民"的政策,使百姓得以休养生息,社会比较安定,史称"文景之治"。从哲学影响来看,两晋时期的佛教般若学,便是佛玄结合的产物。而宋明理学本身是儒家思想汲取道教、佛教的有益内容,并注入哲学因素,囊括天人关系而形成的更为理性化、思辨化的思想体系,是儒、道、释合一的产物。从个人修身来看,"道以治身",道家致力于提升个人的生命境界,追求返璞归真和超然物外,从而获得心灵的自由和解放。

《读者》中的道家思想传播内容包括对自然的看法、对社会的看法、对人生的看法,像"道法自然""寡欲""无为""退让""返璞归真"等词汇在《读者》中时有出现。庄子的深邃豁达的智慧,天马行空般的自由心灵,修身之本在于安心的哲学,为生活在浮躁而喧嚣社会中的人们注入了一缕清风,也打开了一个超然物我的精神领域。

1. 返璞归真

道家对世界的看法是一切归于道,道是宇宙之根,是普遍自然存在的,道天地人中,道最大。"故道大,天大,地大,人亦大。域中有四大,而人居其一焉。人法地,地法天,天法道,道法自然。"因而,生命应该去除人为,要有真人人格,返璞归真,自由放达,回归自然。

返璞归真就是要去掉外在的装饰,恢复原来的质朴状态。这与佛家的思想"放下"也存在着某种相通。中国佛教协会会长一诚大师说:"现代人不是饿死的,都是撑死的。"这句话真是振聋发聩,是治疗当代人的一剂良药。"少则得,多则惑。"很多时候,人们要问问自己为什么而出发,要梳理本源,做减法。

2. 知雄守雌

"道以治身",道家致力于提升个人的生命境界,追求返璞归真和超然物外,从而获得心灵的自由和解放。"知雄守雌"语出《老子》,即弃刚守柔,与人无争。在道家看来,"圣人之道,为而不争","天下之要,不在于彼而在于我,不在于人而在于身"。情绪总是与外界的刺激有关,这一方面要求人们不要对他人期望过高,适当回避外界的信息;另一方面,是要调整自己的心态,不要对自己过分苛求,在事情和利益上适当后退和放弃。

3. 清静无为

"静"是道家修行的重要方式。汪曾祺在《无事此静坐》[1]中说:"静,是一种气质,也是一种修养。""习静"是一门功夫,不仅顺乎自然,也合乎人道。

道家的"无为"一般包含着两层含义:一是崇尚天道(自然法则),即人与自然界之间的自然无为,由此提出"道法自然""天地生万物,然生而不有,为而不恃,长而不宰"。二是崇尚人道(人事规范),即人类活动应像天道般自然无为。提出"辅万物之自然,而不敢为也"。王蒙在《无为》[2]中说:"无为是一种境界。无为是一种自卫自尊。无为是一种信心,对自己,对别人,对事业,对历史。无为是一种哲人的喜悦。无为是对于主动的一种保持。无为是一种豁达的耐性。无为是一种聪明。无为是一种精明而沉稳的幽默。"

如果说,儒家思想希望人们能够仁爱至上、坚持正义、自强不息,具有"君子人格",那么,道家的"真人"人格思想更有利于人们平衡调节,使人们的精神更加圆润、和谐、超脱。

---

①《读者》2009年第14期
②《读者》1992年第2期

🐝 本书所选的20篇代表性文章之二

老子的智慧①

林语堂

老子所倡导的自然无为、柔弱不争、崇俭节欲的思想,在当代同样具有时代价值。

三件宝贝

老子说,我有三件宝贝,持有而珍重它。第一件叫慈爱,第二件叫节俭,第三件叫不敢处在众人之先。

老子认为,正是因为仁慈,所以才能做到英勇无畏;正是因为节俭,统治者的统治地位才能长久;正是因为谦和退让,才能成为万物的尊长。"慈""俭""不敢为天下先"这三宝,其力量与价值是不可估量的。

"慈"包含有柔和、爱惜之意,即爱心加上同情心。"慈",不仅是要仁慈待人,而且还不可做害人之事,不说损人之话。"慈"是三宝的首要原则。

"俭"的内涵一是节俭,二是收敛。老子要求人们不仅要节约人力、物力,还要聚敛精神,积蓄能量,等待时机。"俭"不仅仅只用于财产方面,一切事情均可用俭。

"不敢为天下先"也有两层含义:一是不争,谦让;二是退守,居下。老子身处乱世,深深地感受到治国安邦离不开这三宝。

舍弃虚名

老子说,华丽的色彩,容易使人的眼睛受到伤害;美妙的音乐,容易使人的耳朵受到麻醉;香美的食品,容易使人的口味变得挑剔;纵情打猎,容易使

---

①《读者》2010年第12期

人的心不安定；稀有的贵重物品，会导致偷盗产生，败坏人的品德。所以，圣贤的人只求能够果腹，而不追求外在的美观。

老子认为，眼睛是用来分辨真伪的，一旦为华丽的色彩所蒙蔽，就会失去分辨能力；耳朵是用来接纳圣贤教诲之言的，一旦被靡乱的音乐所干扰，就会丧失专一；人的口舌具有感知各种味道的能力，然而过多地品尝风味佳肴，就会使口舌麻木，丧失辨别味道的能力；而金银珠宝、华衣美食等稀世之珍，激起了人性的贪婪欲望，驱使人们钩心斗角、尔虞我诈，甚至草菅人命。

老子并不反对人们享受生活，他只是提醒我们，要抵制各种欲望的诱惑，保持内心清净，才能生活得自在快乐。

以柔克刚

老子认为，天下万物唯水最柔弱，但是，攻击坚硬强壮之物，又没有哪种事物能胜得过水，因而水其实是真正的强者，没有什么事物可以代替。柔弱能战胜刚强，弱小者能战胜强大者，这是天下都知道的道理，但是没有谁能真正做到。天下人仍旧要争先、争强，绝不肯示弱。

（三）佛性让《读者》充满智慧和禅味

贾平凹喜爱《读者》，他说："读《读者》能读出佛来……这一份（杂志）非野，非媚，却是高洁典雅，是月下僧敲门的静夜冷月，是30年代戴了眼镜夹了书本走过街头的女大学生，这么好的气质……不是要迎合，不企图去征服，而是随风潜入夜般的甘露。"

《读者》确实是一本充满佛性的杂志，这与中国佛教协会原会长赵朴初的封面题字似乎存在着某种暗合。赵朴初先生的字笔力劲健而又宽博雍容，体现出一种长于思理的佛门禅智。也许源于这一因果关系，许多佛学院都订阅《读者》杂志，许多高僧住持也都是《读者》的长期读者。2000年，《读者》与中国青基会联合推出"保护母亲河、共建读者林"活动,就收到多位佛门弟子捐款。福建佛学院释明方法师和佛学院同修们积极捐款,作为志愿者代表亲自到刘家峡水库植树造林。记得她作为代表发言说:"吾等虽然是披剃染衣的出家人,平日里过着与世无争的修道生活,但是国家兴亡,匹夫有责……弘一法师提出'念佛不忘救国',我们是在念佛不忘环保。"①

具体来看,《读者》的佛教文化传播具有以下几个方面的特点:

1. 传播佛教知识和佛教艺术

《读者》杂志上传播佛教知识和介绍佛教艺术的文章很多,这开阔了读者的视野。如《佛教常识答问》②《袈裟争夺记》③《漫话佛牙》④《"南无阿弥陀佛"及其他》⑤《神秘的舍利子》⑥《"海天佛国"——普陀山》⑦《唐僧为何称"三藏"》⑧《历尽沧桑少林寺》⑨《佛教的"五山十刹"》⑩《名寺寺名》⑪等。总体来看,对佛教知识、文化和艺术的介绍,主要存在于"风情录""纵横谈""知识窗""点滴""补白""杂文趣谈"等栏目中。这也是《读者》科学文化知识的集中地。

2. 关注人间佛教和生活禅

《读者》杂志对真善美的追求,对人类心灵的关注,这些办刊方针使杂志得以用一种宗教情怀来看待平常的生活,看待人与自然。杂志的佛教传播强调"悟心",倡导生活禅、爱情禅、生命禅。这实质是"人间佛教"和禅宗的内容。在禅宗看来,

①《读者》2000年第18期"读者园地"栏目

②赵朴初,《读者》1982年第9期

③《读者》1985年第3期

④刘重来,《读者》1988年第7期

⑤言申,《读者》1995年第7期

⑥王克强,《读者》1999年第11期

⑦童纪华,《读者》(乡土人文版)2006年第8期

⑧文彬,《读者》(乡土人文版)2004年第8期

⑨特摩,《读者》1982年第7期

⑩《读者》(乡土人文版)2006年第1期

⑪立青,《读者》2008年第23期

佛教得道者的日常生活与常人无异,只是精神生活不同,凡人与佛只在一念之差。人间佛教的代表人物如证严法师、星云大师的弘法经历和慈善大德,《读者》都刊登过。《她为了救济众生而来》①讲述了证严法师的事迹,《星不怕黑暗,云不怕天阴》②传播了星云大师的思想。《丰子恺与弘一法师、广洽法师的功德故事》③讲述了三位法师为了弘扬佛法、提倡护生,编绘了一套以画配诗的《护生画集》的佳话;《花雨曼陀罗》④讲述了赵朴初先生"那颗永远质朴、永远剔透的菩提心所蕴涵的至纯至真的大美境界"。这实质上构建了一个独特的具有佛教色彩的精神家园。

在《读者》中,禅机佛理并不是深不可测的,而是广泛存在于现实生活中。生命尽管是有缺陷的,但生活是需要赞赏的,一个人如果否定自己的特质,就不可能拥有美丽的人生,也不可能拥有幸福。《读者》中的佛禅散文并非文人简单的心灵寄托,而是以宗教或类宗教的手法看待人、自然与现实生活,注重对世人和个体的关注,特别是人的心灵的引导,探寻人的本质与归宿,具有浓浓的"人间佛教"情怀。

3. 刊登精英的佛教信仰

精英人群对佛教传播具有很大的示范意义。《读者》还通过名人和社会精英对佛教的信奉或佛教经典的践行来传播佛教思想。企业家是其中的重要代表。《左手哲学,右手利润》⑤讲述了稻盛和夫的经营哲学,"来源于自己的生活和经营活动,来源于佛教经典,充满了浓厚的东方味道"。

4. 选发禅理散文

《读者》聚集了一批与佛禅散文有关的当代作家,如贾平凹、林清玄、雪小禅等。他们的写作主题不同,表现手法各异,有的提示人们要超然物外,有的告诉人

①高信疆,《读者》2002年第3期
②刘爱成、刘畅,《读者》2012年第22期
③余方德,《读者》1998年第8期
④张亚杰,《读者》2002年第22期
⑤吴定则,《读者》2009年第20期

们活在当下，但简单、清新、优美的文字背后，基本都表现了对人类生存的关注，对精神世界的探求，对生命的珍惜。

贾平凹受佛教文化浸润很深，文章拙朴灵性，真性达观，是《读者》中的常客，到2013年4月，《读者》共选登了他的61篇作品。《读者》创刊第一年就刊发了他的作品《变铅字的时候》①。随后，他的作品、言论和与他本人有关的文人雅趣、思想碎片便经常出现在《读者》中。"病是小死，死是大病"②"做人都不容易，尤其是做得不像个人的时候"③等体现了他对人生玄妙的思考，也体现了佛教无常思想和众生皆苦理念。

林清玄既是散文名家，又是虔诚的佛家弟子，佛学的智慧已经深深影响了他的写作，使他的作品虚实相间，体现出淡淡又扑面而来的禅意。据统计，从《读者》创刊到2013年4月，《读者》共选登他的文章95篇。《凡尘清唱》④《此岸彼岸》⑤《修行与洗澡》⑥《空心看世界》⑦《福报》⑧《心的影子》⑨等单从标题上看，都是佛教中的词汇。阅读这些文章，可以获得心灵的一种回归。

当红青年作家雪小禅如同她的名字一样，追求生活中的禅意，这并非逃避和遁世，而是一种自我调适与心灵救赎，是典型的生活禅，倡导人们"做本分事，持平常心，成自在人"。雪小禅的文章受到了读者们的欢迎。据不完全统计，其多篇文章如《每一个感动都值得流泪》⑩《人生的偶然》⑪《心存感激》⑫《爱情绵延30

---

① 贾平凹，《读者》1981年第5期
② 洪之川：《在苦难中体味》，《读者》2011年第14期
③ 《读者》2011年第14期"言论"栏目
④ 林清玄，《读者》1994年第2期
⑤ 林清玄，《读者》1996年第12期
⑥ 林清玄，《读者》（乡土人文版）2000年第7期
⑦ 林清玄，《读者》2003年第8期
⑧ 林清玄，《读者》2005年第1期
⑨ 林清玄，《读者》2005年第24期
⑩ 雪小禅，《读者》2005年第24期
⑪ 雪小禅，《读者》2004年第7期
⑫ 雪小禅，《读者》2005年第1期

年》①《一段情》②《18岁那年曾远行》③《情调这个东西》④《蝴蝶穿过两岸光阴》⑤
《婆婆》⑥《喜悦如莲》⑦等都被评为当期最受欢迎的文章。《禅意是一种生活态
度》⑧告诉读者，"在红尘中，不必要活得那样累，为了名为了利为了不必要的那些
得失而苦恼而沮丧，过一种禅意的生活，那才是生活的上品"。《喜悦如莲》⑨如此
解释喜悦："喜字就是俗世里的好，是馒头上的那点红，透着欢快，透着喜欢。悦
是禅意，是初雪的曼妙，是你与我初相见，刹那间的天崩与地裂。"文章中体现
一种淡淡的禅趣。

5. 介绍藏传佛教文化

藏传佛教是佛教在我国的一种民族形式与地方形式，其无所不在的影响和政
教合一的历史传统以及生息不止的各种教派，使藏地人民生活呈现出异域的文化
风情。《读者》不仅介绍了藏传佛教的修行方式，更通过介绍藏地人民的传统节
日、生活习俗体现别有的异域风情，如《藏地原色》⑩《酥油花：美丽如花》⑪《藏族的
"放生"习俗》⑫《天葬——让光荣随鹰背苍茫远去》⑬《西藏·神的乐园》⑭《青藏圣
地》⑮《不是谁都能抵达天路尽头》⑯等。信仰升华了心灵，雪域赋予了纯洁，崇山塑
造了坚韧。人性的崇高和信仰的虔诚在藏族人的千里朝圣中，令人心灵震撼。这些

①雪小禅，《读者》（原创版）2006年第3期
②雪小禅，《读者》2006年第3期
③雪小禅，《读者》（原创版）2006年第5期
④雪小禅，《读者》（原创版）2006年第8期
⑤雪小禅，《读者》（原创版）2007年第2期
⑥雪小禅，《读者》2007年第18期
⑦雪小禅，《读者》2008年第15期
⑧雪小禅，《读者》（原创版）2004年第1期
⑨雪小禅，《读者》2008年第15期
⑩阿旺晋美，《读者》（乡土人文版）2007年第2期
⑪《读者》（乡土人文版）2007年第4期
⑫白玛次仁，《读者》（乡土人文版）2001年第9期
⑬苗凡卒，《读者》1994年第2期
⑭张子扬，《读者》1997年第8期
⑮胡杰，《读者》1992年第10期
⑯马国福，《读者》2006年第16期

与信仰和灵魂有关的故事,总是会直指人心。玛尼石是藏传佛教的一种象征。信徒们为了表示自己的虔诚,就找了各式各样的石头刻上经文和六字真言,然后放到玛尼堆上。在《千万不要丢了精神》[①]看来,每个玛尼石堆都是一个迷宫,有的人终其一生在默默刻石,无怨无悔。据统计,玛尼石总数达到25亿块,每个中国人可以分到两块。

6. 批判佛教的功利化倾向

佛教在传播过程中,一直伴随着功利主义的挑战。这主要是因为普通大众并不真正了解玄奥的佛教教义,通常只是遇到危急情况或困难的时候,才会求佛保佑,这种简单随意的信仰方式体现了浓厚的功利主义色彩;特别是经济快速发展加速了社会的浮躁,使人们不能静心理解佛教教义,而是为了平安、健康和发财烧香拜佛,究竟效果如何,不得而知,只求心理安慰。因而,现实生活中,佛教却被功利化、庸俗化。《读者》同样对此进行了批判,如柴静的《关于菩萨的几件事》[②]、史铁生的《神位、官位、心位》[③]等。

---

①徐刚,《读者》2005年第10期
②《读者》2011年第6期
③《读者》2012年第21期

🐝 本书所选的20篇代表性文章之三

不是谁都能抵达天路尽头①

马国福

青藏铁路通车了，电视直播通车仪式的那几天我一直关注着有关青藏铁路的每一档新闻节目。

在一档节目里，记者在青藏铁路沿途采访，遇到一老一小两个朝圣者。他俩穿着一身厚厚的藏袍，两个膝盖上分别捆绑着两块汽车轮胎橡胶皮，双手握着一块厚厚的木板。记者问：胶皮和木板是干什么用的？老者很安静地回答：膝盖绑橡胶皮和手握木板，是为了减少与地面摩擦时所产生的肉体的痛苦。

镜头对准了他们磕长头的画面，是一个特写。他们先十分庄严地站定，然后跪下去，再将整个身躯扑倒在路面上，双臂尽可能地往前伸，一直伸到不能再伸了为止，这时候，他们就用额头在地上磕一下。完成一组动作后，他们的整个身躯就往前收，站在刚才手掌触及的地方，双手合十，十分虔诚而神圣，接着又跪下去，又扑倒在路面上，周而复始……

我注意到他俩的额头上已经结了一个十分醒目突出的黑紫色老茧，老者解释说这是由于额头长期磕碰地面产生的。记者问：疼吗？老者说习惯了，就不感觉到疼。

通过节目，我看到一路上有很多朝圣者，许多来自几千里之外的地方。他们结伴而行，推着已经风尘仆仆几近烂散的人力车，车上装的是成袋的糌粑、容积达几十升的水壶、备用的木板、橡胶皮还有衣服。还有的朝圣者赶着羊和牦牛朝圣，他们解释说用羊毛换取东西，用于朝圣路上的吃喝，用牦牛帮人载货,换点钱捐给喇嘛庙。结伴而行的朝圣者中由年幼的为年长的做后勤工作,烧饭、搭帐篷、开路。

记者问:凡是朝圣者人人都可以抵达圣地拉萨吗？老者摇头说:不是谁都能到达天路尽头。一路上要经历无人区、高寒区,要跋山涉水,病死、饿死在途中的人很多。如果饿死、病死在途中,也是一件很荣耀的事情,因为他们把生命献给了神,献给了自己的信仰。高原的气候变化无常,时而是风暴,时而是飞雪,时而又是泥石流和山体垮塌等等,同一天当中能够经历四季的气候。除去恶劣的气候因素不说,朝圣的人还要翻越许多座高山,那些山平均海拔在四千米左右,有的终年覆盖着积雪,非常寒冷,氧气也很稀薄。朝圣者一路风餐露宿,当晨光再次出现,继续虔诚而无畏地用自己的身躯和灵魂,一步步接近天堂,接近心中的圣地。

年轻的朝圣者补充说:如果男人没有到神山朝圣过,就会被人瞧不起,如果女人没有去过神山朝圣转山,就会嫁不出去。转山一圈能抵消一年的罪过,转30圈就能抵消一辈子的罪过。记者很不解,接着问:从家里出发到圣地需要多久？他说:差不多三年时间。

节目到尾声的时候,电视里播放起背景音乐,是一首藏族民谣:黑色的大地是我用身体量过来的,白色的云彩是我用手指数过来的,陡峭的山崖我像爬梯子一样攀上,平坦的草原我像读经书一样掀过……

节目结束了,我的心还沉浸在画面中。茫茫朝圣路,长长信仰线。一个又一个虔诚的朝圣者走在那条路上,消失在天与地之间,好久好久,那手套和额头触地的声音,敲击着我的心灵。

我们来到世上,就是一个为了终极人生目标而不懈朝圣的人,只是有的人的信仰被风吹雨打去,像一粒尘埃一样,消失在茫茫尘世中,庸庸碌碌苟活一生;有的人却举着信仰的火把,生生不息地传递下去,让原本平淡的人生在老茧中开出花来,在难以超越的海拔上亮出自己的名字。

在这个信仰容易溃散的时代,老者的那句话铭刻在我心:不是谁都能抵达天路尽头……

（四）西方文明开阔了现代的视野

西方文明是人类文明的重要组成部分,有着自己的演进步伐。《读者》遵循历史的规律,围绕人性、爱的主题,沿着人物、哲学、历史和文明的脉络,对西方文明进行了独特的跨文化传播。这主要体现在以下几个方面:

1.刊登西方优秀文学作品

创刊号中的《蠢人的天堂》是这方面的典型。美国作者艾·辛格是1978年诺贝尔文学奖获得者,被誉为伟大的寓言家和当代最会讲故事的小说大师。在这篇寓言中,他描写了一个总想追求永恒安逸享乐的富家少年,在如愿进入天堂后,发现天堂虽然能够安逸享乐,却丢失了爱情、亲情、自然的美景和生活的快乐。每个人都憧憬过自己的天堂。这篇文章至少告诉读者两个道理:一是学会追求和付出,二是活在当下,珍惜现在。时至今日,此文仍然被媒体广泛转载,也一度进入大、中学生的语文读本中。

2.报道西方历史和当代人物

政治家、文学家、哲学家、社会学家、心理学家、科学家、探险家等各行各业的著名人物都是《读者》的重要选择对象。这方面可以列出一连串的名字,如圣女贞德、德兰修女、普希金、巴甫洛夫、弗洛伊德、麦哲伦、叔本华、爱迪生、福特、泰戈尔、叶利钦、达·芬奇、卢梭、赫鲁晓夫、居里夫人、华盛顿、毕加索、富兰克林、丘吉尔、爱因斯坦、戴高乐、霍金、里根等等。

3.传播异域风土人情

这方面的文章也不胜枚举。创刊号中有《形形色色的遗嘱》①《呼叫飞碟的人》②等文章。又如《爱情生物学》③《假预言》④《美国人看大奖》⑤《那瓦荷之梦》⑥《切尔诺贝利阴影》⑦《德国人:永远背着哲学家的包袱》⑧《蚊子与诺贝尔奖》⑨《"意外"带来了肥皂》⑩等等。一百多年来,探戈舞以其优雅的造型、变幻多姿的舞步风靡了全世界,时动时静的舞步、左顾右盼的眼神、遥远陌生的音乐,又使探戈披上了神秘的外衣。《阿根廷探戈的魅力》⑪告诉读者,真正的探戈不仅仅是一种舞蹈,它表现的更是一种忧伤的情感,它是一种连接尘世与永恒的艺术。

4. 传播西方人生哲学思想

西方人生哲学思想是人类哲学理论体系中一个重要的组成部分,是西方社会对人生的思考和实践,其在关于人生共性问题的挖掘和提炼层面有许多可以借鉴的因素。

基督教的《圣经》是一部宗教经典,是全球范围内发行量最大、影响最大的书。但《圣经》不仅仅是一本宗教读物,其中融合着丰富的历史、文化、政治、经济知识。它与希腊文明、罗马文明一起,形成了今天的欧美文化。《〈圣经〉故事选》⑫刊登了《亚当和夏娃被赶出伊甸园》《苏撒娜的故事》两篇文章,并特别加了编

---

①凌初,《读者》1981年第1期
②中岗俊哉,《读者》1981年第1期
③乔希·菲施曼,《读者》2000年第12期
④阿德里安·贝里,《读者》2001年第2期
⑤因特,《读者》2001年第12期
⑥喻丽清,《读者》2001年第12期
⑦陈昌本,《读者》2001年第2期
⑧斯提芬·齐德尼茨本·尼尔考,《读者》2001年第12期
⑨李达滨,《读者》2001年第12期
⑩斯提芬·齐德尼茨本·尼尔考,《读者》2001年第12期
⑪何欣编译,《读者》1995年第1期
⑫《读者》1985年第2期

者按:"《圣经》中有不少在西方各国家喻户晓的故事,都是短小精悍、形象鲜明而文字朴素的作品,曾经大量地为文学巨匠和革命领袖在其著述中引用。"

生命、爱情、死亡是人类的共同主题,在不同的文化中,表现为不同的民族性特征。《读者》客观呈现了西方文化对生命、爱情、死亡的态度,又极力表现这些主题的美好方面。

就生命来说,西方普遍尊重人的个性,希望生命是自由的、奔放的、炽热的、有激情的、有创造力的,这对中国人长期被压抑的个性是一种很好的启迪。《生命在于创造》[1]如此直抒胸臆:"你们觉不觉得人类就是这样:人类在生命急流之外,自己挖了一个小池子,停滞在里面,死在里面,然而这种停滞,这种腐败,我们却说是生存。换句话说,我们想要一种永恒,我们希望自己欲望不停,希望快乐永不停止。我们挖一个小洞,把自己的家人、野心、文化、恐惧、神、种种崇拜塞进去,我们死在里面,让生命逝去。而那生命原是无常的、变化的,很快、很深,充满了生命力和美。"

就爱情来说,西方的爱情通常是奔放的,《读者》同样宣扬忠贞、高尚、无私、稳定、专一的价值观。创刊号的《论爱情》是英国著名哲学家培根的作品,选自他的《论说随笔文集》。这部著作探讨了十分广泛的人生和社会问题,以格言警句的方式,概括了许多发人深思的哲理。黑格尔称赞其"充满着最美妙、最聪明的议论"。此文经《读者》刊登后也被广泛转载。

死亡是人类的主题,也是文学的孪生姐妹。"文学的真正的诞生地是死亡,没有死亡,就没有文学。没有死亡,人类就会无所恐惧,无所悔恨,无所理想,也就用不着制造一个虚幻的文学世界来弥补人生的遗憾,来满足自己对永恒的追求和向往。"[2]中西方文学中,对死亡的描述通常是不同的。在中国人看来,生命是一种美好,死亡是美的毁灭。但西方哲学中对于死亡的阐释,常常带有强烈的宗教色彩。古希腊哲学家伊壁鸠鲁在《关于死亡》[3]中提出,死亡对于我们是无足轻重的,"因为当我们存在时,死亡对于我们还没有来,而当死亡时,我们已经不在了"。这代表

---

①克里希那穆提,《读者》2007年第24期
②殷国明:《艺术家与死》,花城出版社1990年版,第8页
③伊壁鸠鲁,《读者》2000年第17期

了部分西方人对死亡的看法。也有很多人认为,生和死都是生命的一部分,因此,很多人能够正视死亡。《向美而死,向死而生》[1]中,作者得知还有三个月生命,他"希望在最后的岁月里,能够意志坚决地和过去告别,能够感悟生命的真义,能够享受生命的快乐"。

《读者》中西方文化背景下的死亡主题常常是平静的,很多场合总是有温馨的告别晚会。这与中国悲痛欲绝的追悼送别场景完全不同,对许多中国人而言,墓地是忌讳之地,而在西方人看来,墓地是亲人和死者对话的一个场所,是思考人生最好的地点,是最接近天堂的地方,因此,很多墓地是举行婚礼和宴会的地方,名人的墓地还会成为旅游景点。这些文章都体现了对生命尊重的哲学理念,对阅读者现代性的提高,大有裨益。

5. 以西方人物、时空为创作元素的故事传播

这方面的文章有的是虚构的,有的是真实的,但无一例外都体现了对人性的关注。《平凡人是如何成功的》[2]是一篇中国人的作品,文章认为,一个人要想成功,应该做到几个方面:一是自律,二是把别人最好的一面挖掘出来,三是不断拓宽知识面,四是发挥自己的特长,五是信守诺言,六是从失败中振作起来。而每个部分的例子都取材于西方的成功者。

6. 对西方政治、经济、文化、科技文明的传播

西方政治、经济、文化和科技文明是西方社会在发展过程中获得的成果,学习和借鉴其积极的部分,有利于中国现代化的进程。就政治文明来说,《读者》通过大量的文章介绍了西方法制的精神和成果;就经济文明来说,介绍了西方经济物质成果和理论应用;就文化文明来说,则包括宗教、哲学、建筑、文学、艺术等优秀文化成果;就科技文明来说,则包括西方的科技成果、科技人物、科研精神等方方面面。

---

[1] 尤金·奥凯利著,蒋旭峰编译,《读者》2007年第16期
[2] 罗雪梅,《读者》2001年第12期

穿墙而过的文化①

魏得胜

在古希腊,有两个性格迥异的城邦,那就是雅典和斯巴达。你一定读过《三国演义》吧？那么就一定熟悉刘备手下的两个人物:诸葛亮和张飞。诸葛亮是文韬武略,精于琴棋书画;张飞是目不识丁,粗鲁野蛮。拿古希腊的这两个城邦来比,雅典好比是诸葛亮,斯巴达则好比是张飞。进一步表述,雅典好比一只温顺漂亮的羚羊,斯巴达则是一头凶猛无比的狮子。

两个城邦之所以形成这样大的反差,应该说地理位置起了一定的作用。雅典建在平原上,清新的海风从城邦上空吹过,这便造就了雅典人天真快乐的性格,使他们乐于接受一切外来思想并为己所用。尤其值得注意的是,雅典是一个繁忙的商业城市,大家每天都很忙碌,闲暇时,就吟诗作歌,或听哲学家高谈阔论,以此来调剂生活。这种生活方式,堪称为高雅。

再来说说斯巴达。这是建在深谷底部的一个城邦,它的四周全是高山。斯巴达人正好与雅典人相反,他们拒绝外来思想,唯一的爱好就是打仗。严格说来,斯巴达不是一个城市,而是一个典型的军营。这里的人,生来就是为了当兵的,而且还有一种极为残忍的求全观念,但凡发现刚出生的婴儿体质衰弱,就扔到山谷里,活活地犒赏了野狼。

斯巴达人为实现训练有素的军事理想,排斥任何带感情色彩的东西。他们认为,一切文化艺术都会腐蚀、麻痹、瓦解军人的意志,因此,他们不需要文化艺术,也禁绝贵金属的流通,人们只能用笨重的铁块作为货币,进行少得可怜的交易。

人类历史上，不只是斯巴达人选择这样的生活方式，这里仅举两例。

俄国沙皇亚历山大一世虽然受过西方思想教育，但他是斯巴达主义者。他在19世纪的俄罗斯所推行的"血腥军垦制"，就让我们看到了斯巴达的影子。军垦制是指在全俄农村实行军事化，把农民按军队建制编制起来，既从事农业和畜牧业生产，保障自给，又要服从严格的纪律：下地、上操、吃饭、睡觉，都有统一的号令，一旦触犯军规，轻则处以鞭刑，重则施以死刑。军屯区出生的孩子，8岁即被编入军籍，12岁便成为正式军人；军屯区的女子，也必须嫁给军屯区的士兵，个人没有挑选意中人的自由。亚历山大一世时代的军屯士兵，最多的时候达到37万。

再就是20世纪70年代的红色高棉，在全国山河一片红的年代里，在波尔布特的领导下，一切亦如野蛮的斯巴达人那样，私有制、工业、商品、货币等全被取消了，学校、书籍、印刷品、文化艺术等，也都被当做资本主义的尾巴给割掉了，柬埔寨人民从此吃起了大锅饭。从斯巴达到柬埔寨，中间相隔两千多年，在东西方竟然有如此相似的两个制度模板，称得上是历史奇迹吧。

斯巴达人的那种不怕个人牺牲的高度集体主义精神，蔑视财富、放弃艺术与文化的态度，以及平等主义的公餐制度，博得许多古希腊思想家的赞美，尤其是柏拉图，他的《理想国》所憧憬的政治和社会制度，就以斯巴达为原型。柏拉图的两种理想国，在西方并没有产生什么实际结果，倒是在两千多年后的东方，如雨后春笋般冒出，虽然在20世纪下半叶又陆续蔫去，但毕竟没让柏拉图的在天之灵过于伤感和寂寞。

斯巴达人自己排斥文化艺术，也讨厌别人在这方面的成就。恰恰雅典人在文化艺术这一块，又是发展得最好的，斯巴达人对此耿耿于怀。一个崇尚军事，一个崇尚文化，两种截然不同的生活方式和生活态度，直接导致了两大城邦的不和，以致双方最后诉诸武力，这便有了著名的伯罗奔尼撒战争。

在技术落后的古代，文明等同于战争弱势，野蛮等同于战争强势。我们说蒙古人当年征服欧亚大陆，不是靠它的文化，而是靠武力。有意思的是，斯巴达人有股蛮劲儿，但对建立庞大帝国的机会却不屑一顾，他们要做的，就是扮演一只狮子，扑向希腊平原，把雅典这只漂亮的羚羊按倒在地，几口咬死，然后拆毁雅典城墙，抢走海军舰船，头也不回地走了。

真洒脱呀！因恨、因妒，一只狮子就这么随意地咬死了一只漂亮的羚羊——一个西方文明的最初标本。雅典一去，希腊文化的标志便没有了。断鸿声里，留得几多残垣断壁，在向后世述说它曾经的文明；而这文明，需要若干代人的苦心经营，才有立世的条件和传世的资本。不幸的是，雅典作为一个区域性的文化标志，就这样殁了，殁于一场战争。幸运的是，雅典虽然作为城邦早已不存在了，但它留下的文化（政治文明与艺术成就）却穿墙而过，惠及于世，长达两千多年，经久不衰。即使是今天，稍微有点文化、有点知识的人，都不会对雅典这个名字感到陌生，甚至会生发出一种向往。当年高奏凯歌的斯巴达却没有这样的殊荣。

第三节

精心的文化美学

杂志是人类传播信息和文化的载体之一。一本好的出版物,除了具有功能实用性和商业经济价值,即社会效益和经济效益外,还应该具有一定的艺术审美价值。杂志是连续的出版物,常常具有一定的时效性。如何让一本刊物能够每月给读者新鲜的阅读感,不至于审美疲劳? 如何让杂志从众多的报刊中脱颖而出? 如何让文化信息成为读者挥之不去的记忆? 这就需要加强杂志的文化美学。

一、打通精英文化和大众文化的通道

一般来说,精英文化较为严肃、理性,批判性和反思性很强,给人以沉重之感;而大众文化则倾向于轻松、愉悦,使人易于接受。如果一味坚持精英文化,则会使一般读者产生距离感和隔膜感,影响杂志的普及和传播;而如果只顾及迎合大众的口味和需求,就会丧失刊物独立的思想和个性。

20世纪70年代末期,复苏的精英文化重新在文化主流中占据了主导地位。这

时期的文化侧重于严肃、沉重的理性反思，对如何轻松、愉悦地获取知识和思想，文化界少有涉及。这时，《读者》在对精英文化的宣扬中力图照顾大众的旨趣和知识消化能力，使精英文化更好地"启迪思想，开阔眼界"。从20世纪80年代后期起，尤其是进入90年代以来，以精英旨趣为主导的文化潮流出现了新的裂变，大众文化、消费文化、快餐文化兴起，文化热点出现全面转移。这时，《读者》杂志更在大众文化包围中宣扬一种求真、向善和向美的力量，努力使大众不再仅仅追求金钱和利益，不再仅仅满足柴米油盐酱醋茶，还追求高雅的娱乐和有品位的消费，追求富有人性的思想和生活方式，从而提高阅读品位和生活质量。

二、美丽的文字能够直抵人心

2007年，《读者》编辑部收到了一封十余位中国艺术家的联名来信：

读者杂志社彭长城社长：

您好！

猪年新春，我们正在天津大剧院演出"中国唐宋名篇音乐朗诵会"，这是这台经典音乐朗诵会自1999年2月首演后的第110次演出。

我们无一例外是《读者》的读者，无论在人生的高峰还是低谷，《读者》始终是我们的挚爱。现在我们产生了一个美妙的创意——与读者杂志社合作，打造"读者的挚爱"系列音乐朗诵会。

我们的构想是选出最具感染力的经典《读者》美文，组合成不同的节目，吸引更多的艺术家在全国各地常年演出。

"读者的挚爱"系列音乐朗诵会还可以出版音像版，作为杂志发行的一个亮点。

"中国唐宋名篇音乐朗诵会"参演艺术家：

丁建华 方明 关山 吕中 乔榛 李起厚 宋春丽 肖雄 郑小瑛

张家声 凯丽 徐涛 徐松子 濮存昕

　　这封来信直接促成了《读者》诗文音乐朗诵会的诞生。2007年12月17日晚，由甘肃省委宣传部、甘肃省新闻出版局、读者出版集团主办的"读者的挚爱——诗文音乐朗诵会"在北京中山公园音乐堂上演。方明、濮存昕、乔榛、丁建华等艺术家朗诵《读者》杂志中的经典诗文，可谓众"星"云集，众"美"齐呈。作为教师节专场，本次演出为教师免费赠票。美好的诗文经过艺术家声情并茂的演绎，触动了观众们的情感。许多人情不自禁地流下了眼泪。"声音版"的《读者》一经亮相，就赢得社会各界的好评。《光明日报》认为，"读者诗文朗诵会"至少有四个方面的示范作用：一是延伸品牌，拓展优秀文化产品；二是整合资源，奉献更多精神食粮；三是联合各方，打造新的文化精品；四是传播关怀，促进和谐文化建设。①此后，诗文朗诵会又在深圳、北京、兰州、南京等地陆续开展，"声音版"的《读者》在全国持续发酵。

　　《读者》诗文朗诵会只是《读者》文字之美的一个小小的缩影。法国剧作家让阿·努伊曾经说过："生活是美好的，但它缺少形式，艺术的目标正是给生活某种形式。"文字风格是形式的重要内容。一种语言风格是无法满足人类丰富的思想和文化诉求的。犹如做菜，如果不符合当地的饮食习惯，一定会让人敬而远之，倘若总是一个口味，又一定会让人生厌。此外，成品要精致，色香味俱全，才是上品。《读者》的文字风格可以简单地分为三种，文无定法，各显其妙。

　　一是直白朴实的，如同大白话，介绍知识或者传递思想。朴素的文字追求叙事的清晰、准确，但生活本身的单纯常常又使文章蕴含的思想抵达极限。

　　二是重视文采。"言之无文，行而不远"是古人的传统。流传至今的各种文学典籍，大多语句结构完整，用词质朴凝练，句式表达多样，具有极高的美学价值。《读者》中的许多文章非常重视对语言的推敲和雕琢，文笔优美、辞采飞扬，当然也显得自然雅致。这类文章通常在"卷首语""文苑""原创精品"等栏目。从创刊至今，"文苑"栏目每期都会刊发2—3首诗歌。

　　诗歌是高度集中地概括反映社会生活的一种文学体裁，它常常蕴含着作者丰

---

① 王保纯：《从诗文音乐朗诵会看〈读者〉的示范效应》，《光明日报》2007年12月18日

富的感情和想象,语言精练,节奏鲜明,与散文相比,更富有音乐美和结构美。中国现当代诗人如闻一多、徐志摩、郭沫若、艾青、臧克家、戴望舒、宗白华、海子、顾城、北岛、芒克、于坚等都有作品在《读者》陆续刊登过。徐志摩的《再别康桥》①、海子的《面朝大海　春暖花开》②等都脍炙人口,被广为传抄。

三是追求雅俗精妙。语言活泼,充满趣味,追求亦雅亦俗的语言特色。这多见于散文小品和随笔,使杂志充满知性,文章读上去清新简约,提升杂志的文化品位。

中国汉字博大精深,源远流长,同样的文字,不同的人读出不同的趣味。比如《"淡"是人生最深的滋味》③写道:"酸、甜、苦、辣、咸百味杂陈之后,最后出来的一个味觉是'淡',所有的味道都尝过了,你才知道淡的精彩,你才知道一碗白稀饭、一块豆腐好像没有味道,可是这个味道是生命中最深的味道。"一位读者来信说:"'淡'是王维的'行到水穷处,坐看云起时',是陆游的'小楼一夜听春雨,深巷明朝卖杏花',是苏轼的'一蓑烟雨任平生',是禅宗的'空山无人,水流花开'。品味'淡'的人生,我们自然会神情自若,脚步从容!"④一个"淡"字,解释得如此灵秀机巧,既是人生况味的体现,又是中华民族文明和智慧的象征。

除了在内容上进行文字的仔细推敲,《读者》的经营活动也非常注重文字的使用,即使是广告中的文字、数字,都需要执行国家新闻出版总署有关规范期刊文字的条例。比如要求广告中的文字准确无误,对广告中年、月的标准表达,汉字数字与阿拉伯数字的规范用法都格外注意,凡制好的广告软片出现此类错误,《读者》都不厌其烦地改正。

从阅读心理学的角度来看,阅读是一个思想信息双向交流的过程。读者的阅读过程,并不是被动接受信息的过程,而是伴随着非常复杂的心理活动。读者的思维、情感、想象和注意力随着阅读而不断变化。美丽的文字阅读使读者能够从阅读

---

①《读者》1998年第3期
②《读者》1999年第7期
③蒋醺,《读者》2005年第8期
④《读者》2005年第10期"短信平台"栏目

中感知自己思维的升华、视野的开阔、情感的触动和想象的释放。

三、美术是人类文明的重要载体

美术是人类文化艺术的表现形式。除了内容的精心选择外,《读者》的编辑们还试图用美术来为杂志增添温馨和美丽,传达关怀,传播文明。《读者》的美术传播包括封面设计、版式设计、配图和插图以及对美术史和美术作品的关注等。

（一）不一样的面孔

对于封面设计,日本当代装帧设计师杉浦康平有一个很好的比喻:"一本书就像一个人,而封面则相当于人的脸,书的大致内容、品位高低,可以从杂志封面设计的风格上基本反映出来。"

20世纪80年代杂志流行的封面是满版的"大出血",热烈鲜艳,也有一定的商业化味道,显得不够儒雅和知性。找到与杂志本身的气质相匹配的封面图片,并不是一件容易的事情。《读者》杂志创刊后几期的封面设计,多为根据内容的"即兴式设计",后来才慢慢地固定下来。

三十二年来,《读者》的封面设计呈现出以下三个显著特点:

1. 封面设计保持知性的传统,不跟风,不媚俗,干净,简单

《读者》最初的刊名为"读者文摘",意即"编辑为读者摘文,读者为编辑荐文",1993年改名为"读者",取"来自读者,回归读者"之意。整个刊名简洁大方,给人以亲切感。"读者"两字为中国佛教协会原主席赵朴初先生题写,改名后沿用原题字,封面上的"读者"两字血肉丰满,骨法劲健,清晰大方。1983年,《读者》封面有了一个基本的轮廓:四周留白,中间放图,赵朴初题写的刊名"读者文摘"压在图上方。此后,《读者》封面的演变都是在这个基础上加以微调和完善的。

在封面图片上,读者总是能够看到当期推荐文章的标题,四篇左右。一般来说,封面要目与目录具有相似的指引功能,用于提示当期杂志所载内容,刺激和引

导读者阅读,但由于《读者》的文章不靠枕头,不靠拳头,因此标题都显得不刺激,不煽情。比如2012年第17期,标题为《反笔舐犊》《知识分子》《房价什么条件下会大跌》《急诊室手记》,只有第三个标题是提问式,有一种引导阅读的作用,其他三个都显得很普通,体现一种"不以动荡而移神,不求媚丽而争宠"的味道。但十年、二十年、三十年坚持下来,这些简单而安静的标题,却默默地透出一种力量来,与《读者》的内容休戚与共,一脉相承。

2. 封面图片始终符合大众审美特点,又契合杂志真善美的主题

一般来讲,时尚类刊物通常选择当红模特或明星,科普类刊物选用自然或科技图片,新闻类刊物选用具有新闻价值的图片,而《读者》的封面既不媚俗,又不追求视觉冲击力,而是选用易与读者产生共鸣的美好元素,如风景、儿童、小动物、植物、风景、肖像等。颜色上则选用积极、轻松的元素,冷色中一般选用绿色、蓝色、紫色(深紫);暖色中多用红色、橙色、黄色;中间色则多用白色,灰色、黑色较少。这些设计热烈而不张扬、悦人而不世俗,表现了纯真、安静、希望、温馨、美好等主题。在对图片作编辑时,也精心处理色彩的色相、纯度及明度等要素,注重艺术价值。

比如对女性为主题的图片多从温柔、妩媚、典雅等角度选用,而不会考虑"面带桃花""丰乳肥臀"和"骨感"等元素。《读者》创刊号采用电影演员娜仁花的照片,是一个右侧脸的特写,20岁不到的娜仁花单纯美丽,眼中似乎对未来充满希望。1982年第1期用的是一对双胞胎姐妹的照片。一对身穿蓝衣服头戴白色小礼帽的双胞胎坐在树林的草地上,手里拿着采摘的野花,金色的阳光从树枝间照射下来,倾泻在她们旁边的草地上,童趣盎然,安静而美好。1981年第4期的封面是千手观音舞蹈的照片,整个图片让当时缺乏娱乐的人们感到新奇;而领舞端正秀丽,在腾起的雾气中,舞姿优美,让人更感觉赏心悦目。2000年第15期的封面是《贝尔贝拉像》,这是法国画家韦尔内·勒孔特的布面油彩。作品刻画了一位东方少女的形象。她身着红披巾,头扎红巾,戴头饰、腕饰,显出一种纯真、安宁、秀美的气质。少女内敛含蓄、目光深邃,静静地伫立着。评论家说,很显然,作者在以

东方少女的肖像刻画来表现一种诗意般的东方情调。

动物则一般选择小动物,表现平和、恬静等美好。2003年第1期的封面图片是一幅摄影作品,一只鸽子正张开双翅,落在结满果实的树枝上。鸽子浑身洁白而无杂色,眼睛纯净,果实鲜红而饱满,此幅图片取名"祥和"。2003年第23期的封面图片是一只猫头鹰幼崽依偎在它的母亲身边,两只猫头鹰正在休憩,眼睛眯成一条缝,显得安静而和谐。

《读者》也刊登具有一定思考或哲学意味的图片,给人无限想象的空间。爱美和思考是人的天性。《读者》选用这些表达美好的图片,让受众关注美,关注生活,关注自然,关注自身。

3. 始终重视封面设计的整体性和针对性

封面是杂志给读者的第一印象。让杂志从报刊摊上花花绿绿的杂志中能一下子"跳"出来,在于保持传统,也在于杂志的别具一格。《读者》每期的封面都是从上千张图片中精心挑选出来的。设计部门在初选比对后,还要经过主编审核挑选,最大程度保证封面清新悦目。

(二)蕴含深意的刊徽

在1994年全国兴盛CI形象识别热潮时,《读者》向全国读者征集商标识别设计。曾经参与设计中国建设银行、工商银行、人民银行、农业银行等标志的陈汉民教授提交了小蜜蜂的设计作品。在他看来,征集刊徽就是要找到"一顶帽子",帽子不一定好看,但别人一看便认为,你戴上这顶帽子是最合适的。1995年7月,《读者》杂志正式宣布将"小蜜蜂"作为刊徽。小蜜蜂张开翅膀,底色为苹果绿,这种绿色充满了强烈的生命张力,象征着杂志从各种报刊中采集稿件,准确地表达了《读者》的形象与社会功能,且这只绿色的小蜜蜂,学名叫做"中华蜂"。

小蜜蜂和拼音"DUZHE"并列,下面是汉字"读者",《读者》比较完整的LOGO终于出现在刊物上。这个刊徽自1995年正式使用一直沿用至今。"小蜜蜂"以及刊名组合的CI标志色有大红、黑、灰、白四种基本色调,是《读者》杂志的基本标志色。

2000年,《读者》改为半月刊,为了加以区别,杂志社将杂志的封面颜色改成黑加白。上半月版为A版,沿用以前的风格,下半月为B版,用黑底白字的形式,但一些老读者认为杂志的封面与《读者》的整体风格不一致。2001年,封面再次改版,将有点压抑的黑色改为代表经典、永恒、高贵的蓝色了。

(三)充满书卷气的版式

1985年之前,《读者》普遍采用通用的两栏制排版方式。从1985年开始,《读者》开始使用统一的三栏制,每栏14个字,一律用新5号字。这成了以后每期《读者》采用最多的排版方式。其次,每期杂志还有3—5篇采用两栏制排版,每栏20字,也一律用新5号字。字体多采用宋体、楷体、仿宋体、黑体四种。这四种字体是中国的传统字体,容易识别,书卷气浓厚,与杂志的气质相符。

(四)插图构成了杂志的另一道风景

为了增加杂志的文化内涵和文化品位,杂志社自1982年起,开始请国内有影响力的画家为杂志画插图。这种传统一直保留至今。有读者评价说:"在照片、卡通、电脑设计图如此盛行的今天,《读者》却一直坚守本色,用高品质的绘画做插图,让读者在欣赏美文的同时,还能品味插图画作者风格各异的作品,实属幸甚。"

为《读者》画过插图的大家很多。1991年,《读者》创刊十周年,杂志社为宣扬插图艺术,答谢插图作者,为长期配图的画家出版了一本插图集——《读者文摘十人插图集》,并于第二年举办插图展。入选作者有黄英浩、陈延、王书朋、高燕等。作为一本比较专业的书,此书不仅得到了美院师生的喜爱,也收获了社会的好评。此后不断有读者来电要求出版插图集。

黄英浩插图作品:《一封寄给上帝的信》(《读者》1982年第12期)

俞晓夫插图作品:《上帝变了》(《读者》1987年第1期)

喜欢插图的贾平凹专门写来一篇文章:

> 我们在读文章时,总免不了常就读了文章里的插图,恰如此,总使我
> 们读着一种灿烂。为什么呢? 插图对于画家来说,是应出版者所邀为文
> 章而作,或许"雕虫小技"如文学家的一张留言条,但不是文章的附庸、
> 图解和说明,不是的,绝对不是。看文章看累了,应换换视角,或者看得兴
> 起,感到文学已装不下自己的享受,如言之不尽则歌,歌之不尽则舞,就
> 看着在这里恰恰相反的插图,为跳跃、为变化、为升华,想象越是淫浸,我
> 们的阅读经验里常就坠为"嗒然遗其身了"······①

2003年8月,《读者》在甘肃省美术馆举办了第二届插图艺术邀请展,共展
出张守义、杜凤宝、李宝峰、颜宝臻等15位画家的210多幅插图作品。据统计,自
1992年到2003年,约有40位画家为《读者》创作过6000多幅插图,他们风格各异、
功力精湛,深受读者喜爱。此次插图展是对《读者》十年插图成果的总结和回顾,
也是对默默支持《读者》的插图作者的再次真诚答谢。

2011年4月,为纪念《读者》杂志创办三十周年,《读者》在甘肃省美术馆
举办了第三届插图艺术展,共展出沈尧伊、秦龙、李晓林、李晨、黎青等十多位我国
优秀插图画家的百余幅插图作品。《另一道风景——〈读者〉第三届插图艺术展
作品集》也同时发行。

《读者》的老作者、插图画家沈尧伊在展览前言中说:

> 好的插图不仅是从造型层面对文学的诠释,而且是文学主题的延
> 伸,因而,插图应有其独立的审美品格。视觉造型虽不及文学的详尽和深
> 入,然而却直观,一目了然。其空间、结构、色彩、透视、量感、质感,通过
> 点、线、面以及作者的个性形成的境界,只能意会,不能言传。因而插图是

---

① 师永刚:《读者传奇》,中国社会科学出版社, 2004年版,第125—126页

一种再创造。造型与文学的结合，相得益彰，一加一远大于二，这正是插图的魅力。

《读者》的插图也赢得了业内的关注和尊重。很多艺术家非常认真地看待插图艺术，提出褒奖或者批评。2012年3月，著名艺术家黄永玉为《读者》编辑部写来一封信，在信中，他风趣地写道：

> 你们文章中的铅笔画、钢笔画、毛笔画是不是有专人负责，基础非常扎实，十分动人。我也有些拙作被你们选入，那明显就不行了。年轻时候的幼稚跃然纸上，虽然心底仍感开心，却实在不好意思。[①]

大量与文字结合的插图和谐共生，是《读者》的重头戏。它们或大或小，或实或虚，或简约，或精细，时而庄重，时而诙谐，图文相互依托，配合默契，形成灵活多样的艺术特性，成为《读者》又一道风景。

（五）广告也是艺术作品

《读者》杂志接到的广告来稿，一般有三种情况：一类是国外大公司的广告，这类广告一般都设计新颖，图片精美，融产品宣传与艺术欣赏为一体，为广告作品中的佳作；二类是国内公司广告，由于我国广告业起步较迟，许多广告创意都较差，广告作品推销味浓，文字繁多，设计不上档次；三类是客户只提供文字内容，由《读者》负责广告的整体策划、创意和设计，广告最终以何面目出现，全由编辑部自己来决定。

三种情况有三种处理方式。对第一类广告客户，由《读者》提供详细的刊物资料，请他们了解杂志风格，以便更好地进行广告创作；对第二类客户，《读者》强调杂志的风格、特点，请他们在设计广告作品时尽量与《读者》的艺术风格一

---

①《读者》2012年第10期"读者·作者·编者"栏目

致;对第三类广告客户,《读者》要求对方提供的文字不超过版面的1/2,剩余1/2的广告版面,用以刊登与广告内容相配套的摄影美术作品。为了选购此类图片,《读者》专门到北京的图片公司,花大价钱购买精美图片,力求广告内容与艺术图片相结合,这种精心设计的广告作品,艺术冲击力强,广告效果突出,达到了既为广告客户传递商品信息,又扩大读者的有效阅读版面的目的。从实际效果来看,《读者》设计的广告作品,得到了读者及广告界的认同,在中国广协20世纪90年代三年一次的广告评选中,《读者》设计的广告中有两件作品获奖,占杂志类获奖总数的1/6。

(六)美术普及是一项工程

《读者》刊登了大量关于艺术欣赏和艺术家的文章。艺术修养的养成来自于知识的普及。《读者》还刊登了大量关于美术讨论的文章。在栏目的演变上,也可以看到《读者》对艺术的重视。1983年增加"艺术欣赏"栏目,1985年改为"艺术天地",1986年改为"艺术世界",1987年改为"艺术之窗",1992年改为"艺术浏览",1997年增加"话与画"栏目。2009年,美术栏目改为"艺术"。

国外的艺术大师和画派一直是《读者》关注的对象。1984年,《读者》开始介绍毕加索、达利等许多先锋艺术家的作品。后又陆续介绍了米开朗琪罗、提香、凡·高等一大批享誉世界的艺术大师。

《读者》还发起工程性的美术运动。比如对20世纪世界美术进行回顾,中国美术百年系列则对中国美术史较为著名的作品进行了一次系统的了解和展示。

(七)大师的文化视野

《读者》刊登了刘海粟、吴冠中、黄永玉、吴为山等大家的作品和文章,介绍他们的艺术成就。大艺术家不是随随便便就能成功的,他们每一个人都有传奇的故事、坎坷的经历,他们对人生、艺术、家国的使命感,可以带给我们启迪和思考。

黄永玉先生博学多识,诗书画俱佳,也是创作散文、小说、剧本的大家。《平常的沈从文》①《北向之痛——悼念钱锺书先生》②《比我老的老头》③《巴先生》④等文章介绍了他与大家们的交往,在他的笔下,这些声名显赫的人物总是有着自己的道德准则、信念和追求,而日常生活的小事也展现出真性情。总体来看,这些文章既有重要的史料和文化价值,也有重要的教育价值。

　　1981年,中央美术学院举办的毕业生画展上,一幅幅描绘西藏人民生活的油画引起了震动。作者是刚刚27岁的上海青年陈丹青。作为"文革"后中央美术学院第一批油画系研究生,陈丹青的成长代表了一代青年的经历。《读者》随即刊发了《陈丹青十年磨难》⑤一文。后来又陆续刊发与他有关的文章20多篇,他个人作品12篇,如《骄傲与劫难(节选)——记1978—1980年的中央美术学院》⑥《阶级与钢琴》⑦《赵丹》⑧《画像》⑨《收摊的话》⑩《如何成就大师》⑪《谁能救你》⑫《都市的灵魂》⑬《书是自己的房间》⑭等。 陈丹青是最早发出"救救鲁迅"呼吁的学者,在他看来,鲁迅先生的思想经过数十年的发展已经面目全非。《读者》选发了《鲁迅后院的蜗牛》⑮《鲁迅的"好玩"》⑯《鲁迅的模样》⑰等文章。这些文章从另一个角度描写了鲁迅的精神,有些段落不乏尖锐。如:

---

①黄永玉,《读者》2000年第15期
②黄永玉,《读者》2003年第14期
③黄永玉,《读者》2003年第23期
④黄永玉,《读者》2012年第3期
⑤朱建武、沈全梅,《读者》1981年第4期
⑥陈丹青,《读者》2004年第16期
⑦陈丹青,《读者》2005年第4期
⑧陈丹青,《读者》2006年第8期
⑨陈丹青,《读者》2007年第8期
⑩陈丹青,《读者》2007年第23期
⑪陈丹青,《读者》2008年第5期
⑫陈丹青,《读者》2010年第1期
⑬陈丹青,《读者》2010年第8期
⑭陈丹青,《读者》2011年第17期
⑮陈丹青,《读者》2007年第15期
⑯陈丹青,《读者》2011年第12期
⑰陈丹青,《读者》2011年第15期

最近我弄到一份40多年前的内部文件,是当年拍摄电影《鲁迅传》时邀请好些文化人做的谈话录,其中一部分是文艺高官,都和老先生打过交道。我看了有两点感慨。一是鲁迅死了,怎样塑造他,修改他,全给捏在官家手里:什么要重点写,什么不能写,谁必须出场,谁的名字不必点,等等。这可见得我们知道的鲁迅,是硬生生给一小群人涂改捏造出来的。第二个感触就比较好玩了:几乎每个人都提到鲁迅先生并不是一天到晚板着面孔,而是非常诙谐、幽默、随便,喜欢开玩笑,千万不能把他描绘得硬邦邦的。[①]

为了更好地探寻艺术大师的人生历程,展现大师的艺术贡献,2012年底,随着央视同名纪录片的热播,读者出版传媒股份有限公司旗下的甘肃人民美术出版社推出了大型系列丛书《百年巨匠》,《读者欣赏》编辑出版了《百年巨匠》特刊。《百年巨匠》纪录片和图书,用原貌、原作、原物、原址和情景再现的手法还原12位艺术巨匠(齐白石、徐悲鸿、张大千、黄宾虹、林风眠、刘海粟、李可染、吴作人、傅抱石、李苦禅、潘天寿、关山月)的本色。辛亥革命以来,中国的近代史发生了前所未有的动荡与变革。在"前所未有之大变局"下,满怀创作激情与救国热情的艺术家们,以各自的才华和理想实践着自己的艺术道路。这12位独步中国画坛的艺术宗师、引领中国近代美术发展的艺术巨匠,用精彩的人生和手中的画笔书写了一页页不朽的艺术篇章。《百年巨匠》纪录片和丛书,就是用亲友、同事、学生、当事人、见证者的讲述还原一个个人生经历丰富、有血有肉、生动鲜活的艺术大师,开启了一扇通往中国近代美术史的大门。

①陈丹青:《鲁迅的"好玩"》,《读者》2011年第12期

🐝 本书所选的20篇代表性文章之五

比我老的老头①

黄永玉

离梦踯躅——怀念风眠先生

风眠先生8月12日上午去世了，92岁的高寿，是仁者的善应报。

听到这个消息，我陷入深重的静穆与沉思之中。

我不是林先生的学生，却是终身默默神会的追随者。

跟林先生认识的时间不算短了，说起一些因缘，情感联系更长。

尽管如此，我跟林先生的来往并不多。我自爱，也懂事：一位素受尊敬的大师的晚年艺术生涯，需要更多自己的空间和时间，勉强造访，徒增老人情感不必要的涟漪，似乎有点残忍。来了香港三年多，一次也没有拜访他老人家，倒是一些请客的场合有机会和他见面。

前年我在大会堂的个人画展，忽然得到他与冯小姐的光临，使我觉得珍贵。

昨天，老人家逝世了。艺坛上留下巨人的影子。

这几十年来，我拜会他许多次。第一次，是在1946年春天的杭州。

我到杭州，是去看望木刻界的老大哥章西厓。西厓是他的老学生。我那时22岁，满身满肚气壮山河要做大画家的豪劲。（天哪！林先生那时候才47岁，做了个算术才明白。）

西厓在杭州《东南日报》做美术编辑，我到杭州去干什么呢？什么也不干，只是想念西厓。他住在皮市巷一座讲究的空房子里，朋友到别处去了。花园、喷水池,什么都感动不了他,与他无关,他只住着大屋子里的一个小套间。我去了,搬来一张行军床,也挤在小套间里。

大雪纷飞,我们跟一位名叫郑迈的画家到处逛,这一切都令我觉得十分新鲜。我1937年到过杭州,一因为小,二因为路过,没有好好看过,这一次算是玩足了。陈英士铜像,孙元良八十八师抗战铜像使我十分佩服,居然会是真的铜汁熔铸而成。这,接着就想到去拜会一次久已仰之的林风眠先生。

他们领我走到一个说不出地名的木栅栏大门的地方,拍了十几下门,静静把门打开的是一个笑容可掬的乡下八九岁孩子,先来一个鞠躬,背书似的把每一个字念出来:"嘿! 林,先,生,出,去,了! ——下,次,来,玩,啊! "又鞠了一个躬,慢慢地关上了门。

我们面面相觑,怎么说话这个味儿?

郑迈说,再来它一下。于是又拍门。不一会儿又是那八九岁大的老兄出来开门,说的又是那些一个字一个字的原话,然后一鞠躬笑眯眯地关上了门。

郑迈说,这小家伙是门房的儿子,刚从乡下来,林师母法国腔教出来的"逐客令"。

过了两天,我们见到了林先生和师母,吃了几块普通的饼干,喝了龙井茶,问起了林先生当年国立艺专在湖南沅陵的时候帮过大忙的沈从文表叔的大哥沈云麓的情况。我回答不出。我1937年出来一直没有回过湘西。接着说到我的木刻,西厓开的头,林先生和师母很有兴趣地听着,仿佛对我颇为熟悉的样子。我不太相信他们两位真看过我的木刻。礼貌,或是宽厚,不让一个年轻的美术家太过失望吧!

那次,我见过一幅后来挂在上海南昌路屋子里安杰里哥《报佳音》的临本,传说是赵无极为他弄的。另外的几幅令我感动至极的林先生自己的画,大块大块金黄颜色的秋天和一些彩色的山脉。

后来在北京,全国文代会或是美代会,见到我,他都要问起关于沈家大表叔的近况。因为我回湘西的次数多了,便很有些话向他报告,填补他对于湘西朋友怀念的情感。

以后我每到上海,总要去看看他老人家。

那年月,隔段时间,文化艺术界的朋友多多少少都会受到一两次精神晃动。熟人之间的安全的介绍,见了面大家便无话不谈。

1960年我带着4岁的黑妮到上海去为动画厂做设计工作,时间长了,有机会去探望一些长辈和朋友们,有的正在受苦,有的在危机边沿,有的颠簸在政治痛苦之中,林先生、马国亮先生、巴金先生、章西厓老兄、黄裳老兄、余白墅老兄、唐大郎老兄和左巴老兄、王辛笛老兄老嫂……

马国亮、马思荪先生夫妇也住在南昌街,他跟林先生政治上相濡以沫,最是信得过,总是由马先生带我们到林先生那里去。

马国亮先生夫妇当时所受的惊吓令人听来是难以忍受的。我住锦江饭店,有时却到他们家去搭铺,把门紧紧地关上,我为他们画画,刻肖邦木刻像(像,来自他家墙上的一幅小画片),他们和孩子弹钢琴,拉大提琴。白天,夜晚,这简直是一种异教徒危险的礼拜仪式,充满着宗教的自我牺牲精神。管子所云"墙有耳,伏寇在侧"的情况随时可能发生。这一家四口在危难中的艺术生活真是可歌可泣。马氏夫妇一生所承担的民族和祖国文化命运的担子如此沉重,如此坚贞,真是炎黄子孙的骄傲。见到、想到他们这一家人,我才对于道德这个极抽象的、捉摸不定的、可以随意解释和歪曲的东西有了非常具体的信念。即使他在受难期间,你也仿佛可以向他"告解",冀以得到心灵的解脱。

林先生就是跟这样一家姓马的家庭成为邻居。

林先生的消息得以从他的好邻居转告中知道。

林先生"文化大革命"之后平反出狱,我到上海又是马先生带我去拜望他。一进门,这位七十多岁的老人正抱着一个差不多七八十斤的煤炉子进屋。

那时,他自己一个人生活已经很久了。一个伟大的艺术家照顾着一个伟大的艺术家。

奇怪的是有人告了密,说我到上海拜见林风眠先生的那一次是一个不平凡的"活动",写出了批判的大字报,说我黄某人与林风眠"煮酒论英雄","天下英雄唯使君与操耳!"要追查这个小集团的活动。

我当时已经横了心,知道一切解释于事无补,只有一个问题想不开,心中十分生气。在小组会上,我破了胆子申明,林先生论年龄、学术修养和其他许多方面,是我老师的老师,我怎么能跟他搞什么所谓"煮酒论英雄"活动……简直荒唐!

这种陷害的扩展和发挥是无耻的,后来也不见起到什么作用。只是

一直遗憾,不知惊动了林先生和其他几位朋友没有?

一个小小的精神十足的老头。不介绍,你能知道他是林风眠吗?不知道。

普普通通的衣着,广东梅县音调的京腔,谦和可亲,出语平凡,是个道不出缺点的老人。

从容、坚韧地创造了近一世纪,为中国开辟了艺术思想的新垦地。人去世了,受益者的艺术发展正方兴未艾。

说到林风眠,很少有人能在口头上和理论上把他跟名利连在一起。在上海有一次他对我们开自己的玩笑,说自己只是个"弄颜色玩玩的人",是个"好色之徒"。

记得20世纪50年代林风眠先生在北京帅府园中国美术家协会开个人画展时,李苦禅、李可染先生每天忙不迭地到会场去"值班服务"。晚辈们不明白这是什么道理。

可染、苦禅两位先生高兴地介绍说:"我们是林风眠老师真正的学生!"

林风眠先生二十出头就当了美专校长,不问政事,画了一辈子画。

92岁的8月12日上午十时,林风眠来到天堂门口。

"干什么的？身上多是鞭痕？"上帝问他。

"画家！"林风眠回答。

忆雕塑家郑可

塞纳河岸有一座纪念碑，我每天都要从它的跟前经过。我太忙，都是急着要赶到目的地去。

这一天，轮到它了。它不只有出色的雕刻，旁边一排树林和嫩绿的草地也非常动人。

天哪，是布德尔的作品。

多少年来我一直景仰的雕塑家。家里藏着他的作品集大大小小十来本，每到一个地方都要打听书店里有没有他的画册卖。我是一个布德尔迷毫无疑问。没想到我莫名其妙地来到他作品的跟前。

他是大家都知道的跨腿拉满弓的《射者》的作者。不只是作品震动人心，更重要的他是一位创作思想家。他高明而精辟的艺术主张密度太大、太坚硬，后人要花漫长漫长的时间才能一点一滴地消化。在他作品面前，从艺者如果是个有心人的话，会认真地"吮吸"，而不是肤浅的感动，会战栗，会心酸。

他和罗丹同一个时代，罗丹的光芒强大得使他减了色。罗丹的艺术手法"人缘"好，观众较容易登入奥堂；布德尔的手法渗入了绘画，而且有狂放（其实十分谨严）的斧劈之势，堆砌、排列得有时跟建筑几乎不可分割。不只是理论，实践上他明确地提出"建筑性"。

太早了，提得太早了，理论孤僻得令人遗忘。

是逝世不久的郑可先生给我启的蒙，介绍了布德尔的学说。郑可先生的雕塑完全走他的路子。他可能是他的学生。记得他告诉过我，布德尔问过他："你来法国做什么？中国有那么伟大的雕塑艺术你不学，这么远跑来这里！"

郑可先生在巴黎15年，他诚恳而勤奋。跟年轻的马思聪、冼星海、李金发是一个时期。他从家里卖了猪、卖了房子才买得起船票来到巴黎的，回国以后的日子仍然朴素诚恳得像一个西藏人，连话都说不好，一说就激动。见到讨厌的人他一句好听的话都没有，衣着饮食都很随和将就，就是艺术的认真和狂热几乎像求爱一样。

他比我早回北京一年。艺术方面他知道得太多，也都想成盆成桶地倾倒给年轻朋友。只可惜他是个纯粹的广东人，满口带广东口音的普通话，语汇又少，几乎令人听十句懂半句，他的诚恳寓于激情之内，初认识的年轻人会以为他在骂人。唉！其实他的心地多么慈祥宽怀……

他用了99%的时间为别人解决一切工艺疑难。不光讲，而且动手做。

他懂建筑学，给清华建筑系讲过"巴黎圣母院拱顶相互应力关系"，给北京荣宝斋设计过雕刻木刻板空白底子的机器，教人铸铜翻砂，设计纪念碑，研究陶瓷化学。他还是一个高明的弗卢（银笛）爱好者。甚至写信给北京钟表厂，说他们的钟表如此这般的不妥。钟表厂派了几个专家去找他，他把家里收藏的所有大钟小钟一股脑都送给了来人，还赔了一顿丰盛的午餐，从此杳如黄鹤，镜花水月……

就是没有再做雕塑。

15年在巴黎的学习，一身的绝技，化为泡影。

1948年在香港，因为我开个人画展，他给我做了一个浮雕速写，翻制成铜，至今挂在北京家中墙上。

八十多岁的年纪，住院之前一天，还搭巴士从西城到东郊去为学生上课。住院期间，半夜小解为了体恤值班护士，偷偷拔了氧气管上了厕所，回来咽了气……

前些年他入了党。这使我非常感动。1952年在香港抛弃最好的待遇，全家回到北京，并连忙写信鼓动我回去。那时他是盛年。他的兴奋和激情远远超过现实对他的信任。1957年他戴了右派帽子。我尊敬和友爱的朋友与前辈们——聂绀弩、黄苗子、吴祖光、小丁、江丰和他都受了苦，也令我大惑不解。

我有胆公然为之申诉的只有郑可先生,我了解他,也愿为他承担一点什么。

我和他一样都没有"群",没有"群"的人客观上是没有价值的。他为祖国贡献了一生,入党是他最大的安慰。没有什么比这样的安排更能弥补他的创伤的了……

我匍匐在布德尔的作品脚下,远处是无尽的绿草和阳光。

我太伤心。

郑可先生! 如果能跟你一道重游巴黎多好……

余所亚这次真的死了

朋友刚来电话,说老所1月9日死了。

太突然,我要冷静地想一想。

40多年来,老所"死"过许多次,这一次是真的了。我已经来不及悲伤,也许是自己老了,也许是近年来死的亲人和朋友太多,也许是自己对生死已经不那么看得重要。但老所毕竟是我体己的、尊敬的朋友和兄长,而他的生的洒脱旷达,几乎自己淹没了自己的光彩,那么不为人知,熟知他的老友凋零殆尽……

老所在漫画界是个思想家。抗战时期香港、重庆、成都、昆明;抗战胜利后的上海,他的漫画作品含义深刻,从不流俗。

夏衍、绀弩、胡风、马思聪……以及周恩来、廖承志、乔冠华……许多老人都是他的知己。可惜他的作品不多,更特别的是,内容耐人寻味的文学深度,在文学上的影响比艺术界大。真是有点特别。

老所死了,人们纪念他,是因为解放后,他从事木偶戏创作的功劳。在我看来,他的高尚的人格和智慧以及文艺修养,远远超过众人所知的范围。他蕴藉,不动声色地跟木偶打了40多年交道,之外的那些才情,早就心甘情愿地微笑着"死了"。

老所自小有生理的缺陷,双腿在幼儿时就停止了发育,而上半身的躯干却像大力士那样健美。

1948年木刻家王琦在思豪酒店楼上开个人作品展览时，郭沫若和他的妻子于立群到场，于立群见到老所，问他两条腿为什么这么小时，老所不耐烦地挥了一下手，开玩笑地告诉她："等我印好说明书以后，送你一张！"

老所代步的是两张小窄凳子，一手捏一张，左臂移动，再右臂移动，支撑全身迈进。若是来到朋友家里，跟孩子最是亲近，让孩子们玩他的凳子，他则坐在一张正常的椅子上满意地用广东腔北京话逗着孩子。玩过他凳子的孩子，算来也该四十多五十岁了。

也不能说，因为行动不便影响了他的社会活动。"抗战"胜利复元，他第一批到了上海；黑色恐怖，他第一批逃到香港；全国解放，他第一批从香港回到北京。

1946年，他跟木刻前辈李桦在上海虹口狄思威路904弄"顶"了一间叫做"花园洋房"的房子。一间3米乘4米的房间，一个门，一个窗口，外带一块两张双人床尺寸的洋灰地"花园"。那时我也住在虹口区朋友家，常到他们家去玩甚至"混饭"。

他们有一具上发条的留声机。我有系统地懂得听交响乐上瘾，是从他的影响开始的。

他"去"香港，李桦上北平艺专教书，那座伟大的"花园洋房"就由我继承了。他们没要我一个钱，而弄来这座房子却花了他们的金条。

在香港，老所住在九龙弥敦道尾、青山道头的一间木匠工棚子里的一间居然很像房间的"房间"里。出出进进的都是他的好朋友木匠们。鬼知道这是一种什么关系。

隔壁是间露天汽车修理站，墙根埋了口50加仑铁汽油桶与地平齐，以供木工和汽车修理工大小二便之用。夏天就淋了些汽油在浮面，防止苍蝇蚊虫孳生。

从台湾逃来香港的木刻家荒烟莫名其妙地也住在老所那间房里去了,后来因为上厕所抽烟不小心,把烟头扔进淋了汽油的厕桶内烧了屁股,在医院住了好些日子。

马思聪买了一捆用破牛皮纸包妥的小提琴碎片,就是放在老所木床的顶棚上,后来请人粘好了,据说是一架意大利名家制造的无价宝。

到1948年,我住在九华径的时候,老所的一位朋友谭醒风不知从哪儿弄来笔钱,要拍一部木偶片。剧本由老所执笔,他邀我做人物造型,我记得还有傅天仇,当然不止我们3个人,只是记不全名字了。由谭醒风借了黄大仙附近的一家片场的小屋做临时作坊就动起手来,用泥巴捏了许多人头,大树王子,以及影射蒋介石的形象和其他各类人物。以后的印象模糊了,如何完成了电影也记不起来。后来被称为“新中国第一部木偶片”,那也是当得起的。

就在做泥巴人的那段时间里,发生了一个有趣的插曲。已经是冬天了,要穿厚衣服的时候,有一天我们在门外休息,看一位当时鼎鼎大名的女演员拍片,女演员脱下“皮草”正式开拍的时刻,一个临记讨好地问她:“你不怕冷吗?”

女演员回答说:“为了艺术嘛!”

老所忽然发怒了,大声地说:“丢那妈!你懂×艺术?为了钱!”所有的人都呆在现场,最少也有三四秒钟静默。我不清楚那一帮人认不认识老所,只知道这句话的分量很重。

在上海住的那座房子的房东是个日本人留下的中国老婆,为人很恶毒,要房租就要房租吧,又不拖不欠,却是恶声大气,像是日本皇军还在继续打胜仗的口气。一次不知什么原因把老所惹翻了,指着房东太太骂出一句特别语法的话来:“你是一个不君子的女人!”

广东腔的“国语”,除了我之外大家都听不懂,只能令我一个人发笑。

回北京以后,最初十年大家还能经常见见面,以后想必彼此年龄的增长以及每次的"运动"中的自我挣扎较忙,来往就少了。庄子曰:"相忘于江湖",庶几近之。老所认识的人多,谁出事免不了都要关照他,他一定闲不了。"文革"期间,听说老所在几千人大会上接受批斗时,是由他的5岁大的孩子推着破烂的儿童车去的,上头坐着老所。

我那时心凉而狠,只有这样一种反应:"哦!老所快不用他的板凳了⋯⋯"

说老所死过几次,重庆时期,上海时期,香港时期,北京时期都有过这种误传。在香港的那一次,还是我转告绀弩的,他听了十分难过,说要再写一篇文章。幸好没写⋯⋯

这一次,老所真的死了。

本章小结

站在巨人的肩膀上

美国哲学家、哈佛大学讲座教授迈克尔·桑德尔说:学习的本质,不在于记住哪些知识,而在于它触发了你的思考。[①]《读者》中许多篇目的主题并不是宏大的,而是琐碎的;并不是一元的,而是多元的。这种琐碎和多元构建了一个小小的独立世界,在其中旅行,你既可以玩味儒家,也可以仰慕道家;既可以胸怀本土,也可以放眼异域;既可以领略最新的科技,又可回顾尘封的历史;既可以与帝王同坐,又可与乞丐同行。因此,从表面上看,《读者》文化的关怀是知识的关怀,从更深层次看,则是眼界的开阔,是精神的成长,是思想的启迪。站在巨人的肩膀上,人们得以看得更远,也可以更加从容。用木心先生的话说,"在精神世界经历既久,物质世界的豪华威严实在无足惊异。凡为物质世界的豪华威严所震慑者,必是精神世界的陌路人"[②]。

作为一份文摘刊物,《读者》不是思想的原创者,只是一个默默的整理者和

---

① 季天琴:《我们为什么没有牛校》,《读者》2011年第6期
②《读者》2012年第18期"言论"栏目

呈现者。但是这种整理和呈现,在三十年和更长的时空中,具有一种独特的价值。研究我国的编辑史,发现编辑是一项具有古老历史的工作,是人类文明得以创新和传播的重要环节。孔子应该算得上中国早期伟大的编辑家了。这位主张"述而不作"的先贤为了儒家的思想能够广为传播,和弟子们一起搜集材料,整理文献,做了大量的编辑工作,这些精神生产最终促使儒家思想有了现实的传播载体。从这个意义上看,《读者》表面是在做一种文化的大拼盘,实质也是一种文化的更新和创造。多元的主题丰富了杂志的内容,显示了杂志的平等心和平常心,显示了编辑的变通和包容,使刊物既是出世的,也是入世的;既是保守的,也是创新的;既是安静的,也是运动的。矛盾总是存在,一切又非常和谐。

从本质来看,文化是柔软的,互渗的。人性中对真善美的渴求,是各种文化、哲学、宗教得以共通的基础。《读者》中的文化,是叠加的,多重的,相互信赖的,不受某个文学流派的束缚,也超越了一种哲学和宗教的局限,继而通过一篇篇文章在精神、思想、道德、视野等多个方面影响读者,数十年如一日,通过数以亿计的杂志影响社会,这正是一本杂志文化更新的体现,文化创造的体现。《读者》由此建立了一种独特的文化生态。

文化学者余秋雨曾说:"文化,是一种由精神价值、生活方式所构成的集体人格。一切文化的最后成果都是人格。中华文化的最后成果,就是中国人的集体人格。"文明史上的巨匠本质上是超越时空的。《读者》中的文化,对过去是回忆,对今天是传承,对将来是启迪。但归根结底,是影响她的读者,养成一种独立的精神和人格。这是传媒的宿命,也是文化的必然。

第三章

情感的关怀

　　情感是人的精神生活的重要组成部分,是人与人之间联系的纽带。挖掘情感中蕴藏的人性,展现人类共通的美好的爱情、亲情、友情,为人们寻找情感寄托和心灵归宿、构建精神家园,是《读者》情感关怀的最重要的路径,是《读者》尊重人、理解人、关心人、爱护人、发展人的重要体现。

华其敏插图作品:《垃圾》(《读者》1985年第2期)

第一节

用情感开启心灵

　　所谓情感,就是个体对客观事物是否符合其需要而产生的态度体验。古代文人为人们留下了诸多与情感有关的诗句。既有"贫在闹市无人问,富在深山有远亲""入山不怕伤人虎,只怕人情两面刀"的世态炎凉,也有"抽刀断水水更流,举杯消愁愁更愁""泪添九曲黄河溢,恨压三峰华岳低"的愁怨之苦,也有"慈母手中线,游子身上衣""桃花潭水深千尺,不及汪伦送我情"等亲情和友谊的千古绝唱。文学本质上是一种审美的意识活动,情感是这一活动的重要内容。情感是丰富复杂的。文学作品通过展示身处现实环境中的酸辣甜苦,描写出一幕幕悲欢离合,人间百态。

一、人性是情感的源头

　　每个人都是平等的,每个人都生活在自然界中,在对于人生的思考过程中都有着某些相同或相似的观点或理念,比如一个母亲生活的出发点往往是自己的子女,比如相爱的两个人唯有真诚相待才能携手走到人生的尽头,再比如人们总是向往诚实善良、坚强勇敢、温馨自由等。事实上,爱情、友情、亲情是人类最基本的三种情感,爱情如同水,亲情像空气,友情是阳光,三者缺一不可。

20世纪80年代初期,国内文坛突破长期封锁的人性的禁区,把笔触伸向人物丰富复杂的情感世界,《读者》与众多媒体一道,努力克服人性和情感描写公式化、概念化的弊端,尝试着用语言建构现实世界这样的一种方式,表达出人们内心深处对于人生的体验和思考,展现了一个丰富多彩的情感世界。三十多年来,《读者》已经成为一座巨大丰富的情感矿藏。在这里读者们可以体验爱情的纯度,感受亲情的深度,领略友情的广度。[1]这些都是人类最普遍的情感,也是所有文艺创作的源泉。

🐝 本书所选的20篇代表性文章之六

祈 祷[2]

余光中

请在我发上留下一吻,
我就不用戴虚荣的桂冠。

请在我手上留下一吻,
我就不用戴灿烂的指环。

---

[1]沈晓云:《珍重人生》,《读者》1994年第6期
[2]《读者》1987年第11期

请在我眼上轻轻地一吻，
吻干我眼中寂寞的清泪；

请在我胸上轻轻地一吻，
吻消我胸中不平的块垒。

在这寒星颤抖的深夜，
我多么苦盼你的暖嘴；

能盖在我这冰凉的唇上；
使它不再唱人世的伤悲！

二、情感的动物面

人类的情感既有社会性的一面，也有动物性的一面。动物性即生物性，属于自然属性。动物性的感情，在繁衍、食、性等本能欲求方面表现最为突出。《孟子》中的"食、色，性也"，说的就是食欲和性欲是人的本能需求。因本能需求而产生的情感通常是直接的、没有理由的、动物性的，而爱情又最能体现动物的这种本能特征。

爱情与本能欲望——繁衍和性关系密切。针对动物繁殖的这种本能，无产阶级革命家马克思说："爱情乃是美好的观念支配的传宗接代的欲望。"[1]在弗洛伊德看来，"在一般情况下，凡健康正常的爱情，需依靠两种感情的结合，一是温柔而执著的情，另一种是肉感的欲"[2]。丹麦哲学家克尔凯郭尔在其名著《或此或彼》

---

[1]《爱情的定义》,《读者》1990年第2期
[2]弗洛伊德著,滕守尧编译:《爱情心理学》,安徽文艺出版社1996年版,第217页

中说,爱情是人内心自然产生而不可抵挡的一种必然性力量,它诉诸个体的感性肉欲,因而具有瞬间性和直接性,是必须得到满足的。他把爱情分为三个阶段:第一阶段是一种欲望还没有完全醒来而只处于那种最初懵懂的原初阶段,这时的欲求还没有具体的对象;第二阶段是一种欲望开始醒来,所欲求的对象具体出现在眼前的情窦初开的阶段;第三阶段是真正的直接爱情阶段,爱的力量与心灵感受连成一体。这种爱不是纯粹的感性肉欲,而是在精神上赢得对方的爱,唯有在精神上获得对方的爱,爱情的使命才告完成。这些说法都说明了爱情的两面性,即既是人类的社会属性的体现,也是人的自然属性的表现。[1]

从自然界来看,爱是动物繁殖的一种本能。有着"朝生暮死"之说的蜉蝣的例子可谓这方面的典型。这种可爱的动物花1—3年在水中度过稚虫期,成虫后浮出水面就不吃不喝,唯一的任务就是传宗接代,在一天之内要进行择偶、婚配、产卵,"任务"完成后,蜉蝣的生命也就结束了。为了吸引异性的注意,蜉蝣在浮出水面后即生长出美丽的羽翼,所谓"蜉蝣之羽,衣裳楚楚""蜉蝣之翼,采采衣服""蜉蝣掘阅,麻衣如雪"。[2]只可惜生命太过短暂。

除了蜉蝣,自然界很多动物在求偶过程中都会使出浑身解数,有些雄鸟在获取配偶、吸引雌鸟时发出洪亮的声音、跳带节拍的舞步,这与《诗经》的"琴瑟友之,钟鼓乐之"多么相似。动物界也有很多美好而忠贞的爱情故事,例如墨西哥和中美洲的白额亚马孙鹦鹉,因其夸张的示爱方式而闻名于世,它们忘情的热吻常常令人艳羡不已。它们在择偶方面通常坚持从一而终,一旦丧偶,剩下的那只也将抑郁而终。而大象择偶相当慎重,整个恋爱期持续四年是常有的事。[3]

与动物相比,人类的爱情更有诗意,因此,人类的爱情故事总是充满悲欢离合。同样的故事,男人的书写和女人的书写是完全不同的,亲历者和旁观者是完全不同的。《读者》尽可能展现了各个阶段、各个角度的爱情故事,并让它们走进每个人的内心。

---

①汪正龙:《文学与爱情——对爱情文学与文学中爱情描写的美学探讨》,清华大学学报(哲学社会科学版)2012年第2期
②《诗经·曹风·蜉蝣》
③闻远:《动物罗曼史》,《读者》2009年第3期

三、变革时代更需要情感的关怀

在当前社会急剧变革、人际关系日渐复杂的情形下，人们对于情感的需求越来越迫切。《读者》基本展示了当代人所遇到的情感困境，包括买房的焦虑、评职称的烦恼、送礼的无奈、婚姻的危机、教育的失败、事业的挫折、亲人的离去，等等。这些困惑是具体的、琐碎的，很少跌宕起伏，更缺少宏大叙事。但是，在社会上不断上演的故事和接连不断的家庭琐事中，可以看到当代人真实的情感需求。不管是社会的上层还是底层，都摆脱不了对情感的渴望。

（一）对普通人情感的关注

如果将情感危机从人群上划分，《读者》更多的是展示普通人的情感，用平民意识与平民美学旨趣展现普通人的情感命运。《读者》对普通人的情感的关怀，尽可能真实自然，朴素亲切，坚持人性化、平民化、情感化，所谓"柴米油盐酱醋茶，真挚感情流笔端"。一个个有血有肉的故事，表达了老百姓的喜怒哀乐，反映了他们的情感愿望与内心诉求，既是媒体责任的体现，也容易引起普通读者的共鸣。著名文化学者余秋雨曾这样评价《读者》：

> 它的大多数篇目，只是挖掘出了许多普通人蕴藏在心底的点滴美好；这些美好并不壮丽，却纯净得不掺杂质，因此可以一篇篇、一期期地融合在一起，组成一个独立的精神天地；执掌这个天地的主角不是悲剧英雄、凌世超人或深思智者，而是平民百姓。

这些普通人也许被无奈和困惑裹挟着，也许正在为温饱挣扎和努力着，他们这辈子或许做不了英雄与侠客，但是他们依然有自己的真诚和乐观，执著与梦想。在这些情感遭遇中，《读者》总是倡导以积极的状态面对生活中的困难、挫折和逆境，走出心灵困境，"让无力者有力，让有力者有爱"，从而迈向更精彩的人生。

《读者》对普通人情感的关注，实质就是坚持"三贴近"，即贴近实际、贴近生活、贴近群众，为人民群众所喜闻乐见。坚持"三贴近"需要带着感情去触摸普通人，用一种平等的视角，尽可能展现社会生活的各个层面，揭示现实生活的本来面目。

普通人中还有一个特殊的群体更值得关注，即弱势群体。弱势群体是社会分化加剧的情况下出现的。2002年3月，朱镕基总理在《政府工作报告》中使用了"弱势群体"这个词，从而使得弱势群体成为一个非常流行的概念，引起了国内外的广泛关注。一般来说，弱势群体包括下岗工人、农民工和农民、部分妇女老人儿童、残障人士以及被社会边缘化的群体，包括同性恋者、艾滋病患者等。

自古以来，弱势群体的成长和情感都最容易受到忽视和伤害。《人民日报》对弱势群体生存状况做了一系列调查报道，发现他们最无奈的呐喊是"不怕苦，就怕没机会"①。《读者》对弱势群体的关注不是矫揉造作的，更非为了博得同情和怜悯。

一方面，《读者》直接积极呼吁社会关注弱势群体，例如，随着社会老龄化程度的加深，"空巢老人"越来越多，这已经成为一个不容忽视的社会问题。《读者》刊发了十多篇文章关注空巢老人现象。柏杨的《含饴弄狗时代》②写于1964年，文章抨击了当时台湾的老人遇到的困境：没法含饴弄孙，只好养条狗，靠含饴弄狗来弥补精神上的寂寞和空虚。在我国人口老龄化快速发展的今天，《读者》探讨空巢老人的身心健康问题，具有重要的现实意义。

另一方面，《读者》极力挖掘他们美好的一面，突出可贵的优点，剔除杂质。只有真感情才能赢得共鸣和尊重，《读者》为弱势群体搭建了一个可信赖的情感诉求空间。

《一对月收入300元的夫妻》③讲述了生活在城市之中的一对月收入只有320元的夫妻的故事，他们虽然贫穷，但因为勤俭、朴实，仍旧生活得幸福、快乐。正如

---

① 《读者》2011年第8期"言论"栏目
② 《读者》2012年第4期
③ 沈灵均，《读者》2004年第10期

一位读者在短信平台上的点评："钱,的确是很多人所企盼的,但生活质量与钱的多少并无直接关系。"

21世纪初,在全世界都在总结和放眼未来的时候,一位普通的作者刘齐为自己跨过了一个世纪而感到骄傲,并感谢生命。他在《上个世纪我所尊敬的人》[1]中写了数十位他所尊敬的人,包括相信有爱情的人、珍惜自由的人、能热泪盈眶的人、饱经沧桑却不一定说"饱经沧桑"这个文词的农民、一些小国的公民、认真而郑重的列车员、提醒客人说再多点就吃不了的餐馆打工妹,等等,概言之,是天底下一切善良的普通人。这篇文章原刊于《南方周末》。2003年,刘齐将这些小人物的故事结集出版成一本书,沿用了原标题。小人物常常带给人们长长的感动。生活中的点滴美好确实能够感动很多人。

在社会经济高速发展的过程中,功利主义和实用主义的社会倾向使越来越多的读者渴望有责任的媒体关注人心智的成长、关注人精神的慰藉、关注人价值的实现。《读者》不仅努力建构了比较完备的科学文化知识体系,还努力建构了比较完备的心理健康体系,并在这两者的基础上,建构了比较完备的价值体系。美国《读者文摘》董事长汤姆·瑞德也认为,《读者》受欢迎大概因为它是一本梦一样的杂志,帮助了人们的生活。

(二) 构建情感家园

只有人性的东西才最终可以征服人心,只有积极的东西才能成就精神家园。在这样的意识指导下,《读者》刊发了大量体现人格力量与人性光芒的文章。读者常常在这样的文章的感召下泪流满面。读者选择《读者》杂志,不仅会被人性的光芒所感染,还可以学会用健康的心态面对人生,坚定生活的信念。

一位昆明的读者来信说:

> 打开小小的台灯,静静地坐在桌前,品味着《读者》。

---

[1] 刘齐,《读者》2001年第5期

　　打开第一页,我企盼着,这期的卷首语将会是什么呢？一语惊心:爱出者爱返,福往者福来。做人的道理,就在这儿,悄悄浸入了我的心灵。多年了,《读者》一直在净化着我的思想、灵魂。自从我开始记事起,就看见《读者》在爸爸妈妈手中传阅。有时,妈妈会把那些幽默的笑话、精彩的故事读给我听,于是,我天真的思想里便充满了精彩的文字。

　　随着年龄的增长,我上学了,同时也加入了翻阅行列。已经上初中的我在爸爸妈妈这两位"老读者"的带动下,也成为一名忠实的"小读者"。这里是一座花园,人世间最美、最香的花儿在这里汇集,让人一进入花园就被陶醉;这里是一个五味的瓶子,酸、甜、苦、辣、咸与人生的喜、怒、哀、乐融在一起,百味的人生,淡淡的书香;这里是一幅绚丽多彩的画卷,有人画的是丢失的项链,有人画的是爱看电影的小喇嘛,还有人画的是失去儿子的母亲……生活万象,都在这儿闪现,震撼着人们的心灵。然而《读者》也是一杯清淡的茶,不像咖啡那么苦,也没有可乐那么甜,却总是香气怡人。

　　每一天,我都喝着这杯清香的茶,从喧嚣的都市里逃出来,躲藏到心灵的深处……①

　　像这样的读者来信,《读者》几乎每天都要遇到。通过各种形式和渠道与读者进行沟通和互动,是《读者》传递情感关怀的一种体现。自《读者》创刊后,《读者》的创办者就定下了这样一个规矩:读者凡是发现杂志中有缺页、残破页和污损页的,《读者》免费为其更换,随到随换。对读者来信中的批评意见,编辑部坚持做到认真研究,严肃对待,对重要的信件主编亲自答复。为此,《读者》三十年如一日地开辟"心声"和"互动交流"栏目,此外还通过"编者按"等形式,与广大读者进行交流和沟通。亲情订阅是《读者》传播温暖和亲情的一种方式。所谓亲情订阅,就是亲友间的异地订阅方式,让读者在接到每期杂志时都能感受到

---

①《书香伴我》,《读者》2003年第16期"心声"栏目

亲情的关怀。杂志有价情义无价,这种亲情订阅方式架起了一座座心灵之桥。

在很多人的心中,《读者》已经成为名副其实的中国人的心灵读本,成为人们的一个精神家园。所谓精神家园,就是人的精神世界与精神生活的归属之地。现代化的过程中,面对复杂的世界和沉重的生活压力,大众对情感的需要有着大致相近的迫切程度。情感是人们对现实挫折、生存压力的一种抚慰。情感能唤起感情,它蕴含着一种巨大的力量。欧洲文艺复兴时期人文主义文学的集大成者莎士比亚说:"用温婉的怜恤叩门,再沉重的铁门也会开放。"法国启蒙思想家狄德罗则说:"没有感情这个品质,任何笔调都不可能打动人心。"美国奈斯比特在《大趋势》中指出:"我们周围的高技术越多,就越需要人的情感。"在情感的关怀上,《读者》向来不余遗力。有人说,《读者》像知心大姐,朴素、善良,充满热情;有人说,《读者》像心理辅导员,能够宣泄情绪,倾听声音;更多的人把《读者》当做中国人的心灵读本,含情脉脉而又知性包容,使读者在"情感关怀"的环境中获得尊重与肯定、宽容与关爱、满足与宣泄。

总体而言,杂志中几乎所有文章和图片,都有着丰满的感情和思想含量,或通过叙述性的文字传达永恒,或凭借诗词释放轻盈,或借助言论展现智慧,或依赖图片传达心灵信息。这使读者既为作品所提供的叙述内容而感动,又为作品所达到的思想境界而感叹,不同身份的人可以获得几近相同的情感温暖和思想触动。

从这个意义上说,《读者》代表着一种人间正统,因为触及人性本质并不等于一味地追求压抑与沉重。由于现代社会生活节奏快、工作压力大,人们的精神常常处于紧张状态,十分渴望得到缓解和放松。《读者》的历届编辑们认为,不能让生活本已沉重的人,再在一本杂志里沉重下去。这种编辑思想使《读者》坚持建构一种精神上的乌托邦,一种如影随形的情感家园。

(三)从精神家园到幸福家园

幸福是一种心理体验,与财富、地位并无直接的因果关系,而取决于内心的意愿和情感的满足。有时候,幸福是天边的云卷云舒;有时候,幸福是遥远的一声问候;有时候,幸福是亲人的一句叮咛。在岁月的缝隙里,人们悄然地创造和享受着各式各样的幸福。这使人们能够收获感动、温馨和希望，在心灵上激发和生长出巨大的力量。

不同的人对幸福有不同的理解。贾平凹先生在其散文《老西安》中曾写过一个老西安人看到照相馆里蒋介石的巨幅照片时，羡慕地想：蒋委员长不知道一天吃的什么饭，肯定是顿顿捞一碗干面，油泼的辣子调得红红的。[①]很多人看到这里，也许会会心一笑。

幸福就是这样的心灵震颤。作家毕淑敏说："它像去倾听音乐的耳朵一样，需要不断地训练。"[②]赵朴老曾写有一首《宽心谣》[③]："日出东海落西山，愁也一天，喜也一天。遇事不钻牛角尖，人也舒坦，心也舒坦。每月领取养老钱，多也喜欢，少也喜欢。少荤多素日三餐，粗也香甜，细也香甜。新旧衣服不挑拣，好也御寒，赖也御寒。常与知己聊聊天，古也谈谈，今也谈谈。内孙外孙同样看，儿也心欢，女也心欢。全家老少互慰勉，贫也相安，富也相安。早晚操劳勤锻炼，忙也乐观，闲也乐观。心宽体健养天年，不是神仙，胜似神仙。"充满着一种浓浓的"幸福禅"的味道。其实，从某种意义上讲，每个人都是幸福的。很多时候，我们羡慕别人的幸福，岂不知我们也被他人所羡慕。因而，遇人不妨多微笑，遇事不妨多宽心。

阅读就是一种别样的心理和思想旅程。在《读者》构建的精神世界中，没有刚性的逻辑和线性的思维，一切似乎都是偶发的，不期而遇的，但是，你会感到内心深处的感情被激发了，你会发现阴险的伙伴也许帮助过你，你会发现对你一直求全责备的爱人其实为你付出了太多。在某一刻，幸福产生了。

从某种意义上讲，幸福是一种感恩，一种回望，也是一种满足。在与这本杂志交流的过程中，你会发现，这里不仅是一个精神家园，也是一个幸福家园。

---

①孙贵颂：《寻思快乐》，《读者》（原创版）2006年第8期

②毕淑敏：《提醒幸福》，《读者》1995年第2期

③《读者》2003年第22期

本书所选的20篇代表性文章之七

何谓有福①

黄永武

谁算有福的人呢？很难回答。从前禅家教人反复念一句话："如何是多福？一丛竹！"反复地念，反复地参究，从这似通非通的句子里闷迷求悟，念上好几年，竹报平安，平安就是福吧？未必是。竹子丛生而不相妨，象征团结和谐就是福吧？也未必是。禅家以这句话来"参话头"，可见若是参通了如何是多福，也就悟了道。

福是什么？俗世以为钱多是福，其实乱世钱太多常常成了祸根。俗世又以为权大是福，其实权重的人自己忧得深，也被别人怨得深。大富的人盈亏出入大，大贵的人升沉变化大，身心劳苦者居多，未必真能享福。

且看中国哲人替"有福"下的定义吧：

"有福是看山"。说到"看山"，许多人一口否决："我哪有工夫休息看山？"愈是一口否决没工夫的人，愈是需要休息看山的人。不能远离一些俗情，用花木禽鱼中的趣味来陶适性情、纾解劳累的人，往往没有内心生活世界。所以，能在名利奔竞之外，做做烟霞泉石的主人，才是有福。

"心闲方是福"。基于琐事愈少人生才愈丰富的原理，拨开繁剧的琐事，挣脱缚人的尘网，能达到"事了心了"的境地，最有福。不然，就把嗜欲淡下来，至少可以消弭灾祸，增加福气。懂得"随取随足"的处世哲学，才能心闲而受福最多。

"行善就是有福"。为善心常安，为利心常劳，心劳是祸，心安是福。没福的

人是不会行善也不肯行善的。肯行善的人,是天开启他的心扉,让他感受行善之乐。不肯行善的人,是天关闭他的灵觉,让他吝于行善,自以为没有行善的能力与必要。有福没福,天性分出了两条路。

"人生常有小不如意,便是福"。常受委屈的人,懂得戒慎反省,懂得成事不易,不容易犯小人得志的毛病。凡事肯吃点小亏,才能体会出:亏人是祸,亏己是福。

"不执拗者有福"。性格就是命运,执拗不化,老憋着好胜好强一口气,容易以悲剧收场,因为:胜人是祸,饶人是福。尤其在骨肉之际,夫妇之间,多留一分圆融厚,就多一分福,有人偏要在这里分个明白是非出来,一定福薄。

"谐俗才是福"。所谓"不能谐俗知非福",谐俗指人际关系和谐,大凡相信"你好我也好"的人,人际关系才最和谐,而心无愧怍的人才会相信"你好我也好",处世的趣味是从不愧不怍中产生出来的。也唯有如此,才能做到"无争于人,无憾于己",精神才能真逸乐,心中才能真安享。

"清净读书就是福"。能够扫干净了地,泡一壶茶,焚一支香,清清净净,已经是有福了。没福的人,终日惶惶,颠倒妄想,总有一百种一千种理由让他清净不住。静坐之余还能读读书,才读一两句话,就觉得受用无穷的人,何等有福呀!身心有个栖泊处,生命有个安顿处,以书来养心,当然有福气。如果身体既健康,温饱又有余,资质也不是下愚,再能加上满眼是秀发的儿女,左右是高雅的图书,天天正常顺利地过活,哇,老天赐下的福,还有比这更大的么?

第二节

爱情是精神的共同成长

爱情是人类永恒的主题。但不同的人对爱情有不同的定义:泰戈尔说,爱情是理解和体贴的别名。德国谚语说,爱情是一位甜蜜的暴君,恋人都心甘情愿地忍受它的折磨。西班牙谚语说,爱情,是一根魔杖,能把最无聊的生活点化成黄金。[①]孙楠和韩红直接唱道:万世沧桑唯有爱是永远的神话,潮起潮落始终不悔真爱的相约,几番苦痛的纠缠多少黑夜挣扎,紧握双手让我和你再也不离分;悲欢岁月唯有爱是永远的神话,谁都没有遗忘古老的誓言,你的泪水化为漫天飞舞的彩蝶,爱是翼下之风两心相随自在飞。[②]

1990年8月,《读者》杂志社编辑出版了《爱的故事》小册子,选了60篇读来甘之如饴的爱的美文。为此,编辑部专门加了推荐语,从某种意义上说,这也是这本杂志的"爱的宣言":

---

①《爱情的定义》,《读者》1990年第2期
②《美丽的神话》,《读者》2005年第24期

　　爱是情窦初开羞涩的一瞥；爱是结婚喜宴眩目的红蜡烛；爱是长夜相守温馨的暖袋；爱是鬓鬓白发下两双相携的手。

　　爱是母亲洗濯的奶臊尿布；爱是父亲手工的笨拙玩偶；爱是手足之间讲不清的亲情；爱是祖孙几代道不完的话口。

　　爱是三九天帮邻居点燃的炉火；爱是酷暑中对陌路人会心的问候；爱是用整个身心拥抱生活；爱是胸中升腾的那股滋润社会的暖流。

一、《读者》中爱情的时代变迁

　　三十多年来，《读者》对"爱情"和"婚姻"的关注是持久的。《读者》共有1478篇文章中出现"婚姻"一词。对婚姻的关注主要集中在"婚姻家庭"（1986年开设至今）、"青年一代"（1981年开设至今）、"生活之友"（1981年开设至今）等栏目。还在短暂开设过的"爱的神箭"（1985）、"婚姻与事业"（1986）、"爱之路"（1986）、"婚恋艺术"（1988）、"爱的艺术"（1989）、"爱的故事"（1994）等栏目中出现过。这些爱情故事，主角大多是饮食男女，场景大多是家庭与社会，有的惊天动地刻骨铭心，有的普普通通平淡无奇。读者从中可以看出爱情观念和婚姻生活的变化。

（一）爱情观念逐渐开放

　　20世纪80年代，在改革开放浪潮的冲击下，人们的意识和观念都经历着剧烈的变化，重新呼唤爱情，恢复和确立爱情在社会生活和人的精神生活中的位置，"谈恋爱"一词代替过去的"处朋友"、"搞对象"，被社会接受，自由恋爱的气息日渐浓郁。不过，80年代初期，传统的婚姻观念和道德观念对婚姻不幸福的人依然束缚很大。很多人不敢突破原来的生活去追求自己的幸福。《读者》刊登过《黄金时代》的一封读者来信，借此鼓励来信者："走你的路，让别人去说吧！"同时，那个时候的杂志对未婚同居行为也是持保守和谨慎的态度，建议"恋人之间的信任，只能建立在严格的道德观念的基础上。如果随便迁就，放纵欲念，虽然给了对方一时的满足,但却在彼此意识的深处植下了'放荡''不可靠'的祸根,将来稍遇风浪,很容易导致信任的崩溃"①。

　　总体来看,20世纪80年代初期与爱情有关的文章尽管保留了概念化的痕迹,宣传和说教的意味浓,但基本克服了"文革"时期爱情描写的政治化弊端,强调爱情是人类的本性。同时,《读者》的爱情描写不是孤立的人性论,而是强调爱情是与道德观念紧密联系的,并努力建立一种更具有现代色彩的伦理道德意识。《读者》创刊号便呈现了这两种倾向。例如培根的《论爱情》②指出:"夫妻的爱,使人类繁衍。朋友的爱,给人以帮助。但那种荒淫纵欲的爱,却只会使人堕落毁灭啊!"张贤亮的《灵与肉》③则呈现了亲情、爱情、信念和道德的纠结,作者希望改善人类的道德观念。

　　随着我国社会经济文化的发展以及与西方文化的频繁交流,新的爱情观和婚姻观开始为社会所接受。一方面,金钱的巨大威力使爱情空前贬值,使感情成为一种有价的、可以交换的商品;另一方面,社会转型期人的自主性、流动性的增加,促进了人在更大程度上的自由解放,这增加了感情的风险和婚姻的难度。④恋爱自由成了骑驴找马的过程。台湾一位新女性谈现在的爱情观:恋爱就是骑驴找马。要一个女人孤独地走完一生太难了,尤其是骑过驴的(就是谈过恋爱),嘴上说这辈子受够驴子了,不出十天半个月又骑上一头新的驴。所以没马骑的话找头驴子当坐骑也好,一来慰藉无聊,二来练练骑术,期望换啊换啊,能碰上一匹千里马。⑤观念之开放,令人惊讶,但也确实体现了社会爱情观念的变迁。

(二)婚姻保卫战愈演愈烈

　　改革开放三十多年以来,一向崇尚"家和万事兴"的古老中国,正遭遇婚姻动荡的冲击,离婚率逐年攀升。根据民政部的数据,改革开放以来,离婚率持续上

---

①欢欢:《悄悄话》,《读者》1984年第8期
②《读者》1981年第1期
③《读者》1981年第1期
④杨东平:《遭遇挑战的婚姻》,《读者》2002年第8期
⑤《读者》2003年第5期"言论"栏目

升，2010 年离婚人数占人口的比重是 1979 年的 3.34 倍。每天有 5000 多个家庭解体。以前"离婚"只是个别现象，而今天，"离婚"已是经常发生。《读者》中出现"离婚"一词的文章共 984 篇。

20世纪80年代，除了经济和思想观念的变化对婚姻的影响，还有1980年新中国第二部《婚姻法》的颁布，它将离婚自由的权利以法律形式明确肯定下来，这打破了一向稳定的婚姻格局，各地离婚率开始上升。《读者》敏锐地看到了这一点，刊发了《青年离婚在增多》[1]《婚外恋——隐私中的隐私》[2]等文章。随着社会包容度的增加，"闪婚"、"闪离"、小三、婚外情等现象已经屡见不鲜。与结婚自由相比，婚姻保卫战已经成为当代很多家庭的基本困境之一。2010年，《婚姻保卫战》热播，故事呈现了现代都市男女在婚姻围城中遭遇的各种情感困境。其主演之一袁立曾感言：婚姻要保养不要保卫。[3]《读者》加强对这些现象的关注，刊发了《遭遇挑战的婚姻》[4]《"闪婚""闪离"的婚姻困局》[5]《"我们"愈加脆弱的婚姻》[6]等文章。

（三）"爱情指南"从"启蒙"到"交流"

婚姻出现问题，很大程度上是因为不尊重爱情的规律。而把婚姻搞得有声有色，也都要符合一定的规律。因而，保卫婚姻离不开对婚姻原理的认识和对婚姻的经营。《读者》的"爱情指南"经历了一个从20世纪80年代早期的"启蒙"到后来的"交流"的过程。

20世纪80年代，许多指导类文章还带有一种说教味。概因当时的信息资讯还不发达，许多杂志自觉不自觉地充当了一种教师爷的角色。《读者》也未免俗。以创刊第一年为例，就刊发了《你了解自己的爱人吗》[7]《错误的恋爱》[8]《假如你在

---

① 《读者》1982 年第 1 期
② 刘达临，《读者》1987 年第 5 期
③ 《读者》2011 年第 9 期 "言论" 栏目
④ 杨东平，《读者》2002 年第 8 期
⑤ 张立洁、戴长澜，《读者》2008 年第 8 期
⑥ 三舒，《读者》2009 年第 12 期
⑦ 吴然编译，《读者》1981 年第 1 期
⑧ 邓颖超，《读者》1981 年第 3 期

恋爱中》①《谈谈爱情》②《梅兰芳这样对待事业与爱情》③等文章。此后还有《女人在爱情中应该知道男人些什么》④《论真假爱情》⑤等文章。苏联教育家瓦·阿·苏霍姆林斯基在《爱,首先意味着献给》⑥中指出:"一旦结婚,就不仅承担了法律的和物质的责任,而且承担了精神责任……年轻夫妇有时在婚后头几个月就感到'失望',让'爱情的诗篇'从身边消失。促成这种不和的原因可能多种多样,但主要有一点:年轻人以为一旦结婚,在肉体和精神结合方面就不会遇到任何阻力,爱情会给他们带来取之不尽的幸福。他们忘掉了爱情之火,姑且让我这样比喻,经常需要添加好燃料——多方面的精神生活。如果缺少这种燃料,爱情之火将会熄灭,冒出浓烟,使你自己和别人都遭殃。只有精神生活丰富的爱情,才能巩固家庭。"

从20世纪80年代后期开始,杂志的说教味逐渐消除,而更趋于理性和平等。《爱的困惑》⑦用问答的形式说出了爱情的几个困惑。以后《读者》杂志社建立的短信交流平台使读者、作者和编辑的三方交流更为充分。作家蒋子龙的《爱情欺负什么人》⑧发表之后,马上有一位读者写来了不同意见的文章——《爱情不欺负什么人》⑨。在来信者看来,"无论哪一种爱情,即使昙花一现,也并不就是欺骗。爱都是美好的。喜欢看《罗密欧与朱丽叶》还是演罗密欧与朱丽叶,喜欢听《梁祝》还是写《梁祝》,都不虚伪。爱情不是一种虚伪的诱惑,除非你向它要的太多。爱情体验有点像听音乐,曲目长与短,风格清纯淡雅还是汹涌澎湃,其实无关紧要。常温常新就是幸福"。此后,《读者》又相继刊发了《为什么爱,爱什么人》⑩《美满婚

①赵善祥,《读者》1981年第3期
②拉恩、杨郁编译,《读者》1981年第4期
③齐虹,《读者》1981年第5期
④新柳编译,《读者》1983年第5期
⑤拉恩,《读者》1984年第1期
⑥张田衡编译,《读者》1982年第6期
⑦朱一强,《读者》1986年第10期
⑧《读者》1997年第11期
⑨莎氏,《读者》1998年第2期
⑩吴谨编译,《读者》1999年第5期

姻的八颗棋子》》①《婚姻是一所大学》②《关于婚姻的五个法则》③《婚姻年检,幸福执照》④等文章,用心的读者可以进行对照和参考。

不管怎么样,婚姻是一个不断修炼的过程。《非诚勿扰》点评嘉宾乐嘉曾说过,"发现真正的自我,洞见自己的问题,是每个人一生的功课"。《消除第三者插足的内在因素》⑤客观理性地分析了包括自我在内的各种内部原因,并给出了科学的建议。《美满婚姻》⑥也建议改变看问题的视角:"跟你结婚的不止一个人,而是三个人——你心目中的配偶,实际上的配偶,跟你结婚后将会改变的配偶"。《你不得不结三次"婚"》⑦变换了说法,表达了同样的意思:婚姻有三重境界,第一重是和一个自己所爱的人结婚,这样的婚姻相对稳固。第二重是和一个自己所爱的人及他(她)的习惯结婚,这样的婚姻比较稳固。第三重是和一个自己所爱的人及他(她)的习惯,还有他(她)的背景结婚,这样的结果是很少见到有离婚的。

科学地经营婚姻,在于对婚姻的科学认识。《怎样和丈夫相处——一个美国妇女的婚姻观》⑧则指出了保持适当的距离和信任在婚姻中的作用。在作者看来,"婚姻是人类生活中最为稀少、美妙、幸福的组成部分。人的生存是互相需要的。尽管保持自我满意与两人关系的平衡是很难的,但成双成对确实是人类最美满的生活结构"。《婚姻不是50∶50》⑨则说:婚姻不是苹果,可以一分两半。任何夫妻都不可能在感情、兴趣和责任上完全相同,也不可能以完全合理的方式去分担权利和义务。但感情上的平等却是可以实现的,这包括:双方平等互爱,共同商议家政以及对家庭幸福的平等贡献。《婚姻幸福诀》⑩平静地指出:"假使对方把新电视机弄坏了,大可一笑置之——即使你痛心欲绝,也要如此。""家庭生活不必太准

①高添财,《读者》2000年第1期
②约翰·格雷,《读者》2001年第18期
③青平,《读者》2002年第19期
④晓绢,《读者》2009年第2期
⑤别林斯基,《读者》1987年第4期
⑥《读者》1989年第5期
⑦海风,《读者》2005年第9期
⑧埃达·丽姗,《读者》1985年第4期
⑨历剑编译,《读者》1985年第6期
⑩《读者》1990年第10期

时——谁略为慢一点,不要苛责。"《爱情的底牌》①直接告诉人们,考验爱情的唯一底牌,不是情有多深,而是人性中最真实的那一面。这些都告诉人们应该小心呵护婚姻,试着用智慧和耐心去打造一份持久而温馨的幸福,在琐碎和寻常中创造一个属于平凡人的传奇。

父母总是希望孩子家庭幸福。《爱儿成婚日赠言——一位慈父以亲身经验论婚姻幸福之道》②体现了一位父亲对儿子经营家庭的指导,包括不要纠结于"女人是否讲理"。无独有偶,《家不是讲理的地方》③也是一对父母给结婚的女儿的祝词。信中指出家该是讲爱的地方,而不是讲理的地方,一旦夫妇之间开始据理力争,家里便会蒙上阴影。

婚姻爱情是非常抽象和罗曼蒂克的,本与经济学扯不上任何关系,但作为一门涉及人类所有活动的学问,经济学者似乎对婚姻爱情也兴趣盎然。早在1974年7月13日,瑞典经济学家林达在他的著作《被蹂躏的有闲阶级》中已用经济学分析爱情。④《读者》后来又陆续刊发了《婚姻中的科氏定理》⑤《婚姻的成本与收益》⑥《婚姻选择中的帕累托最优》⑦《爱情经济学》⑧等文章,另辟蹊径,从经济学的角度分析婚姻。从学理层面来看,经济学承认人的自私本性,教会人们如何面对现实,获得利益,少受伤害。在婚姻中恰当运用经济学,能够帮助解开日常生活中的许多问题。

当然,不管婚姻观念如何变化,《读者》总是坚持自己的道德判断,即坚持讴歌爱情的忠贞和美好。这对个人幸福、家庭稳定和促进社会的精神文明,都大有裨益。

---

①琴台,《读者》2012年第13期

②父字,《读者》1983年第7期

③东方,《读者》1996年第9期

④林行止:《经济学家说"情话"》,《读者》2000年第23期

⑤张怀安,《读者》2002年第3期

⑥《读者》2004年第18期

⑦薛蓓,《读者》2006年第17期

⑧肖光恩,《读者》2006年第22期

🐝 本书所选的20篇代表性文章之八

就像恋爱中的人一样①

[日]村上春树　杨俨　译

就像恋爱中的人一样,在某个特定的时刻,我的脑海里总会浮现出一首歌。每当晴朗的夜晚,当我抬头遥望夜空中闪烁的群星时,便会情不自禁地哼起这首老歌,歌名就叫"就像恋爱中的人一样"。在爵士乐中,这是一首非常有名的经典歌曲。不知你是否听过:

这些日子以来

忽然发觉

不知从何时起

常常独自一人

有时望着星星发呆

有时拨弄着吉他出神

就像恋爱中的人一样

恋爱的时候常常就是那个样子。意识就像蝴蝶一般,自由自在地翩翩飞舞,让人忘记了自我。等到回过神来,才发觉竟已过了很长时间。如同那首和歌中所唱:"想起伊人,恍恍惚惚。"

想来,恋爱的最佳年龄应该是在16岁到21岁之间吧。当然,每个人都有差别,不能一概而论。但是,在那个年龄以下,怎么看都像个毛头小子,让人觉得幼稚可笑。反之,过了20岁,人又现实起来。岁数再往上,有了"多余"的

---

① 《读者》2011年第7期

知识,人也就不知不觉地变成"那样"了。

　　然而,十几岁少男少女的恋爱,恰似身边掠过的清风,他们涉世尚不深,做起事来也是毛手毛脚的。然而,正因为如此,才对凡事都充满着新鲜和感动。当然,这样的日子转瞬即逝,唯有鲜明的记忆,常常有效地给予我们的余生——充满着种种的痛苦——一些温存的暖意。

　　这些感情上的记忆十分重要,即便上了年纪,倘若在内心深处仍保留着这样一幅幅栩栩如生的画面,那就如同体内始终点燃着一盏暖炉,不会孤寒地老去。

　　因此,为了能够多积蓄一些宝贵的燃料,不妨趁年轻的时候多谈些恋爱吧。金钱固然十分重要,事业也不可放弃,然而,独自一人仰望着星空发呆、拨弄着吉他出神的日子,在人生当中实在是太短暂、太珍贵了。一不小心忘了关掉煤气开关,或者从楼梯上失足跌落的经历,偶尔有几次,又有何妨呢?

二、用心即美:《读者》中的"两人世界"

　　《圣经》中说,女人是男人的一根肋骨做成的。作家张贤亮说,男人的一半是女人。自从有了男人和女人,这个世界就有了太多的精彩和无奈。男女组成的"二人世界"让人们感受浪漫与甜蜜,也让人们品尝着苦涩与烦恼。在人生的四个阶段,少年情感懵懵懂懂,青年爱情激情似火,中年爱情伴随着柴米油盐,老年爱情归于静默相守。在《读者》看来,爱总是伴随着生活的积淀而酝酿成熟。各个阶段的爱情都可以闪耀光芒,而关键在于是否用心。

(一)少年之爱:哪个少男不钟情,哪个少女不怀春

　　一部《少年维特之烦恼》,使世人认识了歌德的文学天才,也使无数感情丰富

的男女掉落了眼泪。[1]正如歌德所说,"哪个少男不钟情,哪个少女不怀春",每个少男少女都要经历青春期的躁动,男孩在荷尔蒙的刺激下,女孩在渴望与异性交往的心理作用下,朦胧的纯洁的甚至富有激情的故事一个个上演了。

西方的少年爱情,以维特与绿蒂、罗密欧与朱丽叶为代表,中国则以曹雪芹笔下的贾宝玉和林黛玉为最。这些精彩的作品呈现了或孤独或热烈或悲怆的爱情故事,时空不同,但读者能够充分感受到人类爱情初萌时的共性,即无尘无垢,至纯至真。

《读者》中的少男少女爱情同样干净轻柔,甜蜜阳光,渗透着诗意,有时又因充满矛盾和纠结,而略带忧伤。而这恰恰是令人感动之处。郁达夫的《水样的春愁》用干净的文字描写了少年时代对异性的渴慕,青年作家许知远便对此大加赞美,认为这篇文章是"中国文学史上最动人的文字之一,那种单纯而洁净的少年情怀,掺杂了明显的羞涩和恰到好处的忧伤"[2]。

1. 每个少年总有一个感人梦

每个人的内心深处总有某些东西,永远磨灭不了。少年时代烙下的青涩情怀常常在某一刻一触即发。《是谁温暖了我们的初恋》[3]就讲述了一个中学时代的初恋故事,这段美好的情感没有影响学业而最终修成正果,离不开自己的老师。面对学生躲躲藏藏的爱情,做老师的一定会伤透脑筋。这位老师也同样面临着该斩断还是留根的困扰。幸运的是,她选择了后者,把两个学生请到自己家中,只谈学习,不谈感情,并吃了一顿"各怀心思"的晚餐。这顿安排巧妙的聚会使两个早恋少年没有沉湎其中,而是默默鼓劲,最终考上大学并走到了一起。意大利儿童文学家亚米契斯说:"教育是爱的教育。"一个老师,如此包容和富有智慧,让这个青涩的爱情故事增加了许多温暖。

青少年常常以最动人的心情来等待爱情的降临。究其原因,在于他们正处于

①侣伦:《一部名著的诞生——〈少年维特之烦恼〉写作始末》,《读者》1983年第7期

②许知远:《水样的春愁》,《读者》2008年第1期

③安宁,《读者》(原创版)2006年第5期

身体发育时期,易于幻想,渴望理解,或许是偶然的邂逅,或许是友谊的变异,或许是好奇感的驱使,或许是生活的沉闷,或许是一篇爱情小说让他们流连忘返,爱情成为他们寻求感情寄托的好去处。20世纪80年代中期,大陆青少年读"琼瑶"成为时尚。"女孩子迷恋男主人公的潇洒体贴和男子汉气,男孩子倾倒于女主人公的清纯娴雅和超脱气质。于是,模仿琼瑶小说的恋爱情节者有之,给'琼瑶片'男女主角扮演者写信求爱者有之,不找到琼瑶故事中主人公那般人便不恋爱不结婚者有之,个别痴情者甚至追求浪漫而离家出走,精神恍惚;那种投入,实在感人。"[1]

2. 美好或苦涩的单恋

当然,大多数少年对异性的爱慕,属于单恋的美好情感,这些无望的结局总能激起内心的共鸣,是灵魂与人性相通的见证。《曾经这样爱过你》[2]并不掩饰对这种精神恋爱的赞美:"没有尘世的牵绊,没有啰嗦的尾巴,没有俗艳的锦绣,也没有混浊的泥汁。简明,利落,干净,完全。这种爱,古典得像一座千年前的庙,晶莹得像一弯星星搭起的桥,鲜美得像春天初生的一抹鹅黄的草。"这引起了大家的共鸣,一个读者来信说:"曾经这样爱过你,用尽了一个少女所有的真诚和热情。无数次计算你上学的时间和路线,只为能和你相遇;每个课间都去趟厕所,只为经过那间教室时的匆匆一瞥;年级的一切集体活动都会让我激动得无法入睡,只为那可以与你共处的分分秒秒……多少个这样的瞬间把你深深地刻在我的心上,任时光流逝,那个淡淡的影子仍会时常入我梦来,让我独自回味这纯净的单恋心情。"[3]

单方面的爱慕也会产生巨大的动力,甚而影响一生。这方面最典型的例子莫过于莫言了。在《童年的读书梦》[4]中,他写道:

我15岁时,石匠的女儿已经长成了一个很漂亮的大姑娘。她扎着一

---

[1]楚人:《港台女作家"围攻"大陆》,《读者》1994年第6期
[2]乔叶,《读者》2004年第8期
[3]《读者》2004年第10期"短信平台"栏目
[4]莫言,《读者》2011年第13期

条垂到臀部的大辫子，生着两只毛茸茸的眼睛，一副睡眼蒙眬的样子。我对她十分着迷，经常用自己艰苦劳动换来的小钱买糖果送给她吃。她家的菜园子与我家的菜园子紧靠着，傍晚的时候，我们都到河里担水浇菜。当我看到她担着水桶、大辫子在背后飞舞着从河堤上飘然而下时，我的心里百感交集。我感到她是地球上最美丽的女人。我跟在她的身后，用自己的赤脚去踩她留在河滩上的脚印，仿佛有一股电流从我的脚直达我的脑袋，我心中充满了幸福。我鼓足了勇气，在一个黄昏时刻，对她说我爱她，并且希望她能嫁给我做妻子。她吃了一惊，然后便哈哈大笑。她说："你简直是癞蛤蟆想吃天鹅肉！"我感到自尊心受到了沉重的打击，但痴心不改，又托了一个大嫂去她家提亲。她让大嫂带话给我，说我只要能写出一本像她家那套《封神演义》一样的书她就嫁给我。我到她家去看她，想对她表示一下我的雄心壮志。她不出来见我，她家那条凶猛的大狗却像老虎似的冲了出来。

前几天在斯坦福大学演讲时我曾经说，我是因为想过上一天三次吃饺子那样的幸福日子才发奋写作的。其实，鼓舞我写作的，除了饺子之外，还有石匠家那个睡眼蒙眬的姑娘。我至今也没能写出一本像《封神演义》那样的书，而石匠家的女儿也早已嫁给铁匠的儿子，并且成了三个孩子的母亲。

这是一段励志故事，也充满苦涩的单恋情感。从心理学来看，一个人的记忆有一种奇特的功效，它容易忘却已完成的事情，而对未完成的事情却总是拂之不去。少年的莫言被饥饿、贫穷和孤独包围着，"癞蛤蟆"之辱让他记忆在心，因此这篇文章充满一种"苦"的味道。"人生本苦"是莫言文学作品的重要底色。2012年，他获得诺贝尔文学奖，在瑞典学院演讲时，他说："我觉得佛教的许多基本思想，是真正的宇宙意识，人世中许多纷争，在佛家的眼里，是毫无意义的。这样一种至高眼界下的人世，显得十分可悲。"但不管怎么样，石匠的女儿给了莫言一颗在文学上进取的心，并影响了他的整个写作生涯。

3. 让人回味无穷的两篇代表作

《读者》刊登过的少年爱情故事大多属于随笔性的。有情节又让人回味无穷、刻骨铭心的代表作有《君生我未生,我生君已老》①和《世纪绝恋》②。

《君生我未生,我生君已老》讲述了一个男人捡到一个女婴并把她抚养大的故事。男人为了与他不期而遇的女儿的成长,放弃了自己应该有的爱情和生活,辛苦操劳,无怨无悔,直至生命的最后一刻。父亲般的付出,让女儿幸福地长大直到大学毕业,甚至产生了美好的爱的情愫。

《君生我未生,我生君已老》被评为当期最受欢迎的文章。很多读者感动得热泪盈眶,纷纷发表感想:"是爱情,还是亲情? 当爱已升华为对彼此的依恋,我们又何必计较那么多呢? "③ "他遇见了他的天使,她找到了她的幸福——比亲人多一分心心相印,比情人多一分朴实无华;比亲情多一分迷醉,比爱情多一分清醒。虽然降生在不同的时代,可时光的交错阻挡不了冥冥中的约定,哲野永远是她心中和煦的阳光,夭夭永远是他一生的牵挂! "④

很多少年的爱情故事是青梅竹马、两小无猜或者前排后座、前村后院的一对少年暗定终身,经历了或深或浅却又真真切切的爱情过程,最后或合或散,充满人间悲喜。毕加索的《拿烟斗的男孩》是一幅世界名作,《世纪绝恋》即围绕这幅作品展开:

　　《拿烟斗的男孩》面世后,几经转手,最后被德国的犹太巨富格奥尔格先生收藏。格奥尔格生有一子,取名斯帝夫。他从小就受到父亲的精心栽培,才华过人。格奥尔格有一世交好友,名叫霍夫曼,与他家比邻而居,生有一个爱女,取名贝蒂。贝蒂比斯帝夫小一岁,两人青梅竹马,

①童心,《读者》2005年第8期
②詹蒙,《读者》2005年第15期
③《读者》2005年第10期 "短信平台" 栏目
④《读者》2005年第10期 "短信平台" 栏目

两小无猜。

斯帝夫一直把贝蒂当做亲妹妹看待。贝蒂一直以为她的兄长斯帝夫就是这幅《拿烟斗的男孩》的模特，因为画中的少年与斯帝夫无论是相貌还是神态气质都太像了。直到贝蒂长到12岁才从父亲的口中失望地得知，这画中少年与斯帝夫没有丝毫的关系。每当贝蒂有难言的请求时，她总会写一个留给哥哥的小纸条，把它贴在那幅《拿烟斗的男孩》的背后。斯帝夫最大的乐趣就是"检查"这幅画的背面，看看贝蒂有没有什么特殊的请求。有一次，为了满足贝蒂想去维也纳欣赏音乐的愿望，13岁的斯帝夫竟冒着被惩罚的危险，带着贝蒂坐了十多个小时的火车去维也纳。

贝蒂所画的第一幅素描就是手拿父亲的烟斗站在这幅画前的斯帝夫。18岁时，贝蒂把自己的素描稿作为圣诞礼物送给了斯帝夫，斯帝夫第一次吻了他心仪的女孩。

世界大战改变了欧洲，也改变了这两个孩子的正常生活。1937年，欧洲局部战场的战斗已经打响，而在柏林的犹太人更是被大批地送进了集中营。格奥尔格先生购买了英国护照，全家本来可以逃出德国，但遭到出卖。在他的好友的帮助下，儿子斯帝夫一人以难民的身份获得了英国某家庭养子的资格。斯帝夫与贝蒂一家准备乘坐同一列火车逃出德国，但是到了登车时才发现，斯帝夫的名字竟被调到了下一趟火车的旅客名单中。斯帝夫不能与贝蒂登上同一列火车。无奈，霍夫曼先生决定先到伦敦等着斯帝夫。一对少年情侣在车站洒泪告别，贝蒂哭泣不止。斯帝夫更是柔肠寸断。在火车站两人海誓山盟，依依不舍。可是，第二列火车没有开出柏林。

贝蒂时刻关注着斯帝夫一家的命运，战后，立刻与父亲奔赴德国，寻找斯帝夫一家。然而，在德国政府的公文中，他们发现好友家除了少数几个逃到非洲的零散成员外，其他成员无一逃脱魔掌。贝蒂伤心欲绝，发誓将永远不再踏入德国。

1949年，贝蒂结婚。第二年她跟随新婚的丈夫，以美国驻英国大使夫人的身份来到了伦敦。得知许多犹太人为了筹备战后重整旗鼓的资金，正把家族祖传的艺术藏品拍卖。或许能碰到斯帝夫家族的成员，找回一些斯帝夫的遗物，抱着这样的设想，她来到拍卖行。令她惊讶的是，毕加索《拿烟斗的男孩》作为德国缴获的战利品，正被拍卖。她毫不犹豫地高价拍下。

贝蒂的三个孩子相继问世。为了让更多的人关心犹太人的命运和他们战后的重建事业，贝蒂自己亲自担任了"流亡美国犹太人委员会"的顾问。战争留下的阴影正一点一点地从她的心里驱散。

1965年10月里的一天，一位陌生人来到了贝蒂的花园。他用德语轻声地对贝蒂说道："你好吗，我的小贝蒂？"用这种方式称呼她的，只有斯帝夫，这是只属于他们两人之间的秘密。他还活着！贝蒂觉得28年前没能从柏林火车站驶出的命运火车，今天开出来了。

斯帝夫目睹了父母的死亡，但他侥幸逃过一劫。1955年，他在伦敦出差时无意中看到贝蒂夫妇的照片，他马上来到美国大使馆，求见大使夫人，但遭到了工作人员的拒绝。斯帝夫不甘心，想通过伦敦的朋友关系联系上大使夫妇，不巧第二天德国有急事发生，他只好匆匆返回了柏林。

两个月后，为了寻找美国小妹，斯帝夫再次来到伦敦。等他见到美国大使夫妇时，他失望地得知上任大使夫妇已于一个月前结束了任期，回到美国了。他从新大使那里听说了贝蒂的情况，知道她已经成为了母亲，丈夫是一个非常优秀的绅士，斯帝夫心中既欢喜又怅然。他知道他们已经分别了近18年，虽然对于自己来说战争是永远无法愈合的创痛，但是对于贝蒂来说，也许她更想忘记那一段历史。

斯帝夫忍痛没有再去美国寻找贝蒂，而是把全部的精力都放在了家族事业的振兴上来。从50年代末开始，他联合其他与自己有相同遭遇的人们同德国政府交涉，以获得政府的战争赔偿。但是，诉讼之路漫长而坎坷，就在他几乎绝望之时，他从一个朋友那里听说了在美国有一对曾经做过英国大使的格鲁尼夫妇，正致力于帮助流亡美国的犹太人重建事业。同时，那位朋友在闲聊中透露了格鲁尼夫人曾经收藏了一幅毕加索的名画《拿烟斗的男孩》。

可以想象，斯帝夫在听说这个消息时内心的震撼！他万万没有想到，凝聚着自己所有珍贵的初恋记忆的那幅画竟然被贝蒂珍藏着，这说明在贝蒂的心中一直珍藏着有关自己的记忆。他再也忍不住了，第二天，他就办理了去美国的签证。

当他开始走近贝蒂的时候，他的心几乎都要跳出来。斯帝夫觉得从客厅至花园的路漫长而艰辛，他几乎走了28年的时光……

故事到此并未结束。临行前，贝蒂坚持把那幅画还给斯帝夫，斯帝夫却拒绝道："你有两个理由必须拥有这幅画：一、你替我的父母保全了这幅画，使它避免落入他人手中，他们在天之灵一定非常欣慰；二、对于我来说这幅画里有太多的记忆，它在你的手里，意味着你没有把我忘记，至少这是我活下去的理由和勇气。"

贝蒂答应了斯帝夫的请求，永远保留这幅画。斯帝夫回到了柏林，继续着他家族的事业。直到他快50岁的时候，他才娶了奥地利姑娘爱得嘉为妻，并生下了四个孩子。

1998年，贝蒂的健康严重恶化，她再次致电斯帝夫，希望他能够在她活着的时候，收回他家族的画。斯帝夫亲自到美国看望了贝蒂，并且说服她打消了这个想法。由此，贝蒂留下遗嘱：如果在她死后，斯帝夫先生依旧拒绝接受这幅画，那么她的儿子们可以将这幅画拍卖。拍卖收入三分之一留给她的子女，三分之一捐给世界残疾儿童基金会，三分之一捐给以斯帝夫·格奥尔格先生命名的任何慈善机构。

2003年底，贝蒂辞世一年半后，她的后人决定拍卖此画。此消息一经传出，就引来了世界媒体的强烈关注。2004年5月，在伦敦的苏富比拍卖会上，《拿烟斗的男孩》以一亿零四百万美元的天价成交。由于此画打破了14年前凡·高名画7800万美金的记录而创造了奇迹，这位神秘的收藏者一下成了受世人关注的对象。

但是，收藏者却长久地缄默着。直到2004年11月斯帝夫辞世，斯帝夫的后人奉他的遗嘱将一封有斯帝夫亲笔签名的信转给贝蒂的后人时，终于真相大白——那神秘的购买者正是斯帝夫本人。据说，这幅画一直陪伴他走到生命的终点，他是凝视着这幅画，走向人生的尽头……

李白《长干行》是叙述一个商妇的爱情和离别的诗，商妇用缠绵婉转的笔调，表达了她对远出经商丈夫的深深思念。其中，"郎骑竹马来，绕床弄青梅。同居长干里，两小无嫌猜"被后人用来比喻男女幼年时亲密无间。在一个巨大的历史背景下，《世纪绝恋》呈现的故事远比商妇遇到的曲折更扣人心弦。这是故事的魅力，更是爱情忠贞的必然。

本书所选的20篇代表性文章之九

君生我未生　我生君已老①

童　心

我是一个孤儿，也许是重男轻女的结果，也许是男欢女爱后不能负责的产物。是哲野把我捡回家的。那年他落实政策从农村回城，在车站的垃圾堆边看见了我，一个漂亮的、安静的小女婴，许多人围着，他上前，那女婴对他粲然一笑。

他给了我一个家，还给了我一个美丽的名字，陶天。后来他说，我当初那一笑，称得起"桃之夭夭，灼灼其华"。

哲野的一生极其悲凄，他的父母都是归国的学者，却没有逃过那场文化浩劫,愤懑中双双弃世,哲野自然也不能幸免,发配农村,和相恋多年的女友劳燕分飞。他从此孑然一身,直到35岁回城时捡到我。我管哲野叫叔叔。童年在我的记忆里并没有太多不愉快,只除掉一件事。

上学时,班上有几个调皮的男同学骂我"野种",我哭着回家,告诉哲野。第二天哲野特意接我放学,问那几个男生:谁说她是野种的?小男生一见高大魁梧的哲野,都不敢出声。哲野冷笑:下次谁再这么说,让我听见的话,我揍扁他!有人嘀咕:她又不是你生的,就是野种。哲野牵着我的手回头笑:可是我比亲生女儿还宝贝她,不信哪个站出来给我看看,谁的衣服有她的漂亮?谁的鞋子、书包比她的好看?她每天早上喝牛奶吃面包,你们吃什么?小孩子们顿时气馁。自此,再没有人骂过我是野种。大了以后,想起这事,我总是失笑。我的生活较之一般孤儿,要幸运得多。

我最喜欢的地方是书房。满屋子的书,明亮的大窗子下是哲野的书桌,有太阳的时候,他专注工作的轩昂侧影似一幅逆光的画。我总是自己找书看,找到了就窝在沙发上。隔一会儿,哲野会回头看我一眼,他的微笑,比冬日窗外的阳光更和煦。看累了,我就趴在他肩上,静静地看他画图撰文。他笑:长大了也做我这行?我撇嘴:才不要,晒得那么黑,脏也脏死了。啊,我忘了说,哲野是个建筑工程师。但风吹日晒一点也无损他的外表,他永远温雅洁净,风度翩翩。断断续续地,不是没有女人想进入哲野的生活。

我8岁的时候,曾经有一次,哲野差点要和一个女人谈婚论嫁。那女人是老师,精明而漂亮。不知道为什么我不喜欢她,总觉得她那脸上的笑像贴上去的,哲野在,她对我笑得又甜又温柔,不在,那笑就变戏法似的不见了。我怕她。有天我在阳台上看图画书,她问我:你的亲爹妈呢?一次也没来看过你?我呆了,望着她不知道说什么好。她啧啧了两声,又说:这孩子,傻,难怪他们不要你。我怔住,忽然哲野铁青着脸走过来,牵起我的手,什么也不说就回房间了。

晚上我一个人闷在被子里哭。哲野走进来，抱着我说，不怕，天天不哭。后来就不再见那女的上我们家来了。再后来我听见哲野的好朋友邱非问他，怎么好好的又散了？哲野说，这女人心不正，娶了她，天天以后不会有好日子过的。

邱非说，你还是忘不了叶兰。8岁的我牢牢记住了这个名字。大了后我知道，叶兰就是哲野当年的女朋友。

我们一直相依为命。哲野把一切都处理得很好，包括让我顺利健康地度过青春期。

我考上大学后，因学校离家很远，就住校，周末才回家。哲野有时会问我：有男朋友了吗？我总是笑笑不作声。学校里倒是有几个还算出色的男生总喜欢围着我转，但我一个也看不顺眼：甲倒是高大英俊，无奈成绩三流；乙功课不错，口才也甚佳，但外表实在普通；丙功课、相貌都好，气质却似个莽夫……我很少和男同学说话。在我眼里，他们都幼稚肤浅，一在人前就来不及地想把最好的一面表现出来，太着痕迹，失之稳重。

20岁生日那天，哲野送我的礼物是一枚红宝石戒指。这类零星首饰，哲野早就开始帮我买了，他的说法是：女孩子大了，需要有几件像样的东西装饰。吃完饭他陪我逛商场，我喜欢什么，马上买下。

回校后，敏感的我发现同学们喜欢在背后议论我。我也不放在心上。因为自己的身世，已经习惯人家议论了。直到有天一个要好的女同学私下把我拉住：他们说你有个年纪比你大好多的男朋友？我莫名其妙：谁说的？她说：据说有好几个人看见的，你跟他逛商场，亲热得很呢！说你难怪看不上这些穷小子了，原来是傍了孔方兄！我略一思索，脸慢慢红起来，过一会儿笑道：他们误会了。我并没有解释。静静地坐着看书，脸上的热久久不散。

周末回家，照例大扫除。哲野的房间很干净，他常穿的一件羊毛衫搭在床沿上。那是件浅咖啡色的，樽领，买的时候原本看中的是件灰色鸡心领的，我挑了这件。当时哲野笑着说：好，就依你，看来小天天是嫌我老了，要我打扮得年轻点呢。我慢慢叠着那件衣服，微笑着想一些零碎的琐事。

接下来的一段时间我发现哲野的精神状态非常好，走路步履轻捷生风，偶尔还听见他哼一些歌，倒有点像当年我考上大学时的样子。我纳闷。星期五我就接到哲野电话，要我早点回家，出去和他一起吃晚饭。

他刮胡子换衣服。我狐疑：有人帮你介绍女朋友？哲野笑：我都老头子了，还谈什么女朋友，是你邱叔叔，还有一个也是很多年的老朋友，一会儿你叫她叶阿姨就行。我知道，那一定是叶兰。路上哲野告诉我，前段时间通过邱非，他和叶兰联系上了，她丈夫几年前去世了，这次重见，感觉都还可以，如果没有意外，他们准备结婚。我不经心地应着，渐渐觉得脚冷起来，慢慢往上蔓延。到了饭店，我很客观地打量着叶兰：微胖，但并不臃肿，眉宇间尚有几分年轻时的风韵，和同年龄的女人相比，她无疑还是有优势的。但是跟英挺的哲野站在一起，她看上去老得多。

她对我很好，很亲切，一副爱屋及乌的样子。到了家，哲野问我：你觉得叶阿姨怎么样？我说：你们都计划结婚了，我当然说好了。我睁眼至凌晨才睡着。回到学校我就病了。发烧，撑着不肯落课，只觉头重脚轻，终于栽倒在教室。醒来我躺在医院里，在挂吊瓶，哲野坐在旁边看书。

我疲倦地笑：我这是在哪？

哲野紧张地来摸我的头：总算醒了，病毒性感冒转肺炎。你这孩子，总是不小心。我笑：要生病，小心有什么办法？

哲野除了上班，就是在医院。每每从昏睡中醒来，就立即搜寻他的人，要马上看见，才能安心。我听见他和叶兰通电话：天天病了，我这几天都没空，等她好了我跟你联系。我凄凉地笑，如果我病，能让他天天守着我，那么我何妨长病不起。住了一星期院才回家。哲野在我房门口摆了张沙发，晚上就躺在上面，我略有动静他就爬起来探视。我想起更小一点的时候，我的小床就放在哲野的房间里，半夜我要上卫生间，就自己摸索着起来，但哲野总是很快就听见了，帮我开灯，说：天天小心啊。一直到我上小学，才自己睡。

叶兰买了大捧鲜花和水果来探望我。我礼貌地谢她。她做的菜很好吃，但我吃不下。我早早地就回房间躺下了。我做梦。梦见哲野和叶兰终于结婚了，他们都很年轻，叶兰穿着白纱的样子非常美丽，而我这么大的个子充任的居然是花童的角色。哲野愉快地微笑着，却就是不回头看我一眼，我清晰地闻到新娘花束上飘来的百合清香……我猛地坐起，醒了。半晌，又躺回去，绝望地闭上眼。黑暗中我听见哲野走进来，接着床头的小灯开了。他叹息：做什么梦了？哭得这么厉害。我装睡，然而眼泪就像漏水的龙头，顺着眼角流向耳边。哲野温暖的手指一次又一次地去划那些泪，却怎么也停不了。

这一病，缠绵了十几天。等痊愈，我和哲野都瘦了一大圈。他说：还是回家来住吧，学校那么多人一个宿舍，空气不好。他天天骑摩托接送我。脸贴着他的背，心里总是忽喜忽悲的。以后叶兰再也没来过我们家。过了很长很长的一段时间，我才确信，叶兰也和那女老师一样，是"过去时"了。我顺利地毕业，就职。我愉快地、安详地过着，没有旁鹜，只有我和哲野。既然我什么也不能说，那么就这样维持现状也是好的。但上天不肯给我这样长久的幸福。哲野在工地上晕倒。医生诊断是肝癌晚期。我痛急攻心，却仍然知道很冷静地问医生：还有多少日子？医生说：一年，或许更长一点。

我把哲野接回家。他并没有卧床，白天我上班，请一个钟点工看护，中午和晚上，由我自己照顾他。

哲野笑着说：看，都让我拖累了，本来应该是和男朋友出去约会呢。

我也笑：男朋友？那还不是"万水千山只等闲"。每天吃过晚饭，我和哲野出门散步。我挽着他的臂。除掉比过去消瘦，他仍然是高大俊逸的。在外人眼里，这何尝不是一幅天伦图，只有我，在美丽的表象下看得见残酷的真实。我清醒地悲伤着，我清晰地看得见我和哲野最后的日子在一天天飞快地消失。

哲野很平静地照常生活，看书，设计图纸。钟点工说，每天他有大半时间是待在书房的。我越来越喜欢书房,饭后总是泡两杯茶,和哲野相对而坐,下盘棋,打一局扑克,然后帮哲野整理他的资料。他规定有一沓东西不准我动。我好奇,终于一日趁他不在时偷看。那是厚厚的几大本日记。

"天天长了两颗门牙,下班去接她,摇晃着扑上来要我抱。"

"天天10岁生日,许愿说要哲野叔叔永远年轻。我开怀,小天天,她真是我寂寞生涯的一朵解语花。"

"今天送天天去大学报到,她事事自己抢先,我才惊觉她已经长成一个美丽少女,而我,垂垂老矣。希望她的一生不要像我一样孤苦。"

"邱非告诉我叶兰近况,然而见面并不如想象中令我神驰。她老了很多,虽然年轻时的优雅没变。她没有掩饰对我尚有剩余的好感。"

"天天肺炎。昏睡中不停喊我的名字,醒来却只会对我流眼泪。我震惊。我没想到和叶兰结婚对她的影响这样大。"

"送天天上学回来,觉得背上凉飕飕的,脱下衣服检视,才发现湿了好大一片。唉,这孩子。"

"医生宣布我的生命还剩一年。我无惧,但天天,她是我的一件大事。我死后,如何让她健康快乐地生活,是我首要考虑的问题。"

……

我捧着日记本,眼泪簌簌地掉下来。原来他是知道的,原来他是知道的。又过几天,那沓本子就不见了。我知道哲野已经处理了。他不想我知道他知道我的心思,但他不知道我已经知道了。

哲野是第二年的春天走的。临终,他握着我的手说:本来想把你亲手交到一个好男孩手里,眼看着他帮你戴上戒指才走的,可惜来不及了。

我微笑。他忘了,我的戒指,20岁时他就帮我买了。

书桌抽屉里有他一封信,简短的几句:天天,我去了,可以想我,但不要时时以我为念,你能安详平和地生活,才是对我最大的安慰。叔叔。

我并没有哭得昏天黑地的。半夜醒来,我似乎还能听到他说:天天小心啊。

在书房整理杂物的时候,我在柜子角落里发现一个满是灰尘的陶罐,很古朴雅致,我拿出来,洗干净,呆了,那上面什么装饰也没有,只有四句颜体:

君生我未生,我生君已老。恨不生同时,日日与君好。

到这时,我的泪,才肆无忌惮地汹涌而下。

(二)青年之爱:激情和责任同在

青年的爱情是浪漫的,诗人赋予它最美好的语言,音乐家赋予它最动听的音符。《诗经》里有很多优美的爱情诗句,如:"关关雎鸠,在河之洲。窈窕淑女,君子好逑。"情切意浓,又简单直白。

青年的爱情常常是不顾一切的,是不需任何附加条件的,具有飞蛾扑火般的勇敢,具有熊熊大火的炽烈。六世达赖喇嘛仓央嘉措也不能免俗,他的情诗直抒胸怀:

写出来的墨迹,

容易被风雨浸蚀;

没有写出来的心迹,

任随怎么也擦不去。

烈马若是跑上了山,

还能用金索去擒还,

情人如果把你背叛,

可真叫人一筹莫展![1]

---

①仓央嘉措:《仓央嘉措情诗》,《读者》1982年第3期

王洛宾写的表现少数民族青年爱情的歌曲《达坂城的姑娘》里唱道:"你要是嫁人,不要嫁给别人,一定要嫁给我!带着你的嫁妆,带着你的妹妹,赶着那马车来!"毫无遮挡地喊出了男人们的心声。《极端爱情之六种感动》①更呈现了极端时刻的爱情之美。

1977年3月,舒婷创作了《致橡树》②,这是"文革"后最早的爱情诗。诗人别具一格地选择了"木棉"与"橡树"两个中心意象,将细腻委婉而又深沉刚劲的感情蕴藏在新颖生动的意象之中。它所表达的爱,是纯真的、炙热的、美好的,鼓励人们去追求高尚的伟大的爱情。《读者》适时刊发了这首诗,很多青年看到后摘抄在自己的手抄本上,当做自己的爱情宣言。

《袁隆平的妙趣人生》③有一段写的是袁隆平在20世纪50年代的爱情故事。30多岁还单身一人的袁隆平,经人撮合,与他曾经教过的一个叫邓则的学生交往。邓则因家庭出身不好,在婚姻问题上也一度陷入苦恼之中。袁隆平对此却毫不在意。两人相爱后,一同外出被人嚼舌根:"你瞧,真是物以类聚啊!"邓则听了心中恼火,袁隆平却偏偏犟了起来:"什么影响不好!我们大男大女,谈情说爱,正正当当。我就是要扩大影响,免得再有人来追你!"现在读来,我们仍可见袁隆平先生对美好爱情的向往,也可读出他的憨厚和耿直。

《我和"阿诗玛"的悲欢》④讲述了作者唐凤楼和杨丽坤从相识到回到上海生活的悲欢离合。杨丽坤就是阿诗玛的扮演者,"文革"前夕是中国影坛上最红影星之一。"文革"一开始,杨丽坤的命运出现了大转折,被揪斗挨打是常事,架飞机、剃十字头、长时间被关在舞台下的狭小空间里,甚至衣服被扒光过;种种屈辱受尽,致使她间歇性地精神分裂。1973年,唐凤楼和杨丽坤相爱结婚。1978年十一届三中全会以后,杨丽坤平反,夫妻二人得以到达上海,过上了正常的生活。杨丽坤被安排到上影厂演员剧团,但由于身体欠佳,一直在家中养病。唐凤楼和杨

---

①《读者》2002年第9期
②《读者》1984年第1期
③魏剑美,《读者》(原创版)2007年第8期
④唐凤楼,《读者》1983年第3期

丽坤是一对苦命鸳鸯,虽然历经波折,始终不离不弃,而艰难困苦中的短暂的甜蜜,正是鼓励他们走下去的重要动力。1997年,杨丽坤脑溢血瘫痪在床,唐凤楼面对着人生的第二个困难期,他坚强地承受着。一日夫妻百日恩,唐凤楼极尽一个做丈夫的职责,直到杨丽坤去世。由于历史的原因,这段爱情虽然缺少炽烈和激情,但其责任和忠诚却值得人们记取。

（三）中年之爱:柴米油盐中的别样爱意

中年的爱情基本是以婚姻的形式呈现的。彼此少了热恋的浪漫,却多了亲情的成分。家庭作为爱情的主要载体,柴米油盐酱醋茶是每日的功课,对人们来说,选择婚姻就意味着选择具体的生活,从前在心中完美的对方或许不再完美,游牧的心也需要好好地收敛,高企的热情指数开始下降。在一点一滴的家庭琐事中,或大起大落的欢欣与磨难中,有的爱情升华了,相敬互爱,炼成金婚。有的爱情出现了裂痕,两颗心甚至越走越远,导致离婚。这就是所谓的爱情与婚姻的悖论,也是"婚姻是爱情的坟墓"论断的来源。但婚姻和爱情都是人的必经阶段,钱锺书在《围城》中提到的"城外的要拼命进城,城内的又要拼命出城",总是不断上演。《读者》中的中年之爱,追求朴素的生活,追求细节带来的感动,追求平常生活的别样浪漫。

高燕插图作品:《一条缎带》(《读者》1988年第7期)

高燕插图作品：《约瑟芬皇后》(《读者》1984年第11期）

1. 朴素即大美

《庄子·天道》篇云:"朴素,而天下莫能与之争美。"《庄子·知北游》篇又云:"天地有大美而不言,四时有明法而不议,万物有成理而不说。圣人者,原天地之美,而达万物之理。是故至人无为,大圣不作,观于天地之谓也。"庄子以朴素为美,反对造作。崇尚自然美,也就是崇尚朴素美。在人的情感领域,也就是强调人应该具有真性情。在婚姻中,则既是形式的,又是内容的。在《读者》看来,最好最美的爱情,最后都是朴素的,都要回到生活的本真状态。用台湾作家三毛的话说:"爱情如果不落实到穿衣、吃饭、数钱、睡觉这些实实在在的生活里,是不容易天长地久的。"①

好的爱情往往也正藏在婚姻中。幸福的家庭是相似的,不幸的家庭却各有各的不幸。婚姻是需要经营的。寻常巷陌里,人间烟火中,柴米油盐酱醋茶的生活,才是爱情本来的样子。夫妻彼此心里有默契,有关爱,能够用宽厚的心照顾对方,正是经营的内容。《爱在贫寒中》②《无花也浪漫》③《一元钱的爱情路》④《在琐碎中创造尘世的传奇》⑤都是写了夫妻如何在平淡中坚守,甘于平静,保持默契,互相关爱的事情。读者来信说:"看过《无花也浪漫》,感觉很符合我的爱情观:情,用心经营;爱,一生携带。"⑥

2. 感动常在细节

有人说,温柔是女人的杀手锏,关怀是男人的杀手锏;而细节总是关怀的重要体现,也总能在某一刻抓住女人的心。

《谁是最幸福的》⑦讲述了一个丈夫用普通铁丝为爱人做了小铁钩的故事。爱

---

①弦子:《婚姻的朴素》,《读者》2006年第16期
②《读者》2003年第12期
③南希·肯尼迪,《读者》2004年第1期
④张翔,《读者》(乡土人文版)2007年第2期
⑤忻之湄,《读者》(原创版)2007年第6期
⑥《读者》2004年第3期"编读往来"栏目
⑦施香美,《读者》(乡土人文版)2006年第2期

人可以用这个小铁钩把袋子挂到坐椅的横杆上,因为"下班回家路远,这样省力一些"。这是一个非常简单的生活故事。一位读者来信说:"幸福是只属于个人的内心感受,哪有什么确定的衡量标准呢? 锦衣玉食的生活不一定幸福,粗茶淡饭的生活也不见得就不快乐。一个小铁钩,足见丈夫的细心和温情。都说'贫贱夫妻百事哀',生活虽然清苦,但这样的相濡以沫不知会被多少人羡慕呢! "①这些文章使《读者》自觉不自觉地扮演了一个讲述者的角色,教人们如何理解、如何包容、如何珍惜、如何搀扶、如何牺牲,把婚姻经营得顺其自然,把日子过得有滋有味。具体内容则有爱情与婚姻的关系、家庭矛盾的化解、夫妻感情交流、性格调适等等。

《爱的细节》②讲述了一个居委会在所辖的街道内要评出一对最恩爱的夫妻。几经筛选后,有三对夫妻入围。在决赛时,前两对各有特色,都深深打动了评委,轮到第三对的时候,女人为了不影响丈夫睡觉,居然在走廊等候的时候决定放弃评比,而丈夫困乏的原因是因为夜里为妻子驱赶蚊子,没能好好睡觉。最后,评委增加了两个奖项,第一对夫妻被评为"患难与共夫妻",第二对夫妻被评为"相敬如宾夫妻",而真正的最恩爱夫妻奖,却给了第三对夫妻。这个平淡而温暖的故事告诉读者:"婚姻生活本来就是平淡的,它是由一个个平淡的爱情细节组成的,只要夫妻双方能够将每一个生活细节都演绎得爱意融融,只要在每一个生活细节里都注入关爱的心意,那么,他们所拥有的婚姻,就是最完美的婚姻。"

3. 乡村生活中的别样浪漫

《读者》并不总是写都市爱情,对粗糙而有力的乡村爱情也投以关注的目光。爱情是美丽的,但乡村爱情常常与私奔、偷情、各种流言飞语如"不正经""风骚"的评价有关。《读者》中的乡村爱情故事是朴素和浪漫的。如《乡村爱情》③《农村的爱情宣言》④ 等,写的都是普通百姓的婚姻生活,但是充满着激情。另外一个典

---

①《读者》2006年第3期"编读往来"栏目
②方冠晴,《读者》2003年第9期
③孙成凤,《读者》(乡土人文版)2004年第11期
④任中杰,《读者》(乡土人文版)2001年第12期

型的例子是迟子建的《清水洗尘》①。

　　《清水洗尘》讲述了一个名叫"天灶"的孩子在年关时烧水给家庭成员洗浴的故事。故事的情节不复杂，但韵味十足。天灶的父亲有着乐于助人的普通农民的淳朴品质，"蛇寡妇"求他给她补盆，他连带着帮她掏了火墙，这引发了母亲的醋意。母亲因吃醋而与父亲赌气，不给父亲搓背，回到屋子里叠前日洗好晾干的衣服，然而她心神不宁，没隔几分钟就要从屋子里探出头来问天灶："什么响？"多次之后，天灶领会了她的意思，说："是爸爸在叫你。"母亲则眼睛亮了一下，但还强硬地说："我才不去呢。"直到天灶鼓励她说："他一个人没办法搓背。""到时他会一天就把衣服穿脏了。"她则嘟囔了一句"真是前世欠他的"，然后甜蜜地进了浴室。不久后，天灶看见水汩汩地顺着门缝宁静地流着，听见了搅水的声音，"同时也听到了铁质澡盆被碰撞后间或发出的震颤声，天灶便红了脸，连忙穿上棉袄推开门到户外去望天"。

　　中国人向来不善表达，夫妻恩爱往往通过不经意的一句话、一个眼神表现出来。《清水洗尘》只是中国乡土大地上的一个普通农家夫妻的爱情故事，但在作者的笔下纯粹简洁，诗意浓厚，散发出朴实却又别样的生活气息，给读者带来了浪漫的享受。这也许是该文获得鲁迅文学奖的短篇小说奖的重要原因。

---

①《读者》2002年第5期

🐝 本书所选的20篇代表性文章之十

清水洗尘①

迟子建

天灶觉得人在年关洗澡跟给死猪煺毛一样没什么区别。猪被刮下粗硬的毛后显露出又白又嫩的皮，而人搓下满身的尘垢后也显得又白又嫩。不同的是猪被分割后成为了人口中的美餐。

母亲历年洗澡都洗得很漫长，起码要一个钟头。说是要泡透了，才能把身上的灰全部搓掉。然而今年她只洗了半个小时就出来了。她见到天灶便急切地问："你爸还没回来？"

"没。"天灶说。

"去了这么长时间，"母亲忧戚地说，"十个澡盆都补好了。"

天灶提起脏水桶正打算把母亲用过的水倒掉，母亲说："你爸还没回来，我今年洗的时间又短，你就着妈的水洗吧。"

天灶坚决地说："不！"

母亲有些意外地看了眼天灶，然后说："那我就着水先洗两件衣裳，这么好的水倒掉可惜了。"

母亲就提着两件脏衣服去洗了。天灶听见衣服在洗衣板上被激烈地揉搓的声音，就像饿极了的猪吃食一样。天灶想，如果父亲不及时赶回家中，这两件衣服非要被洗碎不可。

然而这两件衣服并不红颜薄命，就在洗衣声变得有些凄厉的时候，父亲一身寒气地推门而至了。他神色慌张，脸上印满黑灰，像是京剧中老生的脸谱。

"该到我了吧？"他问天灶。

天灶"嗯"了一声。这时母亲手上沾满肥皂泡从里面出来，她看了一眼自己的男人，眼眉一挑，说："哟，修了这么长时间，还修了一脸的灰，那漏儿堵上了吧？"

"堵上了。"父亲张口结舌地说。

"堵得好？"母亲从牙缝中迸出三个字。

"好。"父亲茫然答道。

母亲哼了一声，父亲便连忙红着脸补充说："是澡盆的漏儿堵得好。"

"她没赏你一盆水洗洗脸？"母亲依然冷嘲热讽着。

父亲用手抹了一下脸，岂料手上的黑灰比脸上的还多，这一抹使脸更加花哨了。他十分委屈地说："我只帮她干活，没喝她一口水，没抽她一根烟，连脸都没敢在她家洗。"

"哟，够顾家的。"母亲说，"你这一脸的灰怎么弄的？钻她家的炕洞了吧？"

父亲就像一个做错了事的孩子似的仍然站在原处，他毕恭毕敬的，好像面对的不是妻子，而是长辈。他说："我一进她家，就被烟呛得直淌眼泪。她也够可怜的了，都三年了没打过火墙。火是得天天烧，你想那灰还不全挂在烟洞里？一烧火炉子就往出燎烟，什么人受得了？难怪她天天黑着眼圈。我帮她补好澡盆，想着她一个寡妇这么过年太可怜，就帮她掏了掏火墙。"

"火墙热着你就敢掏？"母亲不信地问。

"所以说只打了三块砖，只掏一点灰，烟道就畅了。先让她将就过个年，等开春时再帮她彻底掏一回。"父亲傻里傻气地如实相告。

"她可真有福，"母亲故作笑容说，"不花钱就能请小工。"

母亲说完就唤天灶把水倒了，她的衣裳洗完了。天灶便提着脏水桶，绕过仍然惶惶不安的父亲去倒脏水。等他回来时，父亲已经把脸上的黑灰洗掉了。脸盆里的水仿佛被乌贼鱼给搅扰了个尽兴，一派墨色。母亲觑了一眼，说："这水让天灶带到学校刷黑板吧。"

父亲说:"看你,别这么说不行吗?我不过是帮她干了点活。"

"我又没说你不能帮她干活。"母亲显然是醋意大发了,"你就是住过去我也没意见。"

父亲不再说什么,因为说什么也无济于事了。天灶连忙为他准备洗澡水。天灶想父亲一旦进屋洗澡了,母亲的牢骚就会止息,父亲的尴尬才能解除。果然,当一盆温热而清爽的洗澡水摆在天灶的屋子里,母亲提着两件洗好的衣裳抽身而出。父亲在关上门的一瞬小声问自己女人:"一会儿帮我搓搓背吧?"

"自己凑合着搓吧。"母亲仍然怒气冲天地说。

天灶不由暗自笑了,他想父亲真是可怜,不过帮蛇寡妇多干了一样活,回来就一副低眉顺眼的样子。往年母亲都要在父亲洗澡时进去一刻,帮他搓搓背,看来今年这个享受要像艳阳天一样离父亲而去了。

天灶把锅里的水再次添满,然后又饶有兴致地往灶炕里添柴。这时母亲走过来问他:"还烧水做什么?"

"给我自己用。"

"你不用你爸爸的水?"

"我要用清水。"天灶强调说。

锅里的水开始热情洋溢地唱歌了。柴火也烧得噼啪有声。母亲回到她与天灶父亲所住的屋子,她在叠前日洗好晾干的衣服。然而她显得心神不定,每隔几分钟就要从屋门探出头来问天灶:"什么响?"

"没什么响。"天灶说。

"可我听见动静了。"母亲说,"不是你爸爸在叫我吧?"

"不是。"天灶如实说。

母亲便有些泄气地收回头。然而没过多久她又探出头问:"什么响?"而且手里提着她上次探头时叠着的衣裳。

天灶明白母亲的心思了,他说:"是爸爸在叫你。"

"他叫我?"母亲的眼睛亮了一下,继而又摇了一下头说,"我才不去呢。"

"他一个人没法搓背。"天灶知道母亲等待他的鼓励,"到时他会一天就把新背心穿脏了。"

母亲嘟囔了一句"真是前世欠他的",然后甜蜜地叹口气,丢下衣服进了"浴室"。

天灶先是听见母亲的一阵埋怨声,接着便是由冷转暖的嗔怪,最后则是低低的软语了。后来软语也消失了,只有清脆的撩水声传来,这种声音非常动听,使天灶的内心有一种发痒的感觉,他就势把一块木板垫在屁股底下,抱着头打起盹来。他在要进入梦乡的时候听见自己的清水在锅里引吭高歌,而他的脑海中则浮现着粉红色的云霓。天灶不知不觉睡着了。他在梦中看见了一条金光灿灿的龙,它在银河畔洗浴。这条龙很调皮,它常常用尾去拍银河的水,溅起一阵灿烂的水花。后来这龙大约把尾拍在了天灶的头上,他觉得头疼,当他睁开眼睛时,发觉自己磕在了灶台上。锅里的水早已沸了,水蒸气袅袅弥漫着。父母还没有出来,天灶不明白搓个背怎么会花这么长时间。他刚要起身去催促一下,突然发现一股极细的水流悄无声息地朝他蛇形游来。他寻着它逆流而上,发现它的源头在"浴室"。有一种温柔的呢喃声细雨一样隐约传来。父母一定是同在澡盆中,才会使水膨胀而外溢。水依然汩汩顺着门缝宁静地流着,天灶听见了搅水的声音,同时也听到了铁质澡盆被碰撞后间或发出的震颤声。天灶便红了脸,连忙穿上棉袄推开门到户外去望天。

夜深深的了,头顶的星星离他仿佛越来越远了。天灶大口大口地呼吸着寒冷的空气,因为他怕体内不断升腾的热气会把他烧焦。他很想哼一首儿歌,可他一首歌词也回忆不起来,又没有姐姐天云那样的禀赋可以随意编词。天灶便哼儿歌的旋律,一边哼一边在院子中旋转着,寂静的夜使旋律变得格外动人,真仿佛是天籁之音环绕着他。天灶突然间被自己感动了,他从来没有体会过自己的声音是如此美妙。他为此几乎要落泪了。这时屋门"吱扭"一声响了,跟着响起的是母亲喜悦的声音:"天灶,该你洗了!"

　　天灶发现父母面色红润,他们的眼神既幸福又羞怯,好像猫刚刚偷吃了美食,有些愧对主人一样。他们不敢看天灶,只是很殷勤地帮助天灶把脏水倒了,然后又清洗干净了澡盆,把清水一瓢瓢地倾倒在澡盆中。

（四）老年之爱:最浪漫的事是一起慢慢变老

　　经历了岁月的洗礼,经历了生活的磨砺,婚姻才能最终走向成熟。老年的爱情一切归于平淡,显得朴实和自然。

1. 温馨的总是美好的

　　对于老年人来说,只要两个人能在一起,能牵手漫步在林荫路上,能够互相依偎着坐在公园的长椅上聊聊天,一起回顾人生,品味岁月,这样的爱情就是最美好的,这样的人生也将达到一个洗尽铅华、通达从容的境界。

　　《金恋》[①]写了一对年近古稀的中日恋人经过半个世纪的热恋、挫折、期待和寻觅,终于结为伉俪的传奇故事。由于战争等各种原因,齐田喜美子和黄伯平在相恋不久后,就失散了,时间一下子过去五十多年。当再次见到对方的时候,两人都是两鬓斑白。查普曼说:"爱是自然界的第二个太阳。"希尔泰说过:"爱胜过一切。"正是爱情的力量,使他们不忘寻找,最终走到一起。但是,在人类感情中,爱情是最强有力的,也是最脆弱的。据后来的媒体披露,1995年冬天,也即十年后,齐田喜美子因为身体原因不得不离开黄伯平,回到日本。五十年的思念,让这对老人做了十年的夫妻。无论如何,此生两人毕竟相聚了,在彼此的心里,也都无悔无憾了。

———————————

①曹复,《读者》1986年第11期

2. 至死不渝的爱情总能引起人们的共鸣

"问世间,情是何物,直教人生死相许。"这是对至情至爱的讴歌。《读者》歌颂老年之爱的平静和温馨,更通过数十年不离不弃、互相关爱的故事突出天长地久的珍贵。

2006年,一对平凡夫妻的"爱情天梯"①的故事经媒体报道后,在全国引起强烈反响。故事讲的是一个小伙子恋上了大他十岁的寡妇。他们的相爱引来闲言碎语,两人携手私奔进海拔1500米的深山老林,从此远离一切现代文明。他们互称"小伙子"和"老妈子",虽然"老妈子"一辈子也没下过几次山,但为让她能安全出行,"小伙子"一辈子都忙着在悬崖峭壁上开凿石梯通向外界,一凿就是半个世纪,敲断了51个铁锤,也凿出了6000多级"爱情天梯"。有意思的是,两位老人被评为2006年首届"感动重庆十大人物",同年,他们的故事被评为"中国十大经典爱情故事"。这段位于深山密林的6000多级"爱情天梯"一度成为情侣朝拜的"圣地"。

3. "久而敬之"缔造模范婚姻

与普通人的"默默相爱"相比,《读者》中的名人由于文化、视野、个性的不同,处理婚姻关系似乎更有理性和技巧,他们会经常沟通,善用爱的语言,共享价值观,使爱箱常满。这种用"负责、开心、共享"经营的婚姻,对很多人来说也是一种启发。

《一个自由主义者的传统婚姻》②写的是胡适的婚姻。1902年,经过媒妁之言、算命、合八字等传统必经程序,由寡母冯顺弟做主,胡适与40里外江村的长其一岁、缠足的江冬秀订了婚。此时的胡适刚满12岁。胡适少年得志,26岁就当了北京大学教授。次年回家完婚。但从订婚到结婚的十五年间,胡适与江冬秀从未见过

---

① 罗西:《天梯之上的爱情》,《读者》2006年第10期
② 李宗陶,《读者》2012年第11期

面,但有通信。顺从、抗拒、遐想、疑虑、矛盾、随缘,他在种种复杂的情绪里徘徊,终因"不忍伤几个人的心",没有推翻这门婚事,并且一直携手到老。有人评价胡适的婚姻是"无情人成眷属,一生惧内世人知",但胡适却自感满足和幸福。晚年时,他说:"久而敬之这句话,也可以作夫妇相处的格言。所谓敬,就是尊重。尊重对方的人格,才有永久的幸福。"

此外还有钱学森与蒋英的故事,他们相互欣赏、相互扶持、相濡以沫的爱情绵延了大半个世纪,历经风雨缱绻不离,携手共度晚年,谱写下一段美好的钻石情缘,堪称成功婚姻的典范①。

柏杨和女诗人张香华的爱情故事也值得珍惜和回味②。他们并不是彼此的原配,却非常努力地经营着婚姻,因为觉得来之不易。他们结婚很久后总结出8条婚姻约定,其中一条是:"我们了解我们将会老,所以,我们从结婚这一天起,就培养很多艺术兴趣,如书、画、音乐,使我们的生命永远充实灿烂。"并说,"我们虽不能马上做得完美,但我们会耐心追求,永不沮丧,永不停止。"

---

① 王文华:《钱学森与蒋英》,《读者》2003年第16期
② 叶细细:《我爱的人在火烧岛上》,《读者》2007年第14期

第三节

亲情是最朴素的语言

　　《读者》是一本以"情"取胜的杂志,这是《读者》的魅力所在。在《读者》所关注的各种情感中,又以"代际亲情"和"爱情"为主①。如果说追求爱情是人的本性,那么依恋亲情就是人的本能。亲情是有血缘关系的人之间存在的感情,父母与子女之间、兄弟姐妹之间都广泛存在着亲情。亲情是双向的,存在于彼此之间;亲情是没有条件的,无论高低贵贱,甚至无论善还是恶,亲情都会产生并且不求回报。

---

①西南交通大学青年学者梅红博士曾经对2004年读者选出的120篇最受欢迎的文章进行分析,试图找到受众审美需求的审美要因。她发现,"文苑"、"原创精品"、"人生"是读者最喜欢的三大栏目,共有文章107篇,占总文章数的89.2%。其中,以"代际亲情"和"爱情"为主的文章分别占50篇和19篇。由此可见,《读者》所倡导的,也是读者所喜爱的情感是以家庭为中心,以血缘为纽带的情感。"'爱'是《读者》情感类文章的主题。在这些文章中,只有关心、奉献,没有欺骗、背叛。"梅红借此归纳出《读者》受众的三种审美倾向:一是"审悲"的心理倾向;二是"重气节"的审美倾向;三是"慈母严父"的父母形象。在读者喜爱的120篇文章中,标题中含有"母亲"或"妈妈"、"母性"二字的就有15篇,而含有"父亲"或"爸爸"的仅有5篇。详见梅红:《〈读者〉的品牌及审美分析》,西南交通大学出版社2009年版,第135—136页

一、母爱永远占据内心最柔软的地方

　　母爱永远占据一个人内心最柔软的地方,也最容易引起共鸣。当代文化大家余秋雨在一篇文章中写道:"一切远行者的出发点总是与妈妈告别……而他们的终点则是衰老……暮年的老者呼喊妈妈是不能不让人动容的,一声呼喊道尽了回归也道尽了漂泊。"这段话虽写的是孩子对母亲的思念和爱,却在一个更大的背景和空间中,呈现了母爱的广博,读来令人垂泪。

　　母亲形象①是中外文学史上的经典主题之一,但不同时期不同背景的作家笔下,母亲形象有可能是不同的。《读者》中的母亲,不是政治化的人、工具化的人、理想化的人,而是生活中日益操劳或者积极付出的女性。虽然有的母亲存在不足和局限,但并不显得渺小。《读者》总是尽力展现母亲的圣洁、高尚、美好、慈祥、温厚、坚韧、博爱、宁静、谦和、宽容、勤劳等特点。

(一)操劳负重的母亲

　　如《母爱无言》②、《母亲为孩子而活》③等文章展现了母亲忍辱负重的坚韧形象;《世上最疼我的那个人去了》④是女作家张洁的长篇散文,单从名字上看就让人一下子屏住呼吸。在题记中,她如是写道:"在我所有的文字中,这十多万字可能是我付出最多的文字。我终于明白:爱人是可以更换的,而母亲却是唯一的。人的一生其实是不断地失去自己所爱的人的过程,而且是永远地失去。这是每个人必经的最大的伤痛。"《良心如枕》⑤突出了母亲温厚善良的伟大形象;《我们是怎样过母亲节的》⑥讲述了在这个特殊的日子,大家为母亲做的很少,只是让母亲得以安

①截至2013年第8期,《读者》中有"女性"一词的文章共1353篇,有"女人"一词的文章共4573篇,有"女子"一词的文章共1706篇,有"母亲"一词的文章5791篇
②鹏鹏,《读者》2000年第7期
③尼古拉·马申科,《读者》2000年第15期
④张洁,《读者》1999年第3期
⑤张林薇,《读者》2001年第11期
⑥斯蒂芬·里柯克,《读者》1984年第5期

静地休息一天。母亲却说这是她有生以来过得最快活的一天,突出了母亲日夜操劳对家人体贴入微的光辉形象。

在无奈情况下的母爱更令人心碎。《爱的第一百种语言》①讲述了一个母亲为了生计不得不将弱智的儿子用铁链拴住的故事。母亲的心酸、苦涩、无奈和爱交织在一起,令人窒息。一位读者来信说:"我生病时她也跟着掉泪,握着我的手想替我承受疼痛;我获得好成绩时她会甜甜地微笑,说我最棒;我遭受挫折时她会轻轻擦干我的泪,说妈妈相信你……我是多么幸福,能做她的女儿。这个世上,母亲的每一个动作、每一句话都是爱的表达。"②

(二)本性无私的母亲

2008年汶川地震后,《读者》刊发了一篇名为《孩子,来生我们一起走》③的文章。"孩子,快抓紧妈妈的手。去天堂的路,太黑了,妈妈怕你碰了头……你要记住,我和爸爸的模样,来生我们还要一起走……"当时"读者诗文朗诵会"已经开始了在全国的巡演。在南京站演出时,《读者》和所有演员临时决定加入这篇赈灾作品,并由话剧演员张凯丽来朗诵。这是整场朗诵会的高潮。张凯丽读到一半时就已泪流满面,读到最后一句时几乎泣不成声,台下观众更是哭成了一片④。

这些文章中,母亲形象大多是柔弱的、身份低微的、操劳的,但在对家庭和子女的爱方面,她们又常常是勇敢的、无私的、奉献的,是丈夫和子女的匡护者,表现出一种自然而然的无私奉献的胸怀和力量。

《那种温暖戛然而止》⑤是一篇典型的关于母爱的文章。一位年轻的母亲生了一个儿子,这正是她想要的。在她看来,男孩皮实,好养。于是,她沉浸在上天赐予的幸福中,为他取名臭臭。随着孩子的长大,她发觉,原来她可以那样的温柔和宁静,慈爱和善良,勇敢和真诚。她不停地发现着新的自己。

---

①张祖文,《读者》2007年第11期
②《读者》2007年第13期"短信平台"栏目
③文烛,《读者》2008年第12期
④《读者》2008年第15期"编读往来"栏目
⑤春儿,《读者》2004年第5期

然而，一场灾难突然降临。儿子一岁三个月的一天夜里，突然哭闹不止。辗转多家医院，结果令人恐惧，儿子患了视网膜母细胞瘤，也就是眼癌！如果化疗，也许还有50%的希望，但是必须摘除眼球和眼眶。化疗的结果是这半边脸永远是他一岁时的模样，而另一半脸却正常生长。而且，令人绝望的是，即使手术和化疗成功，儿子也只能活到七八岁。

在发现孩子生病之后，这个家庭就笼罩着阴霾。母亲找了很多偏方，但儿子的眼睛一天天朝外凸起。儿子喜欢小汽车，她给他买了近百辆大小不同的小汽车，每天看到儿子不停地摆弄他的车。她倾尽自己的所有来满足他的愿望。看儿子在不疼痛的时间认真地玩，是一种令人窒息的享受和幸福。

手术还是做了，医生说，能活半年。手术之后，儿子"常常用他那仅存的右眼信赖地看着我，那是一只清澈如泉水般的眼睛。眼睛里流露出的信任让我悲伤"。可惜就在两个月之后，孩子永远地离开了。

《那种温暖戛然而止》刊发后，收到了众多读者的反馈。有人说：这是一个多么悲怆无助的母亲！这让他想起一句名言：上帝不能亲自到每家，所以他创造了母亲！①一个独身主义者原来认为母爱是理所当然的，但这篇文章让她彻底改变了想法——那不是义务，而是一种女人的天性②。

（三）深明大义的继母和养母

在社会生活和媒体报道中，继母常常是偏心的、无情的，甚至是狠毒的。《读者》中的继母形象则多是友善的、包容的、深明大义的。与生母相比，继母面对着更为复杂的家庭环境，养母同样面临着没有血缘关系的"母子困境"。也正因如此，继母和养母们对孩子的爱往往是小心翼翼的，但即使这样，仍然会遭遇不理解；她们承担着更多的家庭责任，付出更多的辛苦，但收获的常常是更多的泪水。

《读者》中的继母和养母总是拥有女性的传统美德，如《路遥身后被遗忘

---

①《读者》2004年第7期"编读往来"栏目
②《读者》2004年第7期"编读往来"栏目

的母亲》①《太阳出来的那天》②《半碗饭哥哥》③《我们用母爱的翅膀彼此相容》④《我比她大19岁》⑤等都体现了任劳任怨而博爱的母亲形象。《谁是我的亲母》⑥写了一个养母帮助女儿寻找亲生母亲的故事;《他是真心爱我的——林肯和他的继母》⑦讲述了林肯和继母之间的几个生活片段,这些都体现了养母、继母的博爱和包容,展现了母亲的深明大义。因为特殊的环境和更多的付出,继母和养母也由此得到了读者更高的道德评价。"亲情无价",不管是继母还是养母,都是亲人。亲人之间的爱不是靠血缘来维系的,而是靠无私的付出。

二、父爱常常蛰伏在深处

父子关系是中国家庭中最重要的伦理关系之一。《读者》中的父亲形象有的是简单粗暴的,有的是温文尔雅的;有的是专制严厉的,有的是自由民主的;有的是激情飞扬的,有的是木讷少言的。但总的来说他们都是内心坦诚、细腻深挚的。

(一)不善表达的父爱

与母亲相比,父亲常常给人以不善表达的印象。大多时候,人们"习惯奔向母亲温暖的怀抱,习惯母亲疼惜的话语、怜爱的抚摸时,却不知道在一旁默默站着的父亲,眼里也闪动着无限的温柔"⑧。因而,父爱总是散发出独特的魅力和感染力。《读者》直接在标题突出"父爱"的文章就有十多篇,比如《父爱之舟》⑨《父爱安全网》⑩等等。

————————

① 白描,《读者》1998年第10期
② D. 约翰逊,《读者》2001年第22期
③ 李贵昌,《读者》(乡土人文版)2005年第11期
④ 风为裳,《读者》2006年第24期
⑤ 宁子,《读者》2007年第24期
⑥ Grace Thompson,《读者》1984年第2期
⑦ 东平编译,《读者》1983年第1期
⑧《读者》2004年第8期"短信平台"栏目
⑨ 吴冠中,《读者》2000年第14期
⑩ 石涧竹,《读者》2000年第17期

（二）别样的舐犊之情

当然，有的父亲在对待子女上也"不合传统"，显示出一种别样的舐犊之情。梁启超和女儿的感情很深，双方经常通信，有时候一天能写两封信。每次开头，都是"我的宝贝思顺"。一次梁启超在信中说，四五天前，陈伯严请他去吃饭，结果喝醉了。梁启超怕女儿担心，在括弧里解释道："你勿惊，我到南京后已经没有吃酒了，这次因陈伯严老伯请吃饭，拿出五十年陈酒来吃，我们又是二十五年没见的老朋友，所以高兴大吃。"那天晚上，梁启超拿出一张纸来，上面写满了"我想我的思顺""思顺回来看我"，其对女儿思念之情可见一斑①。

（三）伟大的父亲

在家庭中，父亲要挑起生活的重担，有时候比母亲付出的更多，也比母亲更辛苦。《美丽人生》②写了一位笑着面对生活的父亲。这个西方男人内心细腻敏感，为了孩子，能够勇敢地用肩膀扛起苦难。与中国父亲木讷的形象相比，这位西方父亲更懂得"浪漫"地表达父爱，体现了父亲的无私和宽厚：

> 基多，这个热爱生活的年轻人，在随时都有可能被屠杀的情况下，还会想尽一切办法来保护妻儿。他利用为纳粹放广播的机会，偷偷地放了朵拉以前爱听的歌剧，让身处女囚之中的朵拉知道他们父子俩还活着；他听不懂一句德语，却抢着冒充翻译，把德国军官的一席训话全部翻译成了游戏规则，惟恐约舒亚知道事情的真相。哪怕是在自己生命将被结束的时候，也要想方设法保住儿子纯真的心。他让心爱的儿子在一场非同寻常的游戏中走过了人生最黑暗的岁月，体现了一位父亲的伟大之处。

①老逻辑：《一封家书》，《读者》2006年第2期
②王灵丽，《读者》2006年第2期

本书所选的20篇代表性文章之十一

两代人①

贾平凹

一

爸爸,你说:你年轻的时候,狂热地寻找着爱情。可是,爸爸,你知道吗? 就在你对着月光,绕着桃花树一遍一遍转着圈子,就在你跑进满是野花的田野里一次一次打着滚儿,你浑身沸腾着一股热流,那就是我;我也正在寻找着你呢!

爸爸,你说:你和我妈妈结婚了,你是世上最幸福的人。可是,爸爸,你知道吗? 就在你新喜之夜和妈妈合吃了闹房人吊的一颗枣儿,就在你蜜月的第一个黎明,窗台上的长明烛结了灯彩儿,那枣肉里的核儿,就是我,那光焰中的芯儿,就是我。——你从此就有了抗争的对头了!

二

爸爸,你总是夸耀,说你是妈妈的保护人,而善良的妈妈把青春无私地送给了你。可是,爸爸,你知道吗? 妈妈是怀了谁,才变得那么羞羞怯怯,似莲花不胜凉风的温柔;才变得绰绰雍雍,似中秋的明月丰丰盈盈? 又是生了谁,才又渐渐褪去了脸上的一层粉粉的红晕,消失了一种迷迷丽丽的灵光水气?

爸爸,你总是自负,说你是妈妈的占有者,而贤惠的妈妈一个心眼儿关怀你。可是,爸爸,你知道吗,当妈妈怀着我的时候,你敢轻轻撞我一下吗? 妈妈偷偷地一个人发笑,是对着你吗? 你能叫妈妈说清你第一次出牙,是先出上

---

① 《读者》1986年第6期

牙,还是先出下牙吗? 你的人生第一声哭,她听见过吗?

三

爸爸,你总是对着镜子忧愁你的头发。你明白是谁偷了你的头发里的黑吗? 你总是摸着自己的脸面焦虑你的皮肉。你明白是谁偷了你脸上的红吗? 爸爸,那是我,是我。在妈妈面前,咱们一直是决斗者,我是输过,你是赢过,但是,最后你是彻底地输了的。所以,你嫉妒过我,从小就对我不耐心,常常打我。

爸爸,当你身子越来越弯,像一棵曲了的柳树,你明白是谁在你的腰上装了一张弓吗? 当你的痰越来越多,每每咳起来一扯一送,你明白是谁在你的喉咙里装上了风箱吗? 爸爸,那是我,是我。在妈妈的面前,咱们一直是决斗者,我是输过,你是赢过,但是,最后你是彻底地输了。所以,你讨好过我,曾把我架在你的脖子上,叫我宝宝。

四

啊,爸爸,我深深地知道,没有你,就没有我,而有了我,我却是将来埋葬你的人。但是,爸爸,你不要悲伤,你不要忌恨,你要深深地理解:孩子是当母亲的一生最得意的财产,我是属于我的妈妈的,你不是也有过属于你的妈妈的过去吗?

啊,爸爸,我深深地知道,有了我,我就要在将来埋葬了你。但是,爸爸,你不要悲伤,你不要忌恨,你要深深地相信,你曾经埋葬过你的爸爸,你没有忘记你是他的儿子,我怎么会从此就将你忘掉了呢?

第四节

友情是一株成长缓慢的植物

古人用许多美好的诗句来歌颂友情:比如"结交在相知,骨肉何必亲""海内存知己,天涯若比邻"。每个人都需要友情。一个人在社会中,建立良好的友情,无非两点,一是用心,二是包容。

一、用心和眼睛一起看

有一句名言:世界上最美好的东西,往往需要用心和眼睛一同去看。对于友谊来说,在于设身处地替别人着想,推己及人,将心比心,这样才能收获对方的尊重和友情。

日本佛教学者铃木大拙曾讲过这样的一个故事:一个女人向邻人抱怨某药房对她服务不周,希望邻人代她转告药房老板。第二天女人去药房时,老板热情欢迎她,并立即给她配好药方,还说如果她有什么需要,可以随时来找他。后来那个女人跟邻人谈起此事。说:"你把我的不满转告了他真管事。""噢,不是,我没有那样做，"邻人说，"我只是告诉他你很佩服他的乐业精神，说你觉得她的药房是你光顾过的最好药房之一。"①

用心和眼睛一起看能够收获理解和包容。台湾作家罗兰曾经这样说："如果每一个人与别人相处的时候，都能先想到别人，后想到自己，多想到别人，少想到自己，那么世界上可以增加很多欢乐与和气，而且可以减少很多悲剧和恨事。"诚如斯言，处处是理解，处处是宽容，人们将拥有更多朋友，生活将其乐融融，事业也将一帆风顺。

二、把不快记在沙滩上

友谊是相互的，朋友之间应该尽量保持和谐。但人与人之间的摩擦总是难免的，而且现代社会中充满竞争，面对朋友之间的矛盾，应该用什么样的态度去面对？用什么方法去处理？

一则高考材料作文提供了这样的借鉴：甲、乙两个好朋友吵架，乙打了甲一拳，甲在沙地上写了"今天我的好朋友打了我一拳"。又一次外出时，甲不小心掉进河里，乙把他救了上来，甲在石头上刻了"今天我的好朋友救了我一命"。乙问甲为什么要这样记录？甲说："写在沙地上，是希望大风帮助我忘记；刻在石头上，是希望刻痕帮助我铭记。"与此类似的故事也出现在《读者》中，张丽钧在《洒扫心灵》中就讲述了这个小故事。在文章最后她说：学着那个智者的样子，将不值得铭记的事情统统交给沙滩吧。涨潮的时候，海水会卷走那些不快，伴随着新一轮朝日诞生的是你无忧的笑脸、无瑕的心。②

---

①铃木大拙：《禅趣二则》，《读者》1991年第5期
②张丽钧：《洒扫心灵》，《读者》2002年第13期

本章小结

人是感情的动物

　　每个人都是感情的动物。亲情、爱情、友情这些人类须臾不可或缺的感情，构成了我们丰富多彩的情感世界。很多时候，一个人的努力，可能不是为了某种信念，而是为了实现长辈的一种希望。人们内心彷徨，失落，焦虑，不安，可能就在于过不去感情上的某个坎。这是人性的弱点。每个人都在自己的感情旋涡中走过一个又一个轮回。

　　情感主义是《读者》的基本生存方式。这本以情见长的杂志，之所以能够感动各个年龄阶段的人，在于每个人的情感深处，总是存在某种共通的灵魂。这些共通的东西激励着读者，也激励着编辑，使大家乐此不疲。

　　情感是需要培养的。缺乏情感感知是一种成长的营养不良。《读者》传递情感，也教会我们发现情感。世界上不是缺少美，而是缺少发现美的眼睛。花开花落，不同的人也许有不同的感受。《读者》通过各种各样、丰富多彩的情感滋润，能够使一个人的内心丰富起来，细腻起来，灵动起来，坚强起来，我们由此可以更好地感知自然之美，人性之美，生命之美，由此就能享受更多美好的东西，感知更多的人生意义。

　　阅读能够带来精神的慰藉,沟通能够带来幸福感。《读者》的一篇篇文字,看似安静,实则是一种沟通。这是一片美丽而独特的精神家园,在这里,你可以感受善意、检视内心,重拾温情,释放感激。《读者》由此成为一本心灵读本,成为精神上的家园,成为一个常常感动的幸福家园。

李晨插图作品：《父亲的三双鞋》(《读者》2011 年第 4 期）

第四章

成长的关怀

　　人生的成长过程，是一个不断学习文化知识，完善价值体系，同时寻找自身精神内核的过程，这个过程也许不完美，却涵盖人生的每个层面。特别是信息时代的来临、社会生活的快速变迁所带来的迷惘和无所适从，使越来越多的人关注心智的成长，关注生命的价值。

李晓林插图作品：《会旅行的小熊》(《读者》2002 年第 23 期）

第一节

读《读者》的孩子不会变坏

每个人的成长都面临价值观选择的问题。无论是心理的完善、事业的发展、家庭的幸福，还是对社会的思考，都需要建立一个科学的价值体系。特别是市场经济下，诚信的缺失、责任的匮乏、道德底线被不断突破，一些人的人生观、价值观、道德观发生了严重的扭曲和错位。自创刊以来，《读者》一直努力宣扬正确的价值观，告诉人们方向在哪里，如何让灵魂成长更快，从而建构了比较完备的价值体系。

一、《读者》的本质是培养一个好人

2000年《读者》编辑部收到一封信：

编辑同志：

素不相识的我在这里向你和《读者》杂志的全体工作人员表示真诚的感谢，因为《读者》杂志给我们的监所管理工作带来意想不到的帮

助和支持。许多在押人犯尤其是死刑犯在阅读了《读者》后，心情稳定了许多，而且我们也避免了因人犯自杀而遭受处分。

编辑同志，我是新疆阿克苏地区中心看守所的民警，我们看守所从2001年4月24日重新改建，执行关押人犯任务。随着"严打"的深入，在不到一年的时间里，我们所里已有9名人犯被执行极刑。这些人犯在即将结束生命时，情绪波动是常人难以想象的。就在2001年"十一"公审前，我所两名死刑犯人杨××（18岁，绑架杀人）、何××（21岁，故意杀人）在死刑命令下达后，均有自杀倾向。当时我所关押人犯近200名，而我们只有7名民警（死刑命令下达后，对犯人必须24小时面对面管理，日夜2名民警守护）。为防止人犯自杀造成事故，我们做了大量工作，但效果均不佳。在将两名人犯转移至死囚室而进行安全检查时，我们意外发现他们都十分喜欢《读者》杂志（这两名人犯把除了三本《读者》外自己的东西都分给其他人犯）。我赶回家中与妻儿商量了很久，才将订阅了六年之久的《读者》拿到所里，送到死囚室。两名人犯十分高兴，在他们生命的最后39小时里，除了提审复核外都在阅读《读者》。就在他们被押出监舍验明正身时，两人十分恭敬地把《读者》交还给我，并跪下叩头说："谢谢许管教和你的《读者》，如果早几年像这两天这样看这些好书，我们也不会有今天。"当刑车呼啸而去后，我才发现手中的《读者》叠放得十分整齐，按年、月叠放，并将原先卷了的角压平，我的眼泪掉下来了。在那以后我将《读者》作为奖励遵守监规人犯的"物质"。几个月过去了，那些《读者》仍完好。最让我心动的是在2001年12月28日下午，卞××（杀人、强奸、诬告，53岁）接到死刑判决书后，我与其谈话问有什么要求时，他只说了一句："我现在终于可以随时看你的《读者》了吧。"

我无法拒绝这个生命进入倒计时的人的要求。在我接受下××转交给家人的遗书中经常能看到《读者》中的语句。

编辑同志，我代表我和我的家人感谢《读者》全体工作人员辛勤的努力,以及给我们工作的巨大支持,希望你们将《读者》越办越好。

新疆阿克苏/许冰心①

这是一封关于《读者》改变心态的来信。无独有偶,记得很多年前,一位企业家,他因为《读者》改变了命运:

> 数年前,他血气方刚,与人结下了仇恨,为了消除心中怨气,他准备好了匕首,决定与仇家同归于尽。在行动之前,他到洗手间排泄,清空自己。恰巧在洗手间捡到一本他人遗落的《读者》。他顺手拿起翻开,有篇关于母子亲情的文章一下子深深吸引了他。他想起了疼爱自己的母亲,如果自己决然地离开这个世界,那留给母亲的将是无尽的痛苦和泪水。《读者》的其他文章也让他开始感觉到了生活的美好。也许就在那一瞬间,他放弃了复仇的念想。后来,他离开那个地方,来到深圳创业,多年打拼,已经成为一个中型公司的老总。②

在武汉也有一个企业家家庭。事业上的成功使这个家庭风光无限,但是孩子的成长问题却让父母一直放心不下。"如果孩子不能成人,财富再多也没有用。"不管经济条件好与差,在很多的中国父母眼里,孩子才是最大的事业。当看到孩子开始看《读者》杂志时,这位家长仿佛松了一口气:"现在我放心了,孩子看《读者》就不会走下坡路。"

不仅是这个家长,在很多人的心中,"读《读者》的孩子不会变坏"的观念已经深入人心。其实,在《读者》的编辑看来,这句话并不是一句宣传的口号,杂志的每一篇文章都是精心选择,可以开启智慧,熏陶情感,升华灵魂,丰富人生。

---

①《读者》2000年第10期"编读往来"栏目
②彭长城:《让〈读者〉御风而行》,2011年4月版,第341—342页

《读者》在努力培养一个合格的人,一个好人。

二、与国家精神文明教育同步

在不同的时代、不同的环境,好人的标准似乎并不完全统一,但内涵基本可以确定:有着正确的价值导向,有着较高的道德修养,同时要有利于社会,有利于国家,有利于他人。在中国的"合格的人"标准,离不开"四有新人"和"五讲四美三热爱"。

(一)"四有新人"和"五讲四美三热爱"的历史背景

1980年5月,时任中共中央副主席的邓小平给《中国少年报》和《辅导员》杂志题词:"希望全国的小朋友,立志做有理想、有道德、有知识、有纪律的人,立志为人民作贡献,为祖国作贡献,为人类作贡献。"1982年5月4日,《人民日报》发表的社论——《当代青年的历史使命》,把邓小平的题词延伸为"培养青年成为有理想、有道德、有文化、有纪律、有强健体魄的新一代"。"四有新人"的概念由此扩散开来。"四有"是国家对公民的基本要求,也是提高整个中华民族思想道德素质和科学文化素质的基本内容。

"五讲四美三热爱"是20世纪80年代最经典的口号。1981年2月,共青团中央、全国学联等九个单位,联合作出《关于开展文明礼貌活动的倡议》,在全国人民、特别是青少年中开展文明礼貌月活动,大兴"五讲四美"之风,后来又增加了"三热爱"的内容。所谓"五讲四美三热爱",就是要"讲文明、讲礼貌、讲卫生、讲秩序、讲道德",要"心灵美、语言美、行为美、环境美",要"热爱祖国、热爱社会主义、热爱中国共产党"。"五讲四美三热爱"具有丰富的时代内容,又继承了中华民族优良的文明传统,具有很强的思想性和指导性,是建设社会主义精神文明的重要工作,也是社会主义精神文明重要成果的体现。

(二)"四有新人"和"五讲四美三热爱"的本质要求

"四有新人"和"五讲四美三热爱"本质是要求青少年要有正确的人生观、

道德观、价值观和世界观。这既坚持了马克思哲学维度的以人为本，也是对传统道德和"文以化人"思想的继承和发展，更是人的解放和自由发展的必然要求。"四有新人"和"五讲四美三热爱"影响了中国青少年教育，至今仍未过时，并成为社会群众内心公认的价值判断和指导原则。创刊于改革开放之初的《读者》杂志，一直致力于为全社会提供一种时代化的行为准则和价值取向，刊发了大量关于理想、道德和好人好事的文章，与国家的精神文明建设和道德素质教育不谋而合。

以"四有新人"中的"有理想"为例①，作为一本面向青年的刊物，"理想"是《读者》探讨成长的关键词，以"理想"一词搜索，出现该词的文章共有2156篇。《读者》从创刊起就开设了"青年一代"栏目，刊登了《落榜以后》②《我的世界观》③等文章。雨果在《理想篇》④中说："生活好比旅行，理想是旅行的路线。失去了路线，只好停止前进了。生活既然没有目的，精力也就枯竭了。""人类的心灵需要理想甚于需要物质。"《假如给我三天光明》⑤是海伦·凯勒的散文代表作，她以一个身残志坚的柔弱女子的视角，告诫人们应珍惜生命，坚强不屈。爱因斯坦在《我的世界观》中宣布的"我从来不把安逸和快乐看作是生活目的本身——我叫它猪栏式的理想"则成为许多学校的标语。再如苏联著名作家尼·阿·奥斯特洛夫斯基曾经成为那个时代的偶像。29岁，他创作了长篇小说《钢铁是怎样炼成的》，这篇小说是20世纪30年代苏联无产阶级革命文学中最优秀的作品之一，也为他赢得了世界性的赞誉。他顽强的意志和崇高的理想影响了一代人。《读者》为此刊发了他的《我的理想》⑥。此后又相继刊发了《巴金谈理想》⑦《对理想的思索》⑧等多篇文章。

---

① "四有新人"的其他要求如"有道德、有文化、有纪律"已在本书其他部分论述，在此不再赘述。
② 陈宝树，《读者》1981年第5期
③ 爱因斯坦，《读者》1982年第8期
④ 《读者》1981年第2期
⑤ 《读者》1982年第3期
⑥ 尼·阿·奥斯特洛夫斯基，《读者》1982年第2期
⑦ 巴金，《读者》1986年第1期
⑧ 周国平，《读者》1994年第3期

三、《读者》是国文教育的重要组成部分

西北师大附中代燕老师来信说:"'做人与作文'是当下语文界的一个热门话题。文如其人,言为心声。一个对自我缺乏认识、对生活没有发现、对生命没有感恩、对世界麻木不仁的人,又怎能写出好文章? 好文章又岂是几种方法与技巧可以概括的? 语文是最具人文价值和底蕴的学科,人文精神的核心是人格,其中最为重要的因素包括善良、友爱、孝敬、诚信、宽容等等,我们理应引导学生去接受、表现这些内容。《读者》很好地容纳了这些,自然成为作文教学的范本。阅读与写作,就是吸纳与倾吐的关系,因此,当许多学生问我怎样能够学好语文,写好作文时,我告诉他们的依旧是那句话:好读书,读好书。"①

(一)语文教学与学习

唐山市开滦一中校长张丽钧,原是《读者》的热心读者,后来发展成《读者》的签约作家。她把《读者》比作"绿蜜蜂采来的故事"。作为校长,她希望自己的学生成人成才。但青春期的孩子选择能力和自律能力还不够高,甚至陷入游戏与武侠、言情小说难以自拔。为此,张丽钧要求学校的语文老师在早读时间带领学生读《读者》,用这样的方式引导孩子们去亲近那些高尚思想和高雅的人物。久而久之,开滦一中的学生对这本杂志产生了深深的依恋。

2003年"非典"期间,开滦一中实行全封闭管理。那天,按照以往的日期来算,同学们猜测新一期《读者》该上市了。他们拥到大铁门前,向对面的报刊亭呼喊:"《读者》!《读者》!"卖报的人虽然听见了,但由于只有他一人守摊,不敢轻易离开。他不来,学生们就接着喊"《读者》!《读者》!"呼声一浪高过一浪。这时候,正好有一位中年妇女路过校门口,看到同学们着急的样子,她走过去问:"孩子们,你们喊什么?""阿姨,帮我们一人买一本《读者》,到对面。"那位妇女

---

①代燕:《〈读者〉,语文教学与学习的助推器》,《读者》2005年第22期"编读往来"栏目

听明白了,她支起车子,跑到报刊亭,买了一摞《读者》,一一分给孩子们。呼声陡然敛住,校园一下变得安静了。张丽钧校长的目光被眼前的一幕打湿了。她问其中一名学生:"能告诉老师为什么喜欢这本杂志吗?"学生说:"这是一本让爸爸妈妈放心的好杂志。"张丽钧把这一感人场景告诉了《读者》编辑部。编辑部为孩子们的热情而感动,并且陷入深深思考。①

也许是《读者》的主题是真善美,也许是这本杂志关注教育的内容太多,在很多学校,《读者》是唯一一种被推荐的课外读物。许多高中老师推荐阅读,开展读书会。为此,《读者》杂志社组织力量编辑开发了《〈读者〉人文读本》。从初一到高三,每年级一册,张丽钧也成为初三卷的主编。《〈读者〉人文读本》是一套以关照中学生精神成长为目标、比照举世闻名的《美国读本》编写,更注重人性、理性和智性,是《读者》杂志的又一次超越。全书把中学生直接所观察的、感受的、赞同的、否定的、思考的、质疑的和希望的东西,都纳入其视野,即让他们以人类的价值观思考他们正在面对和将要面对的事物,从而获取精神营养。

最近几年,民国老课本持续升温,反映出社会对传统文化的追捧和怀念。众所周知,与现行的课本相比,民国老课本并非一味居高临下地说教,而是更有童趣和国学色彩,浸润了传统文化,彰显人性,平和大气,更注重传授"做人之道",《读者》适时刊发了老课本的一些文章和配图,还组织出版了作家邓康延的《老课本　新阅读》②。这是对传统语文教育的另一种补充。

(二)《读者》是高考作文的风向标

《读者》与中学语文教育结合最紧密的是《读者》成为高考作文的风向标。高考作文是每年高考时全社会关注的热点之一。高考作文是检验中学语文教学的一个试金石,也是检验学生的社会认知,检验公民文化教育的重要路径。2005年,《读者》编辑部收到了这样的一封读者来信③:

---

①关捷:《〈读者〉:打造中国人的心灵读本》,《今传媒》2006年第10期
②邓康延:《老课本　新阅读》,甘肃人民出版社2011年版
③刘福英:《〈读者〉引领我们前行》,《读者》2006年第22期

2005年6月7日,四川的表妹刚参加完高考语文考试就打来电话:"姐,今年高考作文给出的材料是《读者》上的原文……"表妹的声音哽咽了,这边接电话的我也激动万分。

我找出一摞摞《读者》,翻阅着,2002年第13期《洒扫心灵》这篇文章,当时我、表妹和上初中的女儿曾为此争论过,表妹和女儿以此作为材料写成作文,并请作为高级语文教师的表哥做了点评。

考场上,表妹以《铭记与忘记的岸边》为题,顺利完成了作文。她的薄弱科目语文考了121分的好成绩,当年表妹以585分考取了四川师范大学,这个分数比她所在专业最低录取分数线只高出2分。

表妹是幸运的,因为表妹幸运地结识了《读者》。

生活在贫困山区的表妹,初中毕业以前很少读课外书,这使得她的语文成绩很差。我找到了表哥,请他指点迷津。表哥坚定地说:"让她去读《读者》。"表哥的教学秘诀之一就是让学生订《读者》,读《读者》。《读者》已成为他语文教学的范本。

表妹如饥似渴地读着《读者》,以此提高阅读能力;抄写背诵其中精彩的词句、段落,作为语言积累的重要途径;以观点独特、内涵丰富的文章为材料练习作文,再请表哥指导。高中三年,表妹的语文成绩有了大幅度提高。

最令人惊喜的是,表妹在高考这人生的重要时刻与心爱的《读者》进行了心灵的碰撞,是《读者》引领表妹走进了她理想的学府,圆了她做一名中学教师的梦想。

如果说《读者》是表妹求学路上的引领者,那么对女儿来说,《读者》则是她人生道路上的引领者。

女儿上初中后,开始厌倦学习,学习成绩逐渐下降。当女儿读到《读者》上的《一个大学生的反贫困之旅》《一个寒门学子的心酸日记》等文章,再加上表妹时常讲起她那贫困的家乡,人们勉强解决温饱,很多儿童失学……这些对女儿触动很大,从此女儿不再乱花零用钱,开始勤奋努力,学习成绩很快提高了。

《读者》的"人物"栏目是女儿最爱读的,一些伟人的人格魅力让她钦佩。《张伯驹:但使国宝永存吾土》等文章,让女儿的心灵受到震撼。她开始思考人生的价值,关注失学儿童及环保问题,参加了县妇联组织的"与贫困孩子手拉手"活动。她用自己的压岁钱及平时节省下来的零用钱,资助贫困失学儿童,而且成为学校里的"环保小卫士"。

女儿长大了,她是吮吸着《读者》的营养长大的。她乐于助人,责任心强,积极进取,乐观向上。是《读者》帮我这个做母亲的塑造了一个健康、快乐、无私的好孩子。

我与《读者》的缘分应追溯到十八年前,那时我刚刚工作,远离家乡,工作又极不顺利,内心时常孤苦无助,忧愁而烦躁。是《读者》陪我度过了无数个青灯孤影的夜晚,让我变得平和而坚强。如今,再次捧起《读者》,我有了更多的收获。在她的引领下,我对人生的看法日臻成熟,文学素养也大有长进,职业也由所从事的化学专业转为文字宣传。《读者》让我从事了自己所喜爱的职业,圆了我多年看似无望、但又不肯放弃的文学梦。

我们喜欢读《读者》的感觉。手捧散发着淡淡墨香的《读者》,被她那汇集着古今中外人类思想的甘露滋润着、启迪着,被她那蕴藏在普通人心底的爱与善温暖着、感动着。《读者》像润物细雨,拂面春风,为我们抚平愁绪,让我们身心愉悦。

《读者》给予我们的不仅是温馨、淡雅,更重要的是信仰、奉献、仁爱、感恩和宽容。

人生的旅途中,尽管荆棘丛生,但有了《读者》的引领,我们就充满了信心。

高考作文的趋向与《读者》主题趋同,并非偶然的。近年来,高考作文所承载的意义,越来越体现整个社会的文化取向和价值判断。而这恰恰暗合了《读者》

多元的文化追求。《读者》始终保持与时代同步，坚持"真、善、美"的阳光主题，以人性、人道、善良、美好为标尺，以强烈的人文关怀为主调，这种追求，与高考作文命题的价值取向几乎完全一致。

事实上高考作文与《读者》不谋而合，也与《读者》除了陶冶性情、开阔视野之外，还有助于提高写作水平有关。在校园中依然风行的《读者》，就发生过很多与之有关的故事，即每年高考状元在接受访谈的时候，常常不约而同地提到《读者》，提到《读者》对提高写作水平的帮助。在一些学校，有的语文老师为了培养学生的课外阅读习惯，经常在班上朗读《读者》的文章，还有的专门开设了《读者》阅读课，并要求学生抄写甚至背诵杂志中的精彩词句、材料，以便运用到写作之中。看来老师们的提倡和要求并不是随意而为的。

《读者》注意到杂志对青少年成长的影响，2003年将宣传主题确定为"《读者》愿做每位学子进步的阶梯""伴着《读者》长大的孩子不会变坏"，在选文和营销时更注意青少年的诉求。2004年则提出"《读者》，中国人的心灵读本"的口号。2005年的宣传主题则是"《读者》成为高考作文的风向标"。

2009年，杂志社成功编辑出版了《读者》"高考语文素材"增刊。2010年，经过重新编辑和修订，再次出版。尽管有多家同类产品跟进竞争，但《读者》的"高考语文素材"增刊仍在短期内发行72万册，得到了市场的广泛认可。2011年经过重新编辑和修订，再次出版，短期内发行86万册，《读者》的高考作文得到了大家广泛认可。

2012年，《读者》创办面向中学生的《读者》（校园版）。《读者》（校园版）依托《读者》又不同于《读者》。在创刊初期，校园版每期除了吸纳当期《读者》中的精品文章外，还增加了学生写作，增补了大量贴近校园的图文内容，以80页全彩的形式呈现出来。现在，校园版基本形成了自己的风格，有了全新的栏目，内容更有针对性，设计清新活泼。

第二节

守望道德家园

　　德国著名哲学家康德说过一句话：人最敬畏的还是天上的星空和内心崇高的道德准则。但丁也曾言：道德常常能填补智慧的缺陷，而智慧永远填补不了道德的缺陷。当一个人的内心出现矛盾的时候，什么可以让他平静？在《读者》看来，正是以教育和文化的形式保存下来与道德有关的各种文章，依然是这些看起来保守的东西，在拯救和平衡着人们的内心，缺乏道德感，最终伤害的也还是自己。从更大的层面来看，人无德不立，国无德不兴。道德对整个社会、民族和国家都具有重要作用。

　　真善美是人类社会中一切价值中最高最终的指向，永远存在于人类社会之中，也是人们追求的理想。在道德领域，真即真实真诚，善即善念善行，美即思想美、语言美、行为美，真善美是社会主义核心价值体系的重要支撑，也是整个社会共同的道德追求。在当前市场经济激烈竞争和功利主义兴起的情况下，人们认识到，为全社会成员提供一种时代化的行为准则和价值取向刻不容缓，传统道德的真善美必须得到现代价值观的认同。为此，《读者》刊发了大量关于道德的文章，以"道德"为关键词进行搜索,杂志中出现该词的文章共有1257篇。总体来看,《读者》的道德传播具有两个清晰的线索:一是对道德的理性分析,对道德沦丧现象的批判和反思;二是宣扬生活和社会中的道德模范,通过先进事迹和高尚品德,引导读者追求先进、崇尚先进、学习先进。

一、道德失范和理性反思

一位学者在某大学作报告。他向学生提了这样一个问题:"现代社会最缺什么?"台下几乎异口同声:"缺德!"零点公司对10个大城市的问卷调查中得出,缺乏道德意识中,首推缺乏礼貌,其次是诚实和社会责任。[①]改革开放三十多年来,东西文化交融,社会价值观念剧烈碰撞,一度让人们产生了道德迷茫。《读者》关注到不容忽视的道德沦丧现象,并进行深刻反思。

(一)不容忽视的日常"小节"

一个高素质、有教养的现代文明人,必须有良好的文明礼仪。然而,社会公共道德缺乏,不道德不文明现象随处可见。比如随口脏话、乱扔垃圾、随地吐痰、强行插队、"中国式过马路"、铺张浪费等等。《读者》刊发了《公交车上看公德》[②]《走出国门,你的举止文明吗》[③]《席卷全球的"俭约"风暴》[④]等文章对人们漠然甚至无视的不文明的行为进行批评。

除了日常"小节",每次大型活动都将国人的文明素质暴露在镁光灯前。2010年上海世博会期间,为了方便老人和残疾人,有些场馆开辟了绿色通道。这种充满人性关怀的举措马上被"聪明"的国人所利用,一些游客假扮残疾人,滥用绿色通道。"假残障"新闻爆出后,一些游客非但不以为耻,反而当做攻略、秘籍

---

①郑爱琴:《尴尬的中国人》,《读者》2001年第22期
②张结海,《读者》2007年第16期
③张成、李雅民,《读者》2007年第19期
④紫檀,《读者》2010年第4期

效仿。据香港媒体报道:"日前有几名年轻男女自备轮椅登上了赴沪的火车。而乘警表示,自世博会开幕以来,经常有健康的乘客扛着轮椅上车,大多是来游世博园的。"①真是令人感慨万千。有媒体直接呼吁国民素质才是世博园里宝贵的展品。

"假残障"暴露的民族劣根性与国外的文明现象对比强烈。20世纪90年代,一个中国人在前门饭店目睹了一件令他终生难忘的事。当时前门饭店大堂的卫生间很小,男厕那里只有3个小便池。与他同时进饭店的还有一队浩浩荡荡的日本旅游大军,大概旅途不便,二十几号男游客都内急。等他也走进卫生间,看见里面的两个小便池前早已排起了长龙,可是另一处小便池前却空无一人。他断定这是个坏池子,便排在了日本人长龙的尾部。万万没料到,所有日本人见状都微笑地对着他将手指向那个"坏池子"。这位中国人犹豫片刻,猛然醒悟过来,长久地被这一幕所震撼。可惜的是此后十几年来,他常常以此事为谜,请人猜猜看,那个池子怎么了? 但总是无人猜中②。这个故事至少引起读者这样的反思:文明程度的高低体现在具体的行为上,反映出民族的基本道德素养。

所谓劣根性,即人与生俱来的不良品质和心理需要。道德是控制和限制劣根性过度发挥的重要保证。中华民族具有勤俭、勇敢、孝顺等传统美德,这是好的一面,但也有坏的一面,台湾著名作家柏杨先生在《丑陋的中国人》中,以"恨铁不成钢"的态度,强烈批判中国人的"脏、乱、吵""窝里斗""不能团结""死不认错"等,指出中国传统文化有一种疾病使子子孙孙受到感染,到今天也不能痊愈。《读者》在20世纪80年代就进行这方面的关注,并且刊登了《丑陋的中国人》③的节选。

但总体来看,早期的道德文章具有一定的说教味,如《富兰克林的十三条道德准则》④《关于道德教育的几点要求》⑤《现代人的道德困境和出路》⑥。随着我国

---

① 邓之湄、顾佳赟:《令人汗颜的绿色通道》,《读者》2010年第17期
② 顾土:《文明的层次》,《读者》2006年第14期
③ 柏杨,《读者》1986年第11期
④ 《读者》1982年第1期
⑤ 苏霍姆林斯基,《读者》1983年第6期
⑥ 王润生,《读者》1987年第2期

的改革开放,以拜金主义、享乐主义、"以我为中心"的自私功利的道德滑坡现象成为一个普遍性的社会问题。《读者》又刊发了《做官的道德》①《积极和消极的道德——给亲爱的安德烈》②《圆明园的道德故事》③《不做"不可以"的事》④《穿戴假名牌的道德成本》⑤等文章。

一个合格的人一定是崇尚道德的、信守良知的、勇担责任的,这也许是所有人都明白的道理,可是一旦实施起来,有人就背离基本的文明素养,忘记良知,并且"心安理得"做为人唾弃之事。在梁晓声看来,"文明一定不是要刻意做给别人看的一件事情,它应该首先成为使自己愉快并且自然而然的一件事情"⑥。作者王文则认为,文明是打小炼成的,"理性的文明,渗透在血液里,弥漫在意识与潜意识间,从从容容,轻轻易易,就好像有人随意吐痰乱扔垃圾那么自自然然"⑦。

(二)不可突破的良知底线

儒家认为,人类先天具有道德意识。《孟子·尽心上》:"人之所不学而能者,其良能也;所不虑而知者,其良知也。"明代王守仁在《传习录》卷中说:"若鄙人所谓致知格物者,致吾心之良知于事事物物也。吾心之良知,即所谓天理也。致吾心良知之天理于事事物物,则事事物物皆得其理矣。"

2011年10月13日,2岁的小悦悦(本名王悦)在佛山南海黄岐广佛五金城相继被两车碾压,7分钟内,18名路人路过但都视而不见,漠然而去,最后一名拾荒阿姨陈贤妹上前施以援手,引发网友广泛热议。2011年10月21日,小悦悦经医院全力抢救无效不幸离世。小悦悦事件发生后,社会对良知的追问达到一个高潮。《读者》刊发了《良心还会沉睡多久》⑧。但这样的事件并非孤例。

---

① 卢敦基,《读者》2002年第15期
② 龙应台,《读者》2005年第9期
③ 梁文道,《读者》2009年第10期
④ 攀克守,《读者》2009年第13期
⑤ 雷·赫伯特,《读者》2011年第12期
⑥ 梁晓声:《文明的尺度》,《读者》2007年第20期
⑦ 王文:《文明是打小炼成的》,《读者》2007年第6期
⑧ 老愚等,《读者》2012年第2期

南京彭宇案发生之后，全国媒体进行了大讨论。事后，有人形容这一引起极大争议并轰动全国的民事诉讼案，让国人的道德观倒退了三十年。从后来披露的真实资料来看，当年媒体和社会公众对跌倒者的质疑有失偏颇，但后来各地频发的老人摔倒而无援助事件不断地刺痛着大众麻木的神经。人们在失望之后，开始抛弃冷漠和情绪式质疑，认真地审视事件背后隐藏的深层次问题。《读者》刊发了《扶还是不扶，这是个问题》①等文章进行讨论。在《读者》看来，反思比悲痛和谴责更为紧迫。

后来，随着一系列社会性道德滑坡事情的出现，《读者》更多的是从对文化环境、经济环境和社会制度等角度对社会诚信缺失、冷漠等问题进行深层次的分析和批判。如食品安全是涉及全国人民的大事情，与每个人的生活都休戚相关。毒牛奶、地沟油、瘦肉精等各种各样的食品安全问题层出不穷，不断挑战大众脆弱的神经。食品安全既是法律问题，也是人性和道德问题。与法律不同，道德依据社会舆论、传统文化和生活习惯来判断一个人的品质，主要依靠人们自觉的内心观念来维持。《读者》刊发了《中国人吃得安全吗》②《请让我来相信你》③《馒头引发的思考》④等对人性和相关制度进行反思。

针对社会担当缺乏，《读者》刊发了《为什么无忌得只剩下了童言》⑤。上海市民张军遭遇了"钓鱼执法"，工作人员以胃痛为由上车，最后认定其为"非法营运"。此事件引起了社会的广泛关注和思考。有的私家车甚至贴上最新车贴"本车拒绝一切搭载求助。临盆产妇、车祸、中风、触电、溺水，都不关我事。尤其是胃疼的！"《别做尴尬的超人》⑥引用了韩寒的话进行质疑："逼良为娼已经不算什么了，因为你一逼，人家好歹也为娼了，但是诬良为娼真的很少见，何况还是利用私家车主的公德心。"

---

①田文璐，《读者》2011年第24期
②李波，《读者》2004年第16期
③赵菲菲，《读者》2011年第9期
④张银海，《读者》2011年第19期
⑤李振忠，《读者》2008年第8期
⑥陈锐，《读者》2010年第2期

"天行有道,人间有正气;不可欺天,当养浩然之气。"《读者》对欺骗、虚伪、贪婪、背叛、见死不救、以权谋私等缺乏良知的行为的批判是不遗余力的。《守住人类最后屏障——底线伦理》①中指出,底线伦理即每一个社会成员自觉遵守最低限度的道德规范。如果有公民追求道德的崇高和圣洁,那他必须从基本的义务走向崇高,从履行自己的本分走向圣洁,这就是义务。雨果说,做一个圣人,那是特殊情形;做一个正直的人,那是为人的常轨。因此,在市场经济下,亟须重申"不杀人、不说谎、不欺诈、不奸淫、不偷盗"。叶延滨的《九不可为》②包括钱不可贪、文不可抄、师不可骂、友不可卖、官不可讨、上不可媚、下不可慢、风不可追、天不可欺。与前文形成了某种呼应。

道德是以善恶为标准,调节人们之间和个人与社会之间关系的行为规范。道德总是扬善抑恶的。所以,读者来信说,这是"一本能让我守住道德底线的杂志,让我在浮躁的城市里听到自己心灵的呼吸"③。

🐝 本书所选的20篇代表性文章之十二

相貌和心灵④

周国平

世上很少有人完全不在乎自己的相貌。

一般来说,年轻人比年长者更在乎。年轻人入世尚浅,不免看重人际关系较浅的层面,留意别人对自己的表面印象,所以在容貌上也比较敏感。与关心名声相比,关心容貌更是一种虚荣,因为与名声相比,容貌离一个人的真实

---

①李彦春,《读者》2001年第2期

②《读者》2001年第7期

③《读者》2004年第3期"编读往来"栏目

④《读者》2003年第22期

价值更远。

现代整容术已经能够把一张脸变成另一张脸，但在新脸皮下面的仍是那个旧人。如果不通过镜子，人是看不见自己的容貌的，常常也是想不起自己的容貌的，而这并不妨碍他做一切事情。镜子代表着别人的眼光，人一照镜子，就是在用别人的眼光审视自己了，因此，其实他所关心的是别人对自己的观感。虚荣是难免的，怎奈人生易老，容颜难久，这是谁也逃脱不掉的规律。好在绝大多数人都会随着年龄增长而逐步调整自己的心理，克服在相貌方面的虚荣心。事实上，在不同的年龄段，相貌的内容在发生着变化，人们对相貌的感觉和评价也在随之改变。

譬如说，天下的娃娃都一样可爱，那是一种近似小动物的美，稚气的表情、娇嫩的皮肤、憨态可掬的动作。少男少女的美洋溢着相同的青春朝气，但我们已能发现，其中有些人因为正在形成的优秀个性而显得更具魅力。对于一个成年人的外貌，我们一般不会对其五官的构造、皮肤的质地给予高度评价，而是更加看重其所显现的精神内涵。叔本华说："人的外表是表现内心的图画，相貌表达并揭示了人的整个性格特征。"

在漫长的时间中，一个人的惯常的心灵状态和行为方式总是伴随着他自己意识不到的表情，这些表情经过无数次的重复，便会铭刻在他的脸上，甚至留下特殊的皱纹。更加难以掩饰的是眼神，一个内心空虚的人绝对装不出睿智的目光。我们大约都遇见过那样的人，他们的粗俗一望而知，仿佛就写在他们的脸上。同样，当我们面对爱因斯坦的肖像时，即使没有读过他的著作，我们从他的宽容、幽默、略带忧伤的神情就能判断他是一位智者。有趣的是，中国的圣人孔子和西方的圣人苏格拉底都是相貌极其古怪的人，但是，历史并未留下人们认为他们丑陋的记载。

你会发现，一个人相貌中真正有吸引力的是那些显现了智慧、德行、教养、个性等心灵品质的因素。因此，明智的人选择顺应大自然的安排，在不同的季节收获不同的果实。

二、坚守传统道德

作家莫小米曾给《读者》来信,她说:

> 常见记者对政界要员的采访,许多许多的阔谈宏论听过就忘了,唯
剩一句。
> 被采访的是位女官员。记者问:你希望你的国家明天会是什么样?
> 女官员答:我愿它成为人与人更加融合、更加互信的地方。
> ——这也就是《读者》在不露声色地努力接近着的目标吧。
> ——这亦是许多人喜欢《读者》的原因吧。

在道德传播上,《读者》不露声色地"接近目标",在于通过一个个英雄和凡
人在某一刻的道德之美和人性光辉来树立坚实的道德坐标。

(一) 诚信是每个人都有的财富

松下幸之助曾说,信用既是无形的力量,也是无形的财富。在当前中国,诚信
道德问题已成为制约中国市场经济和社会发展的一个"瓶颈"。然而,面对利益
的诱惑,很多人并不能秉持严格的道德自律。近年来相继发生"苏丹红""毒奶
粉""瘦肉精""地沟油""彩色馒头"等事件,素有"礼仪之邦"之称的中国,遭
遇诚信危机。社会比任何时候都更迫切地需要诚信。

诚信是社会交往的基本道德规范,也是安身立命之根本。孔子说:"人而无信,
不知其可也。"曾子也提出:"为人谋而不忠乎? 与朋友交而不信乎?"《读者》
对诚信的呼吁和赞美是不遗余力的。

一方面通过对诚信进行讨论,呼吁诚信;另一方面,通过大量的关于诚信的
故事展示诚信的力量。这些诚信的故事有的来自成功的名人,但大多都是普通人。

《诚信可以如此朴素》①的主人公陈美丽被网友称为"中国最美丽的村妇"。她在丈夫突然不幸离世后,在自己破败的门边,贴出了告示,替夫还债。她丈夫欠的债务总额达5万多元。其中一半的债,陈美丽从未听说过,而债主本人也无凭据,但她都一一偿还,因为她坚信:"人家不会在这种时候来糊弄我。"

一位名叫陈巧生的上海读者,看了这篇文章后,特地让《读者》杂志社转交捐款200元,而这是西藏佛教代表团在沪为他的孩子捐助的900元中的一部分。陈巧生的儿子在16岁时因奋力救助一位少年而被歹徒持凶器恶性伤害,致心脏、肺、肾脏等被刺穿,留下了严重的后遗症。看到这篇文章的时候,他的儿子已经通过努力考入上海大学,但生活仍然不能自理。医院的专家诊断认为,只要护理好,费用跟上,孩子可以达到部分生活自理。心肺功能的恢复是个缓慢的过程,这使他们看到了一丝希望。然而他们得到的赔偿款仅1.9万元,这对于一个月收入不足2000元的家庭来说,孩子所需要的高额医疗费和营养费是他们无力承受的。陈巧生最后在来信中说:"为她的诚信所感动,所以麻烦你们向她转交我的捐款200元……我非常珍惜这笔捐款,希望捐给最质朴最伟大的陈美丽,向她致以我最真挚的敬意。"②

🐝 本书所选的20篇代表性文章之十三

把信带给加西亚③

[美]艾尔伯特·哈伯特

在一切有关古巴的事物中,有一个人最让我忘不了。当美西战争爆发后,

---

①王波,《读者》2007年第22期
②《读者》2007年第24期"编读往来"栏目
③《读者》1998年第1期

美国必须立即跟西班牙的反抗军首领加西亚取得联系。加西亚在古巴丛林的山里——没有人知道确切的地点,所以无法带信给他。美国总统必须尽快地获得他的合作。

怎么办呢?

有人对总统说:"有一个名叫罗文的人,有办法找到加西亚,也只有他才找得到。"

他们把罗文找来,交给他一封写给加西亚的信。关于那个名叫罗文的人,如何拿了信,把它装进一个油纸袋里,封好,吊在胸口,3个星期之后,徒步走过一个危机四伏的国家,把那封信交给加西亚——这些细节都不是我想说明的。我要强调的重点是:美国总统把一封写给加西亚的信交给罗文;而罗文接过信之后,并没有问:"他在什么地方?"

像他这种人,我们应该为他塑造不朽的雕像,放在每一所大学里。年轻人所需要的不只是学习书本上的知识,也不只是聆听他人种种的指导,而是要加强一种敬业精神,对上级的托付,立即采取行动,全心全意去完成任务——"把信带给加西亚"。

加西亚将军已不在人间,但现在还有其他的加西亚。凡是需要众多人手的企业经营者,有时候都会因一般人无法或不愿专心去做一件事而大吃一惊。懒懒散散、漠不关心、马马虎虎的做事态度,似乎已经变成常态;除非苦口婆心、威逼利诱地叫属下帮忙,或者,除非奇迹出现,上帝派一名助手给他,没有人能把事情办成。

不信的话我们来做个试验:你此刻坐在办公室里——周围有6名职员。把其中一名叫来,对他说:"请帮我查一查百科全书,把某某的生平做成一篇摘录。"

那个职员会静静地说:"好的,先生。"然后就去执行吗?

我敢说他绝不会,反而会满脸狐疑地提出一个或数个问题:

他是谁呀?

他过世了吗?

哪套百科全书?

百科全书放在哪儿?

这是我的工作吗?

为什么不叫查理去做呢?

急不急?

你为什么要查他?

我敢以十比一的赌注跟你打赌,在你回答了他所提出的问题,解释了怎么样去查那个资料,以及你为什么要查的理由之后,那个职员会走开,去找另外一个职员帮助他查某某的资料,然后,会再回来对你说,根本查不到这个人。真的,如果你是聪明人,你就不会对你的"助理"解释,某某编在什么类,而不是什么类,你会满面笑容地说:"算啦。"然后自己去查。这种被动的行为,这种道德的愚行,这种心灵的脆弱,这种姑息的作风,有可能把这个社会带到三个和尚没水喝的危险境界。如果人们都不能为了自己而自动自发,你又怎能期待他们为别人采取行动呢?

你登广告征求一名速记员,应征者中,十之八九不会拼也不会写,他们甚至不认为这些是必要条件。这种人能把信带给加西亚吗?

在一家大公司里,总经理对我说:"你看那职员。"

"我看到了,他怎样?"

"他是个不错的会计,不过如果我派他到城里去办个小差事,他可能把任务完成,但也可能就在途中走进一家酒吧,而当他到了闹市区,可能根本忘了他的差事。"

这种人你能派他送信给加西亚吗?

近来我们听到了许多人,为"那些为了廉价工资工作而又无出头之日的工人"以及"那些为求温饱而工作的无家可归人士"表示同情,同时把那些雇主骂得体无完肤。

但从没有人提到,有些老板一直到年老,都无法使有些不求上进的懒虫做点正经的工作,也没有人提到,有些老板长久而耐心地想感动那些当他一转身就投机取巧的员工。在每个商店和工厂,都有一个持续的整顿过程。公司负责人经常送走那些显然无法对公司有所贡献的员工,同时也吸引新的进来。不论业务怎么忙碌,这种整顿一直在进行着。只有当公司不景气,就业机会不多,整顿才会出现较佳的成绩——那些不能胜任,没有才能的人,都被摈弃在就业的大门之外,只有最能干的人,才会被留下来。为了自己的利益,使得每个老板只保留那些最佳的职员——那些能把信带给加西亚的人。

我认识一个极为聪明的人,他没有自己创业的能力,而对别人来说也没有一丝一毫的价值,因为他老是疯狂地怀疑他的雇主在压榨他,或存心压迫他。他无法下命令,也不敢接受命令。如果你要他带封信给加西亚,他极可能回答:"你自己去吧。"

当然,我知道像这种道德不健全的人,并不会比一个四肢不健全的人更值得同情;但是,我们也应该同情那些努力去经营一个大企业的人,他们不会因为下班的铃声而放下工作。他们因为努力去使那些漠不关心、偷懒被动、没有良心的员工不太离谱而日增白发。如果没有这份努力和心血,那些员工将挨饿和无家可归。

我是否说得太严重了? 不过,当整个世界变成贫民窟,我要为成功者说几句同情的话——在成功机会极小之下,他们导引别人的力量,终于获得了成功;但他从成功中所得到的是一片空虚,除了食物外,就是一片空无。我曾为了三餐而替人工作,也曾当过老板,我知道这两方面的种种甘苦。贫穷是不好的,贫苦是不值得推介的,但并非所有的老板都是贪婪者、专横者,就像并非所有的人都是善良者。

我钦佩的是那些不论老板是否在办公室都会努力工作的人,我也敬佩那些能够把信交给加西亚的人。静静地把信拿去,不会提出任何愚笨问题,也不会随手把信丢进水沟里,而是不顾一切地把信送到。这种人永远不会被解雇,也永远不必为了要求加薪而罢工。文明,就是为了焦心地寻找这种人才的一段长远过程。这种人不论要求任何事物都会获得。他在每个城市、村庄、乡镇,以及每个办公室、商店、工厂,都会受到欢迎。世界上极需这种人才,这种能够把信带给加西亚的人。

(二)仁者爱人

仁爱是儒家思想的核心,也是中国人对道德的基本要求之一。儒家的仁爱思想体现为三个方面,一是亲者之仁爱,二是社会之仁爱,三是对天地万物之仁爱。孔子的仁爱思想是有层次和等差性的,先有"亲亲之爱",然后才推己及人,体现对他人之爱,如"仁者人也,亲亲为大","老吾老以及人之老,幼吾幼以及人之幼"等。《读者》中的仁爱则是平等的,如同西方的博爱思想。在人际关系上,《读者》的仁爱表现为亲者之仁爱和同事、朋友之仁爱。这要求人们能够重视夫妻之间、父母与子女之间、兄弟姐妹之间的亲情之爱。

仁爱的最彻底的体现是以德报怨。《让恨像花儿一样》[①]讲述了一个善良的小姑娘以德报怨的事情:

她曾有一双灵巧的手,会画画,会弹钢琴,人人都说她是个小天使。但是,恶毒的继母折磨她,乃至最后砍掉了她的右手。她的继母虽然入狱,但她的生活因此彻底改变了。有些戏剧化的是,她的花心的父亲又离婚再娶了,那个恶毒女人和父亲所生的小男孩,也和当初的她一样遭遇

①汤红霞,《读者》2007年第14期

了一个恶毒的继母。小男孩受尽折磨。但令人不解的是,小姑娘竟然经常去看望小男孩,送吃的,给零用钱给他。母亲拦都拦不住。

　　时光飞逝。残疾的她经过努力,考上了大学,学费无着落,媒体让她的事迹广为人知,社会纷纷捐款。她却将捐款的一半分给了小男孩。媒体一片哗然。记者采访她为什么要这么做时,她说,她出事那年小男孩才一岁多,一切都不关他的事,他是无辜的。她还说,以后自己辛苦一点没关系,但他8岁了,应该上学了。她最后的一句话更是掷地有声,她说如果她大学毕业后,那个恶毒的女人还没出狱,她将会全力供小男孩上学。她的事迹使牢狱中的女人愧疚忏悔,也使千千万万的电视观众感动和反思。她的深明大义,让读者在这个残酷的故事里突然间峰回路转地看到了人性的光辉与美好。

　　爱是人类幸福之所在。儒家的仁爱有利于我们道德的提升与良好关系的建立。钱穆在《如何安放我们的心》①中说,心的安放,向神、向物都不能得到一个很好的安放,孔子教人把心安放在人心里。即“走向别人的心里找安顿,找归宿。父的心,走向子的心里成为慈;子的心,走向父的心里成为孝;朋友的心,走向朋友的心里成为忠与恕。心走向心,便是孔子之所谓仁。心走向神,走向物,总感觉是羁旅他乡。心走向心,才始感到是它自己的同类,是它自己的相知,因此是它自己的乐土”。“父的心走向子的心,他将不仅关切自己的身,并会关切到子之身。子的心走向父的心,他将不仅关切自己的身,并也会关切到父之身。如是则身心还是和合,还是相亲近,相照顾。并不要摆弃身生活来蕲求心生活之自由与独立,心生活只在身生活中觅得它自由与独立之新园地。这是孔子教训之独特处,也是中国文化之独特处。”

　　每个人都不是完美的,对同样一件事,都有不同的看法。因此有人说,做人要对得起自己,要问心无愧,做事要对得起社会道德。但不管是个人也好,社会也好,

---

真诚的价值观永远值得尊重。十年浩劫中,巴金为求自保,站出来指证了胡风,使其从此翻不过身来。后来,巴金非常自责,忏悔了几十年,最后用自己的死换来了灵魂上的解脱。在巨著《随想录》里,他痛苦回忆,深刻反思,重新开始青年时代的追求:

> 我们这一代人的毛病就是空话说得太多。写作了几十年,我应当向宽容的读者请罪。我怀着感激的心向你们告别,同时献上我这五本小书,我称它们为"真话的书"。我这一生不知说过多少假话,但是我希望在这里你们会看到我的真诚的心。这是最后的一次了。①

从这篇深切忏悔的文章中,我们可以从巴金身上看到中国知识分子的真诚、正直和善良,这些传统的道德正是推动社会进步的重要力量。

（三）孝顺是最基本的标尺

《读者》曾刊登过这样的一篇文章:

> 一个年仅12岁的小学六年级女孩李根和她的父亲相依为命。父亲既聋又哑,且患肺结核卧床多年,家里债台高筑。曾是全家唯一支柱的李根的母亲,终因不堪家庭重负突然离家出走下落不明。维持全家生存的希望就落在了李根这个很懂事却肩膀尚稚嫩的女孩身上。为了挑起给父亲治病和供自己上学的重担,小李根每天放学后赶到菜市场捡面渣和剩菜叶,然后回家做饭;她还要跑遍上学路上的垃圾堆拾来废品换钱为父亲买药。晚上,劳累一天的小李根却不能好好休息,因为又聋又哑的父亲随时需要服药和上厕所,懂事的李根就用一根绳子一头系在自己的脚上,另一头系在父亲的床头。深夜里,父亲靠着拽动这根"孝女绳"向女

---

① 巴金:《〈无题集〉后记》,《读者》1987年第1期

儿发出求助的信号……①

这篇纪实文章刊发后，引起了读者们的广泛关注，大家纷纷捐款。李根的父亲李太允特意写来一封信②：

> 你们为李根捧出了滚烫的爱心；我为你们的人格、品行，而感到心灵的震颤！此刻，在给你们写这封信时，我不想说我们父女的心灵有多沉重，这支笔有多沉重，千言万语，万语千言……请允许我把它汇成一句话：祝好人一生平安！

故事远未结束。另一篇读者来信③记录了背后又一个令人感动的故事：

> 南京炮兵学院的一次读书活动中，此文被学员刘圣国选中，在朗读时，大家被深深感染了。在激烈的议论声中，传出一个相同的呼喊："伸出我们的手，扶助小李根。"随后的半个小时内，学员们纷纷从自己几十元钱的月津贴中拿出1元、2元、5元。很快，一张填写着280元的汇款单，载着40位军校学员的关注和期盼，从南京发往了长春。
>
> 半个月之后，学员们收到了小李根的回信。此时，已到暑假了，开学之后，小李根会不会更加困难？想到这个事情，学员们慷慨解囊，捐出了384元钱。并委派家住长春的学员孙剑代表全体学员，利用暑假探家之便专程去看望李根。
>
> 孙剑拿着地址找到了李根的家。家中仅有几件木家具、墙面破损不堪、室内黑暗潮湿，可小李根和她的父亲都不在家。经打听后，才知道小李根的命运同样牵扯了全社会众多热心人的关注。今年暑假上海的一家

---

①陈伟克、栖云：《孝女绳》，《读者》1998年第4期
②《读者》1998年第7期 "编读往来" 栏目
③项优华、潘龙宪：《40个对1个的承诺》，《读者》1999年第3期

医院决定免费为李根的父亲治病,以帮助李根一家摆脱贫困的煎熬。此刻的小李根,正陪着父亲在上海接受治疗。虽然未完成使命,但孙剑异常欣喜,他将随身捎带的集体捐款和一封写满鼓励话语的书信留在了李根家中,带走的是一个令同学都为之兴奋的好消息。

时光飞逝,日子转眼到了1998年的岁末。12月18日,军校的学员们终于盼来了小李根的再次来信。大家迫切地读完信后,不料都沉默了。小李根在信中说,她父亲的病经医院久治后仍然不愈,出院回家后,父亲的病情进一步加重恶化,恐怕已到了晚期……命运再次将小李根推上了人生的独木桥。虽然她的父亲是个不会说不会听的残疾人,可一旦失去他,小李根的身边就再也没有亲人了。想到这儿,学员们再一次毫不犹豫地将手摸向自己的口袋。不一会儿,又一笔二百多元的捐款摊在了小李根的信笺上。更令人感动的是,在这之前的几天有20位学员参加了义务献血,其中好几位学员将刚刚买好的营养品重又送回商店,才筹齐现款捐献了出来……接着,40位军校学员聚集一起经过集体协商后,达成了一项承诺:只要小李根的父亲一天没有治愈,只要小李根一天不能安心上学听课,那么大家对小李根的救助就一天也不终止。将来毕业分配到了部队,也要共同承担孩子读初中、高中乃至大学的所需费用。在给小李根的回信中,他们这样写道:"好妹妹,不要害怕,不要伤心,天大的困难,我们会与你一起承担……"

这就是40个对1个的承诺。时间虽然过去十多年,但此文及其背后的故事,至今让人感动。孝顺是能够感染和传递的,而不孝一定会招致批评和指责。作为中国的传统伦理,《论语·学而》说:"君子务本,本立而道生。孝悌也者,其为仁之本与!"可见孝的地位和作用。《读者》的孝文化传播具有自己的鲜明特点。

1. 强调孝是人之本和爱之本

《读者》孝文化传播的重要特点是融合中西方孝文化的本质,突出孝是人之本和爱之本。孝顺经过几千年的发展,已经形成了一个完备的孝道系统。但是,传统的孝顺也有很多需要扬弃。一是对父母的无原则服从,"二十四孝"就是极端的例子;二是过分注重形式,如厚殓重葬,守丧三年①。《读者》提倡孝文化,抛弃了过去比较极端的形式,而更吸取了精神和文化内涵。

西方文化中也重视孝。只是更多地体现为平等基础上的"爱"。在《读者》中,东西方文化的"孝"是统一的,即可归纳为孝是人之本,爱之本。从"别忘了把篮子拿回来"这个西方的孝道故事可见一斑。说的是一个男孩看见父亲把爷爷装进大篮子中准备扔到山谷里。因为爷爷年纪已经很大了,没有什么用处了。男孩看见父亲离开,说道:"行。不过你可别把篮子也一块扔掉,将来我还要拿它来装你哩。"父亲醒悟了,赶紧把老人带回家中,从此细心照料,供给老人一切所需。这个故事告诉读者,每个人都会老去,但所有的人都不应该忘记孝心就是美德。②

2. 提醒善事父母,及早行孝

《读者》孝文化传播的另外一个特点是提醒人们"善事父母",及早行孝。"树欲静而风不止,子欲养而亲不待。"很多人都认为来日方长,早年可远游,可奋斗,功成名就那一天便可从容尽孝。殊不知,"孝"是稍纵即逝的眷恋,"孝"是无法重现的幸福,"孝"是一失足成千古恨的往事,"孝"是生命与生命交接处的链条,人生短暂,时间残酷,一旦断裂,将永远无法连接,将永远无以言孝。③

那么,应该如何行孝呢?《我为父亲开车门》④讲述了儿子为父亲开一次车门而父亲便泪流满面的故事。相比父亲一辈子的操劳,父亲的心满意足足以令很多读者深感愧疚。而一份《孝道试卷》⑤却用另一种方式提醒读者,"给父母钱,为他们治病,帮他们干活"仅是孝道的一部分,真正的孝敬恰恰藏在生活的细微处。

---

① 狄若:《古人为何守丧三年》,《读者》(乡土人文版) 2004年第12期
② 埃德温:《孝心就是美德》,《读者》1984年第12期
③ 毕淑敏:《孝心无价》,《读者》1997年第8期
④ 黄方国,《读者》(乡土人文版) 2000年第6期
⑤ 文戈,《读者》2010年第5期

《给父母洗脚》[1]报道了一所高校布置了一项假期作业,就是让学生回家给父母洗脚。这在学生中引起了很大的反响,并在社会上引起了不小的关注。这篇文章提醒我们进行这样的思考:给父母洗脚是大学生人格教育的一部分,也是一个人孝心表达的重要体现。

古代检验孝道有着自己的标准。《论语·为政》载,子夏问孝,子曰:"色难。有事,弟子服其劳;有酒食,先生馔,曾是以为孝乎?"意思是:子夏问:"怎样是孝道?"孔子:"难在子女的容色上。若遇有事,出年幼的操劳,有了酒食先让年老的吃这就是孝了吗?"这就是"色难",意即(对父母)和颜悦色,是最难的。几千年过去了,孔子的哀叹依然存在。一项调查显示,100位老人见到后辈儿孙时,有91人表情愉悦,面带微笑;有5人显得很平静;有4人面带期待与希冀。而100位儿孙遇见长辈时,有46人板着面孔,显得冷淡,脸色难看;有41人面无表情,无动于衷;只有13人笑脸相迎,嘘寒问暖,情意融融。[2]有读者来信说,"羊知跪乳之恩,鸦有反哺之孝",对比自己言行,有时的确深感无地自容。

(四)坚持规则和正义[3]

规则与秩序在儒家看来,就是"礼"。礼是儒家重要的哲学范畴,儒家规范被称为"礼教",可见其影响之大。孔子提倡的礼为周礼,即上下有别,尊卑有序的等级观念和社会秩序。经过儒学思想家的阐释,礼具有丰富的内涵,但总体来看,可以理解为重秩序、守规则。《读者》中出现"规则"一词的文章共870篇,"秩序"共528篇。不守秩序、不遵守规则是中国人的弊病。《读者》刊发了大量的文章,予以分析和抨击。

1. 规则是一个人基本的修养

一个人遵守规则,会给人留下一个文明的好形象,反之,则被人认为是没有修

---

①南香红、董静,《读者》2004年第12期
②武宝生:《色难》,《读者》2008年第24期
③关于"规则"、"正义"的更多论述,请参见本书第五章第三节"关注公平正义和民主自由"部分

养的表现。《人为什么要遵守规则》①指出:"尊重和遵守规则是一种教养、一种风度、一种文化、一个现代人必需的品格。没有这样一种品格,你将无法在社会中生存。不遵守规则,你失掉的是信誉。这是比生命更重要的东西。"当前,不守规则的现象比比皆是,基本的社会道德规范要内化为每个公民自身的道德素质,是一个长期的过程。

2. 人们为什么不遵守规则

在现实生活中,人们常常不遵守规则。原因何在?《人为什么要遵守规则》认为,主要原因是不遵守规则不会受到惩罚而且能够带来利益。因而,在法规的制定上,应该使人诚信并自觉地遵守规则。"个人也罢,企业也罢,不遵守规则可得到的一时的利益和长远的损失相比,后者是巨大的,甚至是不可弥补的。"

《为什么不守秩序》②则从另一个角度分析了不守规则的原因:秩序的混乱是由于人们内心的恐慌——内心的恐慌是因为深入骨髓的基因——基因的形成取决于祖先的生存方式——要改变基因就要改变生存方式——在一定物质条件基础上,以自由、平等、科学、民主的思想启蒙民众,是改造旧基因,迎接民族新生的光明之路。

3. 规则是公正的支撑

规则是公正得以实现的重要基础。从规则的制定来看,要求制定规则时秉持公心,科学合理。从规则的执行来看,要敬畏规则,严格遵守规则。从规则的违背来看,要对违规者进行严格的惩戒。这同法制建设的"有法可依、有法必依、执法必严、违法必究"是同样的道理。

《孔子的批评》③记述了这样的一个故事:孔子有个学生碰到有一个鲁国人在那里做奴隶,就掏钱赎出了他。回国以后这个学生没有张扬,也没有到官府去报销

---

① 信春鹰,《读者》2004年第21期
② 大雪,《读者》2003年第14期
③ 西锋,《读者》2006年第15期

所垫付的赎金。那个被赎回的人把情况讲给众人,人们都称赞这个学生仗义,品行高尚。孔子知道后,不仅没有表扬这个学生,还对他进行了严厉的批评。在孔子看来:由于他没有到官府去报销赎金而被人们称赞为品格高尚,那其他的人在国外看到鲁国人沦为奴隶,就要对是否垫钱把他赎出来产生犹豫。因为垫钱把他赎出来再去官府报销领奖,人们就会说自己不仗义,不高尚;不去官府报销,自己的损失谁来补?

这是一个典型的道德和规则博弈的案例。联想起《物权法》出台时,把"对拾金不昧者给予经济补偿"写入该法曾引起社会广泛的讨论,我们在呼吁社会遵守传统道德的同时,是否也该多考虑用规则来约束不良行为或者激励良好的行为呢? 很显然,当凝聚更多理性的制度出台时,规则将成为我们头顶上的准绳,成为社会公平正义强有力的守望者。

第三节

坚守信仰和信念

　　每个人的内心总是充满对真善美的向往。生动的先进事迹和典型示范总能激起人们内心的情感,获得思想启迪,甚而改变言行。但是,在榜样传播中,容易符号化,与此不同,《读者》中的 "榜样" 是一个比较宽泛的概念,归纳起来,有两个选择维度:一是人性的,是有血有肉、有情感的个体或群体;二是积极的,真诚的,即他们身上肩负着某种理想、道德、正义和奉献,与现实社会主流道德的价值取向基本一致。因而,不管事业、名气和贡献的大小,只要他们的事例生动,能感染人、吸引人,在他们身上体现着人性的光辉,那么就可以成为榜样。

一、信仰力量和时代精神

　　2002年10月,中央电视台首次启动 "感动中国"①年度人物评选活动。这也是

---

①从央视有了"感动中国"栏目,笔者就成为"感动中国"的推选委员,至今已有十余年了。对我而言,每年一度"感动中国"人物的推选,是感受人性之光的过程,是感受道德力量的过程,是精神上受洗礼的过程。正是这些"感动中国"为代表的人物,支撑起中华民族坚实的脊梁,汇聚成中华民族伟大的灵魂

国内媒体第一次以"感动中国"为主题评选年度人物。每年的获奖人物身上都有一种让观众感到心灵震撼的精神力量。《感动中国》因此也被媒体誉为"中国人的年度精神史诗"。

迄今为止，"感动中国"年度人物评选已经举办了十一届，获奖人物超过百人。经过初步统计，其中的37位个人，《读者》及《读者》（原创版）、《读者》（乡土人文版）等系列刊物都报道过，文章超过51篇。

《读者》系列刊物中的"感动中国"年度人物

年度	人物	标题	期号	栏目
2002年	王选	记忆不是为了恨	2003.09	警世钟
	张瑞敏	《生在春天　感知冬天》	2003.05	经营之道
	郑培民	《挽狂澜(续)》	1998.12	社会之窗
	姚明	姚明的告密信	2011.21	人生之旅
		穿一双合脚的鞋上路	2004.23	补白
		我有太多太多的梦想	2008.08	青年一代
		永远的老大	2007.10	原创·天使在人间
2003年	巴金	永远的巴金	2004.07	人物
		生与梦——巴金写意	2001.03	人物
		巴金谈理想	1986.01	人生之旅
	高耀洁	人道主义者高耀洁（节选）	1999.03	人物
	成龙	没被改写的人生	2001.03	杂谈随感
2004年	袁隆平	科学与神话	1999.03	人物
		革命不能不吃饭	2001.03	杂谈随感
		袁隆平:科学着　农民着	2005.01	人物

续表

年 度	人 物	标 题	期号	栏目
2004年	徐本禹	大山深处的爱心接力	2005.06	人世间
		漂流·体验·感悟——大山深处的接力	2005.06	原创版·人在旅途
		"志愿"是一种生活——专访徐本禹	2006.06	原创版·专访
		来自狗吊岩的感动	2005.13	乡土人文版·乡约故事
	刘翔	"翔旋风":0.03秒的背后	2008.01	体育之窗
		谁的刘翔	2008.21	杂谈随感
	桂希恩	人间大医桂希恩	2005.06	人物
2005年	魏青刚	这位英雄	2010.02	人世间
	丛飞	"爱心大使"丛飞的赤子情怀	2005.22	人世间
		世上总是好人多	2005.22	杂谈随感
		2478号义工的四次流泪	2006.13	原创精品
	陈健	向诺言致敬	2004.19	杂谈随感
	邰丽华	圆梦的翅膀	2006.23	人世间
	青藏铁路建设	无怨的青春	2001.24	人世间
	洪战辉	震撼心灵的故事	2006.06	乡土人文版·乡约故事
		圆形的幸福	2006.03	原创版·无关风月
2006年	黄舸	感恩之旅	2010.04	人世间
	季羡林	"糊涂"季羡林	2009.19	名人轶事
		拿什么纪念大师	2009.21	杂谈随感
		未名湖畔三雅士	1997.02	人物
		追索敦煌文物的老人	2000.06	人物

年度	人物	标题	期号	栏目
2007年	钱学森	钱学森归国	1982.11	人物
		现在应该说了（上）——记中国的原子弹科学家	1995.04	知识窗
		钱学森与蒋英	2003.16	人物
		回望钱学森	2010.02	人物
		天才不需要转弯抹角	2010.07	青年一代
	谢延信	自然最好	2007.12	杂谈随感
	李剑英	生死抉择	2007.21	人世间
	陈晓兰	一个医生的良心	2008.12	杂谈随感
2009年	张正祥	沙漠里的水手	2011.14	原创精品
	陈玉蓉	这段温暖的路程谁能丈量	2010.10	人世间
	李灵	凡人小事	2010.08	人世间
2010年	钱伟长	走进物理学殿堂	1999.02	人物
		钱伟长，从七房桥走出来	2001.13	人物
	王万青	"草原曼巴"王万青	2011.02	原创版·人物
	孙水林孙东林	凡人列传	2010.12	原创精品
2011年	朱光亚	现在应该说了（上）——记中国的原子弹科学家	1995.04	知识窗
		现在应该说了（下）——记中国的原子弹科学家	1995.05	知识窗
	胡忠、谢晓君夫妇	雪山脚下的都市女教师	2008.05	人世间
		妈妈老师	2012.15	两代之间
	刘伟	至少我还有一双完美的腿	2011.04	青年一代
	阿里木	我是阿里木	2012.08	人世间

续表

年度	人物	标题	期号	栏目
2011年	张平宜	爱在川南	2011.12	人世间
	孟佩杰	妈妈的脊梁	2012.01	人世间
	白方礼们	白方礼	2006.01	杂谈随感
		感动,叩问我们的心灵	2006.04	人世间
2012年	高秉涵	葬我于故乡	2011.03	人世间
		1987:去台老兵归来	2012.06	历史一页

　　这些人物,有的是光彩夺目的明星,有的是默默无闻的平头百姓,有的是做出杰出贡献的科学家,有的是在某个领域很有代表性的公益人士。但他们具有共同的特点就是言行顶天立地,是最美中国人的代表。刘云山同志在学习罗阳的讲话中指出,全面建设小康社会,实现中华民族的伟大复兴,实现中国梦,需要千千万万的中国人为之奋斗。《读者》通过对"感动中国"人物的持续关注,宣传大爱、大奉献、大责任,体现了时代的大趋势。如白方礼老人从1987年开始,连续十多年靠自己蹬三轮的收入帮助贫困的孩子上学,2001年,年近90岁的他已无力再蹬三轮车,就在车站上给人看车,把一角、两角的零钱装在一个饭盒里,存够500元后又捐了出去。十多年的时间里,白方礼老人先后捐款35万元,资助了300多个大学生的学费与生活费。白方礼是一个平凡的老人,但他用言行树立了一座道德的丰碑。

　　《读者》也努力长时间、多角度关注某一个人。例如对著名科学家钱学森先生的报道,刊出时间的跨度最长达到了二十八年。有1982年的《钱学森归国》[①],1995年的《现在应该说了——记中国的原子弹科学家》[②],2003年的《钱学森与蒋英》[③],2010年的《回望钱学森》[④]《天才不需要转弯抹角》[⑤]等。栏目涉及"人

---

①徐百柯,《读者》1982年第11期

②虞昊、应兴国,《读者》1995年第4期

③王文华,《读者》2003年第16期

④卞毓方,《读者》2010年第2期

⑤卞毓方,《读者》2010年第7期

物""知识窗""青年一代"等,内容则涵盖爱国、科研成就、科研精神、爱情等多个主题。钱学森先生的形象因此显得更为现实和丰满。

需要指出的是,由于名额的限制,很多候选人最终没有获奖,但他们的事迹同样非常感人。他们总是爱岗敬业、坚韧不拔,有着自己的信念和追求。他们的大义与善举与每个人的职业、身份没有关系,但他们是时代精神的领跑者和代言人。对此,感动中国颁奖晚会主持人白岩松说:

> 他们很多人是在不经意间完成了一种伟大,用一日又一日的坚持构成了感动。①

❀ 本书所选的20篇代表性文章之十四

在怀疑的时代更需要信仰②

卢新宁

敬爱的老师和亲爱的同学们:

上午好!

谢谢你们叫我回家,让我有幸再次聆听老师的教诲,分享我亲爱的学弟学妹们的特殊喜悦。

就像那首歌唱的,"记忆中最美的春天,是我难以再回去的昨天"。如果把生活比作一段将理想"变现"的历程,我们只是一沓面额有限的现钞,而你们是即将上市的股票。如同从一张白纸起步书写,前程无远弗届,一切皆有

---

① 白岩松:《感动过后》,《读者》2007年第6期
② 《读者》2012年第16期

可能。面对你们，我甚至缺少抒发"过来人"心得的勇气。

但我先生力劝我来，我的朋友也劝我来，他们都是84级的中文系学长。今天，他们有的仍然是一介文人，清贫淡泊；有的已经主政一方，功成名就；有的发了财做了"富二代"的爹；也有的离了婚，生活并不如意。但在网上交流时，听说有今天这样一个机会，他们都无一例外地让我一定要来，代表他们，代表那一代人，向自己的学弟学妹说点什么。

是的，跟你们一样，我们曾在中文系就读，甚至读过同一门课程，青涩的背影都曾被燕园的阳光定格在五院青藤缠满的绿墙上。但那是上个世纪的事了，我们之间横亘着20多年的时光。那个时候我们称为理想的，今天或许你们笑称其为空想；那时的我们流行书生论政，今天的你们要面对诫勉谈话；那时的我们熟悉的热词是"民主""自由"，今天的你们记住的是"拼爹""躲猫猫""打酱油"；那时的我们喜欢在三角地游荡，而今天的你们习惯隐形于伟大的互联网。

我们那时的中国依然贫穷却豪情万丈，而今天这个世界第二大经济体，还在苦苦寻找迷失的幸福，无数和你们一样的青年喜欢用"囧"形容自己的处境。

20多年时光，中国到底走了多远？存放我们青春记忆的"三角地"早已荡然无存，见证你们少年心绪的"一塔湖图"正在创造新的历史。

你们这一代人，有着远比我们当年更优越的条件，更广博的见识，更成熟的内心，站在更高的起点上。

我想说的是，站在这样高的起点上，由北大中文系出发，你们不缺前辈大师的庇荫，更不少历史文化的熏染。《诗经》《楚辞》的世界，老庄、孔孟的思想，李白、杜甫的诗词，构成了你们生命中最为激荡的青春时光。我不需要提醒你们，未来将如何以具体琐碎消磨这份浪漫与绚烂；也不需要提醒你们，人生将以怎样的平庸世故消解你们的万丈雄心；更不需要提醒你们，走入社会要如何变得务实与现实——因为你们终将以一生浸淫其中。

我唯一害怕的,是你们已经不相信了——不相信规则能战胜潜规则,不相信学场有别于官场,不相信学术不等于权术,不相信风骨远胜于媚骨。你们或许不相信了,因为追求级别的越来越多,追求真理的越来越少;讲待遇的越来越多,讲理想的越来越少;大官越来越多,大师越来越少。因此,在你们走向社会之际,我想说的只是,请看护好你们曾经的激情和理想。在这个怀疑的时代,我们依然需要信仰。

也许有同学会笑话:大师姐写社论写多了吧,这么高的调子。可如果我告诉各位,这是我的那些中文系同学,那些不管今天处于怎样的职位,遭遇过怎样的人生的同学共同的想法,你们是否会稍微有些重视?是否会多想一下,为什么20多年过去,他们依然如此?

我知道,与我们那一代人相比,你们这一代人的社会化远在你们踏入社会之前就已经开始了,国家的盛世集中在你们的大学时代,但社会的问题也凸显在你们的青春岁月。你们有我们不曾拥有的机遇,但也有我们不曾经历的挑战。

文学理论无法识别毒奶粉的成分,古典文献挡不住地沟油的泛滥。当利益成为唯一的价值,很多人把信仰、理想、道德都当成交易的筹码,我很担心,"怀疑"会不会成为我们时代否定一切、解构一切的"粉碎机"?我们会不会因为心灰意冷而随波逐流,变成钱理群先生所言的"精致的利己主义者"——世故老到,善于表演,懂得配合?

而北大会不会像那个日本年轻人所说的,"有的是人才,却并不培养精英"?

我有一位清华毕业的同事,从大学开始,就自称是"北大的跟屁虫",对北大人甚是敬重。谈到"大清王朝北大荒"的江湖传言,他特认真地对我说:"这个社会更需要的,不是北大人的适应,而是北大人的坚守。"

这让我想起中文系建系百年时,陈平原先生的一席话。他提到西南联大时的老照片给自己的感动：一群衣衫褴褛的知识分子，气宇轩昂地屹立于天地间。这应当就是国人眼里北大人的形象。不管将来的你们身处何处，不管将来的你们从事什么职业，是否都能常常自问：

作为北大人，我们是否还存有那种浩然之气？那种精神的魅力，充实的人生，"天地之心、生民之命、往圣绝学"，是否还能在我们心中激起共鸣？

马克思曾慨叹，法兰西不缺少有智慧的人，但缺少有骨气的人。今天的中国，同样不缺少有智慧的人，但缺少有信仰的人。也正因此，中文系给我们的教育，才格外珍贵。从母校的教诲出发，20多年社会生活给我的最大启示是：当许多同龄人都陷于时代的车轮下，那些能幸免的人，不仅因为坚强，更因为信仰。不用害怕圆滑的人说你不够成熟，不用在意聪明的人说你不够明智，不要照原样接受别人推荐给你的生活，选择坚守，选择理想，选择倾听内心的呼唤，才能拥有最饱满的人生。

梁漱溟先生写过一本书《这个世界会好吗》。我很喜欢这个书名，它以朴素的设问提出了人生的大问题。这个世界会好吗？事在人为，未来中国的分量和质量，就在各位的手上。

最后，我想将一位学者的话送给亲爱的学弟学妹——无论中国怎样，请记得：你所站立的地方，就是你的中国；你怎么样，中国便怎么样；你是什么，中国便是什么；你有光明，中国便不再黑暗。

谢谢大家！

（此文为卢新宁在北大中文系2012年毕业典礼上的致辞）

二、学习各行各业的"明星"

2011年，《读者》三十年之际，皇明太阳能集团董事长黄鸣先生给杂志写来一封题为《影响我一生的杂志——我与〈读者〉三十年》①的信：

　　前段时间出差，在飞机上没法打电话，我就翻阅随身带的书籍或杂志。在我的旅行箱里有一本出差必备杂志，就是陪伴我多年的《读者》。我觉得我个人的成长受《读者》的影响非常大，《读者》里面的文章我想不起哪一篇对我影响最大，但长时间汲取其中的营养，对我产生了潜移默化的深度影响，形成我积极的人生态度和理性的思维。

　　我与《读者》结缘算来快三十年了。最早我是在大学苦学英语时看英文版的《读者文摘》，后来发现中文版也有《读者文摘》，并且内容更加丰富，里面的人文关怀和文化关怀完全是一些新鲜的理念，让我耳目一新。当时因为刚刚改革开放，人们的思想还非常保守，而《读者文摘》里的文章很多写的是我们生活中从来没有听到过的事情。如果说改革开放是打开了人们"解放思想、开放心灵"的窗户，那么《读者文摘》就是吹进人们封闭心灵的一缕清风。我想中国的《读者文摘》肯定受到了美国《读者文摘》的影响，但是它更适合中国人。

　　《读者》虽然是文摘类杂志，但我觉得它比原创的杂志更有价值。原创杂志毕竟不能像《读者》那样经几轮推荐（原创—读者推荐—编辑精选）而篇篇精彩。天下文章浩瀚如海，从众多的文章里挑出既有知识性又通俗易懂的文章，他们这种汇聚精华的提炼，能够给人启迪，开拓读者的眼界，引导着人们在知识的海洋中，寻找心灵深处的宝藏和富矿。一旦探索到好东西，就像发现了宝贝，自己享用了，还想去和别人分享。这种分享的指引和导航，更延伸为一种社会责任，影响着越来越多的人，使越来越多的人把《读者》列入必备的精神食粮。

　　大学毕业以后，我的生活和工作发生过很多变化，但《读者》一直伴随在我的身边。组建家庭后，我夫人时常会把我买回来看过的《读者》

①《读者》2011年第24期"互动"栏目

一本本收集，按顺序装订成册，便于以后再阅读。我的工作和生活都被它指引，尤其是创业。多少年来阅读《读者》积累的人文精神，使我们在建设企业文化、搭建具有人文精神的经营队伍上，包括企业的占位和发展要与社会和国家结合在一起的历史使命感上，绝对受益匪浅。不夸张地说，我看过的杂志和报纸，甚至国外的一些杂志对我的影响，都没有近三十年来《读者》对我的影响大。它精炼、浓缩，在这样一个知识爆炸的信息时代，在快餐文化盛行的高娱乐化时代，《读者》还几十年如一日地坚守着它的办刊理念，宠辱不惊地保持着它的高雅和隽永，像一朵洁白无瑕的玉兰，超凡脱俗地定期开在读者的心中。

作为《读者》的忠实"粉丝"，我认为，从办杂志的商业角度上讲，《读者》的发展不仅仅意味着文化出版业从国内做到了国外，而且从深层次滋养了人们的心灵。人文和公益双双成功，给我们商界做了一个很好的榜样，各大商学院应该以此为案例，提炼它成功的基因。为什么《读者》的文章那么隽永？为什么《读者》的运作那么成功？它揭示了一个真理：真正有价值的价值观早晚会被人们长久地认同，被认同的结果是企业能够长久地可持续发展，这也是我们做企业基业长青的真谛所在。我相信《读者》能够做百年老字号，我也相信《读者》是众多杂志中大浪淘沙后一颗闪耀的珍珠，我更坚信《读者》将是中华民族伟大复兴进程中的一块坚实的精神文化基石！

黄鸣先生是很有思想和社会责任的企业家。他创办的皇明太阳能公司是世界太阳能产业的领军企业。同他一样，许多成功人士都坦言《读者》对自己的影响。一本杂志能够影响这么多的人，继而通过他们影响社会，应该是创刊者所始料未及的。为什么杂志能够影响他们呢？分析原因，无外乎这本杂志提升了人的思想和精神境界，教会人们如何做选择和判断，如何坚定信念，胸有丘壑，如何做人做事。

而在开阔视野方面，《读者》中刊发了诸多成功人士和社会精英取得的成就和事迹。在人类历史的大舞台上，一代代精英给后人留下了丰富的物质财富和精神财富。他们的名字灿若星辰,他们的精神穿越时空,令人肃然起敬。但同时,他们也有普通人的爱恨情仇、喜怒哀乐、趣闻轶事……《读者》提供了古今中外著名人物的"大故事"和"小故事",让读者有机会站在巨人的肩膀上,树立目标,对照自我,获得某种启示。

（一）秉承探索精神的科学家

《读者》中出现名字的院士近百人。科学家邓稼先、钱学森、李政道、杨振宁、袁隆平、钱三强、李四光、陈省身、华罗庚都是《读者》的"常客"。邓小平讲,科学技术是第一生产力。这些优秀的科学家在艰苦的时代,走向了探索之路、报国之路,为中国的发展、人类的进步做出了重大的贡献。他们中有些人已经作古,有的人还健在,透过与他们有关的文章,可以发现他们的探索精神、简朴生活依然令人敬仰,与他们有关的故事依然鲜活。

（二）提供精神食粮的文学家

文学家是社会精神食粮的提供者。在浩瀚无边的文学史上,有无数的文学家为世人留下了不朽的著作。那么,是什么促使他们写出不朽之作？他们的思想和文学作品又给世人带来什么样的影响呢？《读者》努力呈现古今中外的文学家的作品、经历和思想。

以海明威为例,涉及"海明威"一词的文章共有112篇,包括《硬汉海明威》[1]《海明威的几封信》[2]《海明威的教导》[3]《海明威的受奖演说》[4]《海明威写作二三事》[5]《海明威的伤疤》[6]《循着海明威的足迹》[7]《海明威魔咒》[8]等。

---

①宋毅、田杰,《读者》1986年第11期
②杨霖,《读者》1987年第3期
③莱德勒,《读者》1988年第4期
④海明威,《读者》1989年第3期
⑤《读者》1990年第11期
⑥苏从,《读者》2002年第9期
⑦邢世嘉,《读者》(原创版)2006年第2期
⑧玛丽尔·海明,《读者》2009年第21期

杜凤宝插图作品：《责任》(《读者》·1993年第7期)

李晨插图作品：《拿什么纪念大师》（《读者》2009年第21期）

林语堂也是《读者》特别偏爱的作家之一。作为集语言学家、哲学家、文学家于一身的学者,他学贯中西。将孔孟老庄哲学著述和陶渊明、李白、苏东坡、曹雪芹等人的文学作品英译推介海外。为此,曾四度获得诺贝尔文学奖的提名。闲适风趣的林语堂曾为自己作了一副对联:"两脚踏东西文化,一心评宇宙文章。"他在台湾阳明山,自己设计房子,用几根西方螺旋圆柱,顶着一弯回廊,绕着的却是一个东方式的天井。在《为什么不去过悠闲的生活呢》①中,他说,老庄哲学使人宁静,不喜忙劳,淡于名利。把"林语堂"作为关键词,涉及相关的文章共有92篇,如《林语堂论人生》②《林语堂最后的日子》③。其中他的作品20篇,如《林语堂论生活》④《林语堂精摘》⑤《八十自叙》(节选)⑥《论读书》⑦《脸与法治》⑧《林语堂文化妙论》⑨。

(三)拥有广泛影响的政治家

政治家是影响甚至左右历史进程的重要力量。每一位政治家的功过是非,总会以某种形式记载下来。《读者》忠于历史,呈现了政治家的思想、经历或者轶事,从中读者可以领悟他们的思想,触摸他们的脉搏和灵魂。

美国前总统尼克松曾言:"半个世纪以来的中国史,在很大程度上是三个人的历史:一个人是毛泽东,一个人是周恩来,还有一个是蒋介石。"⑩以毛泽东为例,《读者》中涉及"毛泽东"一词的相关文章共343篇,如《大海滴水——毛泽东

---

① 林语堂,《读者》2010年第21期
② 周国平,《读者》1993年第4期
③ 施建伟,《读者》1991年第7期
④ 林语堂,《读者》1988年第6期
⑤ 林语堂,《读者》1990年第2期
⑥ 林语堂,《读者》1990年第5期
⑦ 林语堂,《读者》1998年第8期
⑧ 林语堂,《读者》1999年第6期
⑨ 林语堂,《读者》2006年第9期
⑩ 尼克松:《尼克松眼中的毛、周、蒋》,《读者》2002年第18期

同志的故事》[1]《毛泽东同志的一副自学对联》[2]《毛泽东与儿女》[3]《毛泽东看〈白蛇传〉》[4]《毛泽东谈〈红与黑〉与〈红楼梦〉》[5]《毛泽东的印章》[6]《伟人垂暮——1976年1月的毛泽东》[7]《毛泽东"特赦"伍兰花》[8]等,通过各个方面展现了一代伟人的思想、政治生涯和生活。

中国的发展离不开伟大的政治家,更需要清廉的从政者。《在自己的道德碑上添砖》[9]写的是明朝宰相徐溥的故事。徐溥入阁为相十二年,忠于王朝,尽心尽力,对朝政多所匡扶,被誉为明朝贤相之一。明代政治家海瑞一生居官清廉,刚直不阿,深得民众的尊敬与爱戴。《读者》刊发了《海瑞(节选)》[10]《为官当如海瑞》[11]等文章。

(四)肩负家国情怀的企业家

企业家是社会发展的重要推动力。《读者》展现了他们的理想、思想和情怀。中国近现代的张謇、卢作孚、陈嘉庚都有济世理想,又能专注于脚下的那片土地,通过兴实业和办学来为国出力。当代企业家则包括李嘉诚、柳传志、张瑞敏、俞敏洪、黄鸣、马云、任正非、王石、任建新等。《读者》或者刊登他们的奋斗经历、经营思想,或者刊登他们的人生态度、公益事业,为读者提供了学习的标杆。

(五)具有公益心的娱乐明星们

《读者》对娱乐圈的明星也都关注。他们是张雨生、郑智化、张明敏、成龙、刘

---

[1]李琳,《读者》1984年第1期
[2]《读者》1984年第5期
[3]《读者》1987年第1期
[4]权延赤,《读者》1989年第9期
[5]郭金荣,《读者》1992年第12期
[6]《读者》1993年第1期
[7]董新启,《读者》1995年第7期
[8]徐非光,《读者》2004年第6期
[9]徐凤,《读者》2007年第17期
[10]张宏杰,《读者》2007年第19期
[11]车耳,《读者》2010年第24期

德华、周润发、杨紫琼、舒淇、李连杰、梁朝伟、巩俐、张曼玉、章子怡、张惠妹、周杰伦、周星驰、李宇春等。对他们的关注,并非八卦新闻,而是从他们的成功经历、心路历程、公益事业等角度入手,对有社会责任感、积极参加公益活动的明星有更多的曝光率。如与成龙有关的文章共50篇、李连杰21篇、王菲和李亚鹏30篇。《勇敢善良的心离幸福最近》[1]就报道了李亚鹏和王菲捐出100万元作为启动基金,成立了"嫣然天使基金会"的故事。李连杰在《抛弃自我中心》[2]中写道:生活中其实有阴和阳两方面,总站在阴的一方面去考虑人生,那就是以自我为中心,这就会带来很多痛苦。在文章中,他也阐述了自己做"壹基金"的缘由。他平静地叙述道:

> 我曾经在2004年印尼大海啸的时候与死亡擦肩而过。当时海水已淹到我的下巴,不过,幸好最终脱险了。但是这次死亡的经历给我的震动还是很大的,回国以后我就希望创立一项基金,就叫"壹基金"——每个人每个月出一块钱,滴水将会汇成大海,这片爱的海洋,可以从中国一直蔓延到整个世界。

三、成为有用的人才

在应试教育下,社会普遍的观点是鼓励学生成名成家,很少鼓励学生成长为各行各业优秀的人才,如优秀的农民、优秀的木匠、优秀的修理工。这实质上违背了教育的本质。

《做日本第一流的……》[3]讲述了两个少年追求理想的故事:

> 在一次作文中,这两个学生阐述了自己的理想,一个是要做日本第一流的鞋匠,一个要做日本第一流的裁缝。第一个学生的父亲是个鞋匠,

---

①陶功财、陈丽华,《读者》2007年第21期

②《读者》2009年第5期

③砂田弘,《读者》1982年第8期

但不幸早早去世,他的遗愿是希望儿子能够继承他的职业,并且成为行业的第一流人物。第二个学生患过小儿麻痹、体质衰弱,而且一只腿有毛病。这是两个班级里最不显眼的少年,但他们都拥有一个大大的理想。这让他们的老师看到一种信心和希望。

四年之后,第一个孩子已经成为很熟练的学徒,按照毕业时的约定,他为老师做了漂亮的皮鞋;但第二个孩子一直缺少干裁缝的才能,虽然学了裁剪和缝制,但总是做不好,不是缝合得不均匀,就是袖口做得长短不齐,加之腿有毛病,连缝纫机也不能使用自如。但他在离开裁缝铺的最后一刻,用学徒报酬买了布料,不顾身体的疾病,按照约定,他为老师做了一套西服。和其他的衣服一样,这套衣服腰身显得有些短,下衣裤腿太宽。不幸的是,由于赶制衣服,肺结核没有及时治疗,不久后,这个小小的裁缝师就离开了人世。

在老师告别讲台的典礼上,这位老师穿着两个学生为他做的这套衣服和皮鞋,讲述了这个感人的故事。在他看来,不管学生的理想有没有实现,但只要人生有目标,并且为之努力奋斗,都是值得尊敬的。因此,他最后对着大家说:这是日本第一流的皮鞋,还有日本第一流的西服,而他,因为培养了两个有理想的学生,无疑"是日本第一流的最幸福的老师"!

在《读者》看来,不管职业分工,只要在这个岗位上能够扎扎实实做好本职的就是人才。用中国人民大学原校长纪宝成的话说,"能让卫星上天的是人才,能让马桶不漏水的也是人才"[1]。

---

[1]《读者》2004年第23期"言论"栏目

第四节

《读者》中的"成长方法论"

如果将前面论述的道德和信念比作"人生之道"的话,本部分阐述的许多技巧便相当于"人生之术"。虽然"有道无术,术尚可求;有术无道,止于术",但是,在一个人的成长过程中,道与术常常互为依存,我们不仅要提升自己的精神和品德,也要重视外在的方法和要领,只有这样,才能内外兼修,才能在纷繁复杂的世界里更好地安身立命,修身齐家乃至治国平天下。

一、怎样拥有和谐的人际关系

美国著名公共关系专家卡耐基曾说,一个人的成功,只有百分之十五是由于他的专业技术,而百分之八十五则要靠人际关系和他的为人处世能力。人际关系的重要无须再言。但人际交往又被认为是最复杂、最敏感又最难处理好的关系。比如很多人渴望交流,却不知如何开口;很多人渴望友谊,却不知道如何伸出手;很多人热情地关心他人,却招致对方的反感;很多人实诚待人,知无不言,却不知分寸。这些困惑都指向一个问题,即与人交往是一种智慧,更是一门艺术!从创刊至今,《读者》刊发了大量的文章用于帮助人们探索处理人际关系的技巧。

(一)培养正确的交往心理

在人际交往中,很多人想交往,却常常自卑、羞怯;很多人主动交往,却又热情过度;很多人对社会充满猜疑,进而自傲冷漠或者封闭,等等,这些都是不良的心理表现。人际交往的第一法则,是加强心理和个性的修炼,培养积极自信的个性。

《羞怯对人的影响》[1]分析了羞怯产生的原因和影响,提出了克服羞怯的方法。《嫉妒与性格》[2]《嫉妒这种黑情绪》[3]《他们为什么会冷漠》[4]等分析了嫉妒、冷漠产生的机理和对人的影响。《人际直观评价心理病症12种》[5]则对人际交往的十多种不良心理表现进行解剖,包括自我型心理、晕轮效应心理、逻辑错误联想、以众求同心理、先入为主的心理、倒摄抑制心理、小集团思想意识、心理相容、嫉妒心理、非感情移入心理、错误反衬、折衷主义错误等等。这基本概括了人际交往中的各种心理问题。

《人各不同如其面》[6]则指出人在生理上的不同会影响心理:人与人生理上的差别,有许多是根深蒂固的,所以我们的行为、思想和感觉,都和任何其他的人不同。《别怕凭直觉行事》[7]指出直觉在人际交往和生活中具有重要的作用。

(二)重视教养和技巧的修炼

人生是一个不断调整思维、不断成长的过程,要达到"从心所欲,不逾矩",需要一辈子的修炼。早在20世纪80年代,《读者》就注意到交往技巧的重要性,刊

---

①乔纳森·奇克,《读者》1985年第8期
②侂摩武俊,《读者》1987年第3期
③奥尔罕·帕慕克,《读者》2012年第21期
④蒋骁飞,《读者》2012年第24期
⑤高平均,《读者》1987年第11期
⑥J. Williams,《读者》1986年第9期
⑦海考·恩斯特,《读者》1989年第5期

发了《怎样知道对方在说"不"》[①]《你善于交际吗》[②]等文章供读者自我对照,后来
更通过大量的文章和案例说明这些方法。

1. 礼仪与教养

礼仪与教养是我们个人呈给他人的一张名片,不仅包括在人际交往中的言
语、穿着、仪态,还包括良好的交往风度,是一个人文化素养和德行涵养的体现。
《令人不愉快的习惯》[③]《二十四种举止令人生厌》[④]就列举了衣冠不整、举止粗俗、
态度傲慢等各种不良习惯。《怎样给人留下好印象》[⑤]《如何博取别人尊重》[⑥]《确
立属于你的自我形象》[⑦]《做一个受欢迎的客人》[⑧]《能控制的只有风度》[⑨]等则给
出了提升自己的形象,赢得别人尊重的方法。

气场是人们描述成功者或者领导者的一个词,的确,许多成功者的身上都拥
有他人没有的强大气场。良好的气场能为人们带来更积极的生活和事业态度。作
为现代交际学的研究对象,气场也是人们生活和工作中需要研习的一个重要方
面。《气场是个什么东西》[⑩]指出:每个人都有独特的气场,只有"放弃旧的思维,
改变行为模式,彻底臣服于内心正确的东西,调动全身积极的力量,才可为你的能
量提供足够的空间,来吸引内心的愿望,向着一个最终的目标前进"。

2. 语言和沟通

语言是人类最重要的交际工具。早在创刊第一年,《读者》就刊发了著名语

①曹务堂编译,《读者》1982年第4期
②王初编译,《读者》1983年第7期
③张旗编译,《读者》1985年第8期
④文路,《读者》1989年第11期
⑤罗查·艾雷斯、乔·克,《读者》1990年第4期
⑥A.Baldwin,《读者》1988年第8期
⑦杨小云,《读者》1997年第2期
⑧贝坞利·法利,《读者》1997年第3期
⑨潘向黎,《读者》2002年第23期
⑩皮克·菲尔,《读者》2011年第5期

言学家陈原教授的《语言与社会生活》①，对语言这一社会现象予以关注。得体的语言是一种心与心的交流，不得体的语言则会造成人际关系的紧张。中国有句古话："好言一句三冬暖，恶语伤人六月寒。"说的就是沟通的学问。佛门也有"少说一句话，多念一声佛"的教导，星云大师更把讲话提升到修行的高度，指出"不得体的言语或过多的声音，常是是非烦恼的因由"，人们在交流的过程中，应该着实多注意礼貌用语和"润滑"之词，以创造更美好的关系②。

《十种不好的交谈方式》③《千万别这么说》④指出了交流中存在的种种"大忌"；《怎样安慰》⑤《怎样安慰悲伤的朋友》⑥《得体的安慰话》⑦《为你的朋友唱一支安慰的歌》⑧给出了安慰的技巧。批评常常是为了帮助对方改善行为，但是不当的方式容易使效果适得其反。《批评的艺术》⑨《不伤感情的批评》⑩《要帮助，不要教训》⑪指出了批评应该注意的问题和方法。

每个人都渴望被理解，解释是增进理解的重要手段。但是在人际交往中，解释需要把握一定的尺度。《勿需多讲》⑫告诉读者，有些问题勿需多讲，理解本来就是一种默契，人们不必苛求。这实际是说在人际交往中要保持一定的距离，享有基本的安全感。

微笑被称为最美好的社交语言，不仅是自信的标志，也是礼貌的象征。在我们的生命中，"每一个日子，每一个季节，都值得以微笑迎接，以微笑包容，以微笑送

---

①《读者》1981年第3期

②星云大师：《讲话是修行》，《读者》2010年第24期

③《读者》1984年第2期

④成城，《读者》1997年第3期

⑤金人，《读者》1982年第12期

⑥巴勃拉·罗歇尔柴瑟，《读者》1987年第2期

⑦桑蒂·豪威兹，《读者》1989年第10期

⑧瑞贝卡·伍尔夫，《读者》2004年第13期

⑨George Weinberg，《读者》1982年第7期

⑩《读者》1985年第2期

⑪爱丽丝·米乐·达文斯，《读者》1989年第10期

⑫亦然，《读者》1989年第10期

别,以微笑纪念和珍藏"①。《读者》刊发了《微笑的魅力——希尔顿发家之"法宝"》②《微笑是最祥和的语言》③《微笑是一句世界语》④《没有人拒绝微笑》⑤《微笑值多少钱》⑥《带着微笑回家》⑦等文章,提醒我们对他人、对生活、对世界保持微笑。

除此之外,社交沟通方面的文章还有《目光,传递心灵讯息的语言》⑧《交谈的规则》⑨《打电话的礼貌》⑩《道歉的艺术》⑪《说服他人的心理术》⑫《家人间相互交流的奥秘》⑬《聊天的艺术》⑭《你会给别人"下台阶"吗》⑮《十种朋友不可交》⑯《社交新人十二招》⑰《旅行中结识朋友》⑱等,这些文章针对不同场合、不同情景从各自角度对社交给予方法指导。

3. 学会拒绝

拒绝是社交中最令人头痛的事情。如果采取不妥善的拒绝方式,就会被认为不给对方面子,导致人际关系的损失和破裂。从社会心态来看,在潜规则横行的社会里,"帮忙"是许多人心中理所当然的捷径,"拒绝就是不懂规矩",所以如何拒绝他人是一门艺术。怎样才算妥善的拒绝呢? 对此,星云大师说:即使不得已要

①富康年:《这里的握手比较有力,这里的微笑比较持久》,《读者》2011年第9期
②《读者》1984年第10期
③释证严,《读者》2003年第18期
④朱晓琳,《读者》2004年第5期
⑤马国福,《读者》2005年第13期
⑥张铁刚,《读者》2007年第2期
⑦范家生,《读者》2007年第7期
⑧李定编译,《读者》1984年第12期
⑨《读者》1985年第4期
⑩J.Martin,《读者》1985年第6期
⑪N.V.皮尔,《读者》1985年第10期
⑫周晓林编译,《读者》1986年第6期
⑬雷伊·沙凯齐,《读者》1987年第9期
⑭周晓林编译,《读者》1989年第5期
⑮李超元,《读者》1990年第1期
⑯潘国彦,《读者》2007年15期
⑰袁岳,《读者》2010年第5期
⑱袁岳,《读者》2011年第8期

拒绝,也不要轻易地就拒绝,而要有代替地拒绝;不要立刻就拒绝,而要能婉转地拒绝;不要无情地拒绝,而要有帮助地拒绝;不要傲慢地拒绝,而要有出路地拒绝。在这方面,《读者》也刊发了许多文章,如《行使拒绝权》[1]《诚实的拒绝》[2]《虔诚的拒绝》[3]《学会拒绝》[4]等。

🐝 本书所选的20篇代表性文章之十五

人与人相处的四道桥梁[5]

星云大师

说起人与人之间的相处,要想彼此之间相处得愉快,减少摩擦和冲突,最好搭起"四道桥梁"。

第一道桥梁是:

见面三句话。中国人说,见面三分情。大家有缘相见,为了表达我们的友善,诸如"你好""今天很好""今天天气很好",或是"你来了""你辛苦了""请坐"等热情的语言,像香水,只要一滴就能使四周弥漫迷人的香气。

第二道桥梁是:

相逢要微笑。不论是故友还是新交,一张有表情、有笑容的脸孔,使人如沐春风,让彼此心无城府地笑谈人间事。一个肌肉紧绷的人,就像一朵失去颜色和香味的花,得不到赞赏的眼光。

---

①毕淑敏,《读者》1996年第12期
②张翔,《读者》2007年第7期
③薛忆沩,《读者》2007年第22期
④贾平凹,《读者》2008年第19期
⑤《读者》2012年第4期

第三道桥梁是:

生气慢半拍。如果感觉自己如愤怒的火山即将爆发,不妨深呼吸,把到嘴边的话,慢个半拍说出来,你的心境就会大不相同。即使余怒未息,至少也会减弱许多生气的杀伤力,不致对彼此的情感产生伤害。

第四道桥梁是:

烦恼自说好。烦恼时,不要伤害自己,更不要波及别人。有负面情绪时就像面对一团乱麻——剪不断,理还乱。其实我们可以不剪也不理,只需先澄清我们的心,再用这份澄清之力,替烦恼结束"穿绳",使我们的身心不再凌乱,不再纠缠不清。

二、选择和借鉴:不同阶段的"他山之石"

人生成长的过程,是一个不断选择和做决策的过程。作家柳青说:"人生的道路虽然漫长,但紧要处常常只有几步,特别是当人年轻的时候。"这说的是人生的选择问题,在学习、生活和工作中,我们同样会遇到许多困惑,需要不停做选择和决策。有的人凭理性决策,"两利相权取其重,两害相权取其轻";有的人则"拍脑袋决策,拍胸脯保证",最后"拍大腿后悔";有的人在选择中犹豫不决,有的人则快刀斩乱麻。现实生活中,遇到选择的困惑,我们究竟应该如何做出判断和决策呢? 《读者》刊发了《心理、判断和决策——请你思索的九个问题》[1]《什么在影响你的决策》[2]《选择的必要》[3]《选择的边界》[4]《当选择越来越多》[5] 等多篇文章,

[1]《读者》1986年第12期
[2]陈屹,《读者》2003年第17期
[3]王裕华,《读者》1983年第2期
[4]赵晓,《读者》2002年第1期
[5]周宏,《读者》2012年第16期

其中有的是心理学角度的分析,有的是经济学角度的权衡。《决策的陷阱》[①]指出,人们在决策的每一时刻、每一环节,总会受到错觉、偏见和心理的影响。如果能够意识到这些影响的存在和危害,"至少可以测试和约束自己,找出自己的主观错误,采取行动来避开这些决策的陷阱,无论如何,防患于未然是最佳途径"。《重要选择时的一种思考方法——51%原则》[②]给出了决策思维训练法,即当做出一个决定时,"通过判断明确了哪个方案'好一些'就可以毫不犹豫地做出选择"。通过这样思考方法的锻炼,可以使人们养成遇事不会优柔寡断、拖泥带水,而善于决断的良好思维品质。

心智的成长不仅是简单的思维训练,也需要借鉴他人的方式方法,从中得到启发。针对人生不同成长时期遇到的各种问题,《读者》也尽力提供各种"他山之石",供读者借鉴。

（一）解决学生时代的彷徨和困惑

高中生和大学生是《读者》杂志的核心阅读群体。学生时代的困惑包括学习、读书、交友、成长、择业等等,《读者》对这些焦点问题长期保持关注,并通过多种案例,讲述他人学生时代的经验,以提供尽可能多的启发和借鉴。

1. 学习和读书

读书和学习是学生时代遇到的最大的问题。读书使人聪慧,但很多人不得要领,也缺乏坚持的恒心。《抄功余墨》[③]《不摆卡片不读书》[④]《每天读15分钟》[⑤]等文章谈了读书的方法;《何谓"名著"》[⑥]《有史以来的最佳书》[⑦]《美国中学生必读

---

①王登勇,《读者》1999年第12期
②宋留成,《读者》2002年第23期
③邓明尧,《读者》1981年第3期
④张寿康,《读者》1982年第8期
⑤路易斯·绍尔斯,《读者》1983年第5期
⑥M.J.阿德勒,《读者》1981年第2期
⑦刘淼、汤浩,《读者》1981年第5期

的文学著作》①提供了名著的选择和优秀图书的书目;《谈读书》②《读懂一本书,精于一件事》③《声讯时代为什么要重读经典》④《这个时代,读书到底有何用》⑤还谈到读书与人生的关系。从中可以发现,读书不仅是增加知识,更重要的是能够发现自我、确认自我。

同读书一样,培养好的学习态度和方法也非常重要。《读者》在这方面的文章有《学习·时间·效果》⑥《为什么要学习》⑦《学习外语的十项建议》⑧《知识这东西——学习的目的》⑨等。学无止境,传媒人秦朔提倡学习应该成为随时随处的必要选择,《读者》刊发了他的《永远拨动学习的心弦》⑩。

生活无处不学习,只要静心体会,用心揣摩,我们就会发现社会生活和自然界中的许多现象都值得我们思考和借鉴,所以,有的语文老师说"生活有多广阔,语文就有多广阔"。《读者》同样提倡全面的学习观,在这方面,直接讨论的文章有《学习生活》⑪《人应向动物学习》⑫《向蚂蚁学习》⑬等。

2. 交友

交往是学校生活的一部分,也是一个人珍贵的成长经历。但是,在这个似懂非懂的年龄,很多人都面临交友的困惑。《论交友》⑭《交友妙诀》⑮《不同国家的交

---

① 玮华编译,《读者》1985年第5期
② 严文井,《读者》1983年第4期
③ 郭碧良,《读者》1992年第12期
④ 徐鲁,《读者》2002年第4期
⑤ 于丹,《读者》2009年第13期
⑥ 韩学良编译,《读者》1982年第7期
⑦《读者》1988年第7期
⑧ 卡托·罗姆勃,《读者》1982年第2期
⑨ 之涵,《读者》2004年第21期
⑩《读者》1997年第1期
⑪《读者》1985年第4期
⑫ 老毕,《读者》1998年第11期
⑬《读者》2009年第20期
⑭ 苏浚、孔子:《读者》1981年第4期
⑮ 休伯特·凯利,《读者》1991年第9期

友谚语》①《交友之态》②等文章则提供了某种借鉴。需要指出的是,有些文章虽然写的是成人交友原则,但对正处于学生时代的读者也能够提供某种启发。

3. 大学生活

大学生是思想最活跃的群体,也是中国的未来。有关大学生活的文章在《读者》中屡屡见刊。

有的人出身贫寒或者各种条件都不优越,《读者》提供了励志的案例,如《霍金的大学时代》③;有的人上了不好的大学,自暴自弃,李开复则在《上了二流大学怎么办》④中指出,不要将自己和学校的优良无端地画上等号,每个人都要不断加强自己的学习能力。

大学生就业已经成为一个社会性难题。《"精英意识"与"大众思维"——20年中国大学生就业走势回眸》⑤让我们对大学生就业有一个全面的了解。那么,在校园中,学生应该做哪些准备呢?《为了找到工作现在要做的20件事》⑥就提供了20个建议。《谁偷走了我的大学》⑦则告诉我们,大学时代要培养广泛的兴趣,要有深厚的知识积累,往往这样才能释放潜力,脱颖而出。

在很多人看来,第一份工作是职业生涯的"起点","男怕入错行",因而选择职业慎之又慎。《论职业选择的十大关系》⑧《大学生就不能扫地吗》⑨《好单位的八个特征》⑩《好工作,坏工作》⑪《你能做哪些工作》⑫等为学生们更好地选择单位提供

① 尚婕,《读者》1992年第7期
② 易中天,《读者》2006年第19期
③ 迈克尔·怀特、约翰·格里宾,《读者》2011年第14期
④ 《读者》2008年第1期
⑤ 黄勇、从玉华,《读者》2004年第5期
⑥ 薛涌,《读者》2007年第8期
⑦ 阿渢,《读者》2010年第11期
⑧ 袁岳,《读者》2005年第17期
⑨ 薛涌,《读者》2006年第23期
⑩ 袁岳,《读者》2007年第14期
⑪ 陈漠,《读者》2008年第3期
⑫ 孙道荣,《读者》2009年第14期

了方法。《告诉你,我是怎么就业的》①提供了另一种就业方向的思考,即找工作时期望不可太高,在一个普通的工作岗位上先积累经验和阅历,也未尝不可。只要心中的理想之火不熄灭,人生就能不断朝前走。

(二)职场中如何生存和成长

职场是很多人进入社会的第一站。在职场中竞争与角逐,不仅需要学识,需要工作能力,还需要拥有比较全面的素质,拥有处理多种问题的能力。

1. 职场关系

职场中的人们,每天都需要面对复杂的职场关系,简单的"职场"二字,却包括各种利益关系、复杂的情感和真实的人性。如何搞好和同事、领导的关系,如何在职场中如鱼得水,是许多人非常困惑乃至苦恼的事情。《读者》这方面的文章有《怎样摆脱闲聊》②《办公室流行症候群》③《办公室生态物语》④《助你成功的10个职场定律》⑤《职场寓言5则》⑥《职场启示录》⑦《端茶倒水的五种后果》⑧等,从中我们不仅可以清楚地了解职场生态,也可以对照自身遇到的问题,从这些文章中得到某种启示。

2. 换位思考

换位思考就是站在别人的角度上思考问题,这既是人与人之间关系的润滑剂,也有利于我们看清自己的方位。在职场中,换位思考尤为重要。由于角度不同,

①秦泱,《读者》(原创版)2005年第3期
②文玥编译,《读者》1988年第4期
③戎文禾,《读者》1993年第9期
④阿松,《读者》2002年第23期
⑤王志成编译,《读者》2002年第18期
⑥《读者》2003年第23期
⑦侯松,《读者》2009年第9期
⑧谁谁谁,《读者》2010年第11期

立场不一样,员工和领导总是想得不一样。《让上司言听计从》①《老板看重你哪一点》②《你和老板的差异》③《像老板那样思考》④《永远不要跟上司说的几句话》⑤《你和老板的想法有什么不一样》⑥等提供了对比的视角,能够让职场中的人通过换位思考,更清晰地看清方向和坐标。

3. 职场压力和疏导

一个人在职场中总会遇到种种不顺,产生诸多压力,很多人为此闷闷不乐。《不要做工作的奴隶》⑦《工作:为谁干活为谁努力》⑧《职场压力:身心不能承受之重》⑨《工作着,你是幸福的吗》⑩关注了这一话题,给出了减压方法,对如何处理工作和生活的关系,也给出了解答。

除了直接与职场有关的文章能够排解压力,提供有效的心理疏导之外,其他文章也能够缓解人的内心。一位叫刘阿萍的读者来信说:

> 顺境中成长的我,毕业踏入职场没几年即入官场,成为很多人羡慕的幸运儿。可是,当心高气傲遭遇了挫折打击,世故圆滑撞碎了激情梦想,迷茫、焦灼、压抑、沮丧的情绪终日包围着我。我成了一只困兽,在自己铸就的笼中左冲右突,无力解脱。心力交瘁之后我终于躺倒在了病床上,窗外是一片灰暗的天空。
>
> 《读者》悄然而至。她驱走浮躁之气,让我感觉到从未有过的安静和清爽;她理气和中,为我舒解胸中郁结之气;她明目安神,为我打开了

①陈大海,《读者》1997年第9期
②雀儿喜,《读者》1999年第9期
③李建军编译,《读者》2000年第8期
④汤姆·马克特,《读者》2007年第10期
⑤《读者》2012年第23期
⑥曹轶华,《读者》2013年第7期
⑦高希均,《读者》1998年第7期
⑧红墙,《读者》1998年第9期
⑨雨蝶、紫晔,《读者》2005年第6期
⑩《女报》编辑部,《读者》2005年第16期

一扇窗,看到了春水繁星,遍野鲜花,从容之美,仁爱之贵,让我重新拥有了一颗平和淡定、善良宽容的心。学会放弃,宠辱不惊,明天依旧艳阳高照。①

（三）提供创业指南

改革开放三十年既是一个经济高速发展的时代,也是一个创业的时代。特别是进入21世纪以来,创业的门槛显著降低,一个人人都可创业的时代正在来临。许多人不想按部就班地工作,便走上了创业的道路。《读者》同样刊发了大量的创业类文章。

《美国新一代如何创业》②《硅谷是由故事建成的》③《新一代美国名商调查》④介绍了美国的创业环境和青年的创新精神。《成功并不像你想象的那么难》⑤则讲了一个韩国学生到剑桥大学主修心理学,他发现韩国的成功者普遍把自己的创业艰辛夸大了,成功与"劳其筋骨,饿其体肤""三更灯火五更鸡""头悬梁,锥刺股"没有必然的联系,只要你对某一事业感兴趣,长久地坚持下去就会成功,因为上帝赋予你的时间和智慧够你圆满做完一件事情。后来,他把他的研究成果发表,伴随着韩国的经济起飞,这本书也成为许多创业者的励志书。

自己创业和给别人打工完全是两回事,需要不同的素质和能力。《青春的内存和接口》⑥《你适合自己创业吗》⑦《做生意? 再想想吧》⑧《十年创业一封信》⑨《创

---

① 《读者》2007年第3期"心声"栏目
② 朱永康,《读者》2000年第6期
③ 伍郎,《读者》2000年第4期
④ 邱文晓,《读者》2006年第16期
⑤ 刘燕敏,《读者》2001年第8期
⑥ 王噜噜,《读者》2001年第15期
⑦ 杰克·韦尔奇、苏茜·韦尔奇,《读者》2008年第7期
⑧ 何飞鹏,《读者》2009年第17期
⑨ 谭创,《读者》2009年第18期

业的故事》①《"创业神童"的生意经》②都告诉读者,创业者不仅要有勇气,还要有一定的知识,要有百折不挠的韧性。

创业者需要勇气,需要运气,但更需要的是管理。《读者》在创业管理方面的文章有:《奇特的选人方法》③《出奇制胜——经营决策小趣》④《创新,企业点石成金的魔棒》⑤《如何获得贵人相助》⑥《五人工,三人做,四人薪》⑦《商业模式不是赚钱模式》⑧等,涵盖了人力资源、创新、商业模式等多个话题。

《读者》同样提供了偶像派的创业经历,他们不仅有自己的方法论,而且其中甘苦,也令人回味无穷。如李嘉诚、王石、马云、比尔·盖茨、乔布斯、李健熙等,文章包括《李嘉诚和他的时代》⑨《小人物发家史》⑩《种"苹果"的人》⑪《比尔·盖茨:艰难的选择》⑫《比尔·盖茨的11条准则》⑬《马云的江湖》⑭《"苹果核"乔布斯不为人知的九件事》⑮《王石:我在人情堆里这些年》⑯《李健熙:"三星之魂"》⑰等。读者可以从中发现他们的艰辛和努力。

---

①张卫青,《读者》2000年第11期

②微微,《读者》2008年第9期

③刘敏,《读者》1991年第9期

④青松,《读者》1993年第11期

⑤葛海、江一帆,《读者》2000年第12期

⑥姜钦峰,《读者》(原创版)2006年第5期

⑦何飞鹏,《读者》2013年第6期

⑧周鸿祎,《读者》2013年第4期

⑨余世存,《读者》2002年第10期、第11期

⑩鲁文编译,《读者》1993年第5期

⑪朱晓青,《读者》2000年第24期

⑫《读者》2003年第18期

⑬牧野编译,《读者》2001年第3期

⑭上善若水,《读者》2008年第3期

⑮Taylor Hatmaker,《读者》2011年第23期

⑯王石,《读者》2012年第1期

⑰倒立的猛犸,《读者》2011年第13期

🐝 本书所选的20篇代表性文章之十六

上帝变了①

[西班牙]米丘尔·德·乌娜姆诺　周新传、李少志译

乔恩·曼索是位纯朴、善良的老实人,在这个充满邪恶的人世上,一辈子连个苍蝇也未伤过。孩提时,他与伙伴们玩骑驴,总是让别人骑。好友们都信任他,并无所顾忌地把自己的风流韵事讲给他听。甚至他长大成人,同伴们依旧亲昵地用儿时的称呼叫他"小乔尼"。

他最崇尚一句中国格言:切勿显示自己,须忠于最能帮助你的人。

他讨厌政治,厌恶经商;对一切会给他平静生活带来风波的事,都避之遥遥。

他生活简朴,从不花一文原有的积蓄,只靠微薄的一点收入维生。

他秉性虔诚,从不冒犯他人。如果他对某人印象欠佳,就只说他的好话。

假若你跟他谈起政治,他会说:"我算什么? 既不站在这边,也不属于那派,我不关心哪个党执政,我仅是个上帝的罪人,只求与人和平相处。"

然而,尽管他很善良,却也难逃最后的死亡。这是他终生所做的唯一明确的事。

一位天使,身佩一把明晃晃的大刀,正在按身上的印记给死魂灵分类——这些印号是他们离开人世、经过阴间登记台时打上的;然后再办理一种类似"移民检查"的手续。在那儿,天使和魔鬼友好地坐在一起,查阅档案,看是否一切亡灵都已备案。

登记室入口的情景简直和出售当日斗牛比赛券的票房外景一样。成群结

队的人们你推我搡，各不相让，都急着想尽快知道自己的归宿。一时间，各种语言、方言及土语的诅咒声、乞求声、辱骂声和争辩声搅为一团。而乔恩·曼索却在一边自语道："我不愿掺和到他们中间，里面一定是些不安分守己的家伙。"

他声音轻微，没有谁注意他。那位身佩大刀的天使也丝毫未意识到他的存在。于是，他便溜了过去，走上通往天堂的路。

他独自一人默默地走着。时而有一群人从他身边走过，唱着祷文，有的甚至狂热地手舞足蹈。可乔恩认为，这一举止对于走向天堂的幸运儿来说，太不合适了。

到达顶端，他发现乐园的墙边已排了一长队人。几位天使像人间的警察一样维持着秩序。乔恩·曼索便站在队伍的末尾。

片刻，一位修道士走来。他巧妙地向乔恩讲述了自己如何急于进天堂的缘由，言语令人同情。于是，乔恩便把自己的位置让给了他。"即使在天堂也与人方便才好。"乔恩暗想道。

又来了一位，这次虽不是修道士，却也想得到修道士同样的照顾。乔恩满足了他。总之，没有一个后来的虔诚者不欺骗乔恩，然后弄到他的位置。他那温良的名声很快传遍了整个行列，并作为一个永久的传统在不停替换的人群中继承下去。乔恩仍站在队伍的最末尾，成了自己好名声的奴隶。

几个世纪过去了。终于，有一天他碰上了一位聪慧圣洁的主教。他原来是乔恩一位长兄的重孙。乔恩不无委屈地向他倾吐了自己的苦衷。这位聪慧圣洁的主教答应见到上帝后为他求情。听了这话，乔恩又一次把自己的位置让了出来。主教进了天堂，径直走到上帝面前，表达了自己的无限敬意。上帝心不在焉地听完后瞥了他一眼，察知他内心有事，便问道："你还有什么话吗？"

"主啊，请允许我为您的一位仆人求个情吧，他几个世纪一直排在队伍的最后……"

"别绕弯子了，"上帝打断他的话，"你指的是乔恩·曼索？"

"是啊,我的主。就是那个乔恩·曼索。他……"

"好了,好了。让他自己照顾自己吧! 不许你再管别人的事。"话毕,扭头对引路的天使说:"带下一个。"

主教来到天堂的墙边,爬上墙头,把乔恩·曼索叫过来说:"太叔父,我很遗憾。您不知我有多难过啊。主告诉我您应该自己照顾自己,不许我再管别人的事。可是……您还在最后吗? 别泄气,鼓起勇气,别再让出自己的位置了。"

"原来是这样! "乔恩吃惊地喃喃道。豆大的泪珠顿时夺眶而出。晚了,一切都晚了。因为那可悲的"传统"已束缚了他的手脚。人们不再请求他让位,而是理所当然地站在他前面。

他垂头丧气,无心继续排在最后,便越过坟堆,在荒野里游荡。后来,他遇到了许多萎靡不振的人在路上行走。他便跟着他们,最后发现自己到了炼狱的门口。

"看来进这里比较容易,"他暗想,"一旦入内,涤清了罪过,自然会将我送入天堂。"

"嗨,朋友,你上哪儿? "

乔恩转过身,发现身后站着一位天使,头戴学士帽,耳根夹着一支笔,正从眼镜框上打量自己。他叫乔恩过来,上下打量一番后,皱着眉头哼道:"你病入膏肓,又已老朽,我担心进去后你会被炼化,你还是去地狱那边吧。"

"去地狱! ? "乔恩·曼索第一次愤怒了。一个人即使再有耐心忍受长期痛苦,也受不了被天使看成一个十足的白痴。

绝望之中,他走到了地狱门前。这里没有等待入内的队伍,或诸如进天堂的麻烦。门大敞着,冒着一股股呛人的浓烟,不时传来阵阵叫喊声。门边坐着一位可怜的魔鬼,拉着风琴,扯着嗓子唱道:"来吧,先生们,进来吧……在这里你可以看到人间喜剧……谁都可以进去……"

乔恩闭上了双眼。

"喂,站住!年轻人。"那魔鬼朝他喊道。

"您不是说谁都可以进去吗?"

"我说过。但是……你瞧,"魔鬼捋着尾巴认真地说,"我还有点怜悯心,并且……毕竟……"

"好吧,好吧。"乔恩说着转身离去。因为那烟呛得他难以忍受。

"可怜的家伙。"他听到魔鬼的自语声从身后传来。

"可怜的家伙?连魔鬼也可怜我!"

乔恩在绝望中快要发疯了。他又回到坟地旁的荒野中,像沧海中的一叶小舟茫然漂泊。

一天,一股诱人的香味飘出天堂,引得乔恩来到墙边,希望知道里面在做什么。此时黄昏迫近,上帝走了出来,在天堂花园中散步。乔恩等他走近墙边,便张开双臂,用夹杂着愤慨、乞求的语气说道:"主啊! 主,您不是把天堂许诺给温良的人吗?"

"是的,"上帝回答道,"但是,那是给勇于进取的人,而不是给等着别人送他进天堂的人。"说罢转身离去。

根据一个古老的传说,上帝后来发了慈悲,让乔恩·曼索重降人间。新生后,他一反常态,凡事争先恐后;当他第二次死后,便顺利地通过了那条长队,自豪地迈进天堂。

现在,他在里面经常自语道:"人要生活,必须勇敢地闯出自己的幸福之路!"

三、培养健康心态

现代人正面临越来越严重的心理危机。究其原因,一是改革进入深水区,利益格局不断调整,生活在此中的人都难逃时代的焦虑;二是价值趋于多元,社会行为失范,人们发现传统道德遭遇各种挑战,一时难以适应,三是由于竞争压力大,心情难以放松,各种抑郁症、亚健康层出不穷。心理危机让人们身心疲惫,正如心理学家所说,没有任何一种灾难能像心理危机那样带给人持续而深刻的痛苦。解决心理危机,需要养成正确心态。

(一)做好情绪和压力管理

情绪是人们面对客观事物的直接反应,许多人面临压力常常感到心烦气躁,甚至情绪失控。《读者》中出现"情绪"一词的文章达1875篇,情绪管理的文章有《如何摆脱忧郁》[1]《学会控制你的情绪》[2]《使情绪变好起来》[3]《坏情绪与好东西》[4]《好心情就在你左右》[5]《管理好你的情绪账户》[6]等数十篇。《如何摆脱忧郁》给出了摆脱情绪困扰的三个很要紧的步骤:一是把消极念头写在纸上,不要老是纠缠在脑子里;二是将这些错误认识多读两遍;三是用客观看法代替你沮丧的念头。

生活处处有压力。在压力管理方面,《读者》则刊登了《克服心理压力的最佳方法》[7]《你的压力负荷是否超载》[8]《学会在各种压力下生活》[9]《把苦闷放逐》[10]《对付生活压力的锦囊妙计》[11]《哭泣会加深悲伤》[12]《挑战压力》[13]《让自己开

---

[1]顾传勇、倪康编译,《读者》1981年第3期
[2]《读者》1985年第1期
[3]莫顿·亨利,《读者》1987年第3期
[4]夏绿蒂,《读者》2003年第13期
[5]陈晨,《读者》2005年第11期
[6]伊然,《读者》2005年第17期
[7]《读者》1985年第3期
[8]《读者》1988年第10期
[9]徐俊森编译,《读者》1989年第8期
[10]小思,《读者》1992年第1期
[11]M.卡斯尔曼,《读者》1992年第12期
[12]夏治沔,《读者》1995年第4期
[13]前村,《读者》1997年第12期

心的4种方法》①《城市人的压力》②《压力最大和压力最小的工作》③等多篇文章，从中我们可以了解到压力的来源，压力的正副作用及分析，也可以得到如何进行压力管理的启示。

（二）拥有积极心理

2011年，网易公司推出的网络公开课流行起来，这个平台播出了世界知名学校的许多课程，哈佛大学的泰·本·沙哈博士的积极心理学视频一经推出就风靡全国，网友们昵称其为"哈佛幸福课"。

积极心理学是20世纪末西方心理学界兴起的一股思潮，其研究对象是普通人的力量和优秀品质，它超越了传统心理学中侧重对个体缺陷的弥补、伤害的修复，而主张用一种更加开放的、欣赏性的眼光去看待人类的潜能、动机和能力。

积极心理学认为：心理学不仅仅应对损伤、缺陷和伤害进行研究，它也应对力量和优秀品质进行研究；治疗不仅仅是对损伤、缺陷的修复和弥补，也是对人类自身所拥有的潜能、力量的发掘；心理学不仅仅是关于疾病或健康的科学，它也是关于工作、教育、爱、成长和娱乐的科学。苏联教育家苏霍姆林斯基强调重视培养学生的自信心，并提出了一个著名的口号："让每一个学生都抬起头来走路！"他又说："教育的技巧和艺术就在于教师要善于在每一个学生面前，甚至是最平庸的在智力发展上最感困难的学生面前，都向他打开他的精神发展的领域，使他能在这个领域里达到一个高处，显示自己，宣告大写的我的存在，从人的自卑感的源泉中吸取力量，感到自己并不低人一等，而是一个精神丰富的人。"

《读者》倡导勇气和智慧，鼓励仁慈与爱心，宣扬正义和公平，侧重修养与节制，最终希望能够实现心智的超越、人生的提升，与积极心理学实质上不谋而合。如果按照正向情绪和负向情绪的关键词进行检索的话，不难发现，《读者》中的

---

① 梅特卡夫，《读者》2010年第15期
② 克瑞斯·罗斯，《读者》2011年第6期
③ 杨孝文，《读者》2011年第13期

正向情绪关键词比负向情绪的关键词出现得更为频繁①。《读者》努力倡导积极心理学,赋予心灵动力,希望人们能够去掉枷锁,与生活的激流融为一体,把零变成正数,建构了比较完备的精神价值体系和心理健康体系。

(三)保持健康心态

世界上的许多烦恼,不是源于人们的遭遇,而是源于人们对世界的看法。当风向无法改变的时候,我们不妨试着调整风帆的朝向,《读者》致力于解决人的内心问题,希望通过改变自己的观念,用乐观的态度去看待当下、思考当下问题。

1. 以传统文化调养身心

昆明华亭寺里,有一专治心病的处方,药有十味:

> 好肚肠一根,慈悲心一片,温柔半两,道理三分,信行要紧,中直一块,孝顺十分,老实一个,阴阳全用,方便不拘多少。用药方法:宽心锅内炒,不要焦,不要燥,去火埋三分。服药时要忌:言清行浊、利己损人、暗箭中伤、肠中毒、笑里刀、两头蛇、平地起风波。②

这个处方充满了佛教的慈悲和智慧,也有儒家的道德和道家的阴阳。儒释道塑造了中华民族的性格,也滋养了炎黄子孙的身心健康。在中国传统文化中,儒释道之所以能够相通,原因在于三者追求的天、佛、道都是没有方所、无障无碍的,而追求的过程中,需要修行。佛家的观自在也好,儒家的自省也好,道家的炼丹也罢,都是修行的一种路径或者形式。三者方法不同,又有异曲同工之妙,都能解决日益严重的心理问题。不同的语境下,需要不同的思想发挥作用。

"佛主治心",佛教伦理和禅宗智慧有利于人自身的和谐。从本质来看,佛教的

---

①截至2012年第24期,《读者》中"快乐"出现3806次,"希望"7483次,"幸福"4500次,"热情"2115次,"自信"1257次;而"愤怒"出现1140次,"生气"1600次,"焦虑"597次,"悲伤"1079次

②《妙药十味》,《读者》1989年第6期

目的是为了要收摄和转化一个人狂乱的心，使其能够安定下来，达到心灵上永恒的祥和宁静。"活在当下"是佛教禅宗的一种人生观，它告诉人们要放下过去的烦恼，舍弃未来的忧思，把全部的精力用来承担眼前的这一刻，感恩当下、拥抱当下、肯定当下、享受当下。圣严法师说："回忆就专心回忆，展望就是展望，念经就专心念经，劳动就专心劳动，吃饭就专心吃饭，食不语。"失去此刻就没有下一刻，不能珍惜现在，就不能珍惜今生，不能拥抱现在，也就无法拥抱未来。

就个人精力来说，活在当下也符合科学规律。一段时间内只做一件事，能够减轻精神压力。哈佛大学心理学家吉伯特和柯林沃斯发现，人"活在当下"时最快乐。他们表示，人们46.9%的时间都在胡思乱想，而这段时间最不快乐，就算想的是愉快的事，还是不及专注于手边工作时愉快。研究发现，人们最享受、最满足的时刻，就是专注于一件事情时。活在当下，才能拥有健康的阳光心态。在这种状态下人才能做出良好的反应，具有生命的活力，充分发挥其身心潜能，让阳光普照自己的生活。

2. 学会做减法

有人曾问米开朗琪罗，你究竟是怎样雕刻出大卫的？米开朗琪罗回答：我只是凿掉多余的石块。在积极心理学看来，优秀的品质是与生俱来的，只是消极的情绪制约了心智的发展，人生要想积极发展，必须凿掉这些负面的东西。

如前所述，优秀的品质包括仁爱、诚信、勇气、智慧等，而多余的石块则是这些词汇的反面。每个人在成长过程中都会或多或少地经历困难、挫折的考验，有时会对生活感到厌倦，甚至感到痛苦。心理调查发现，很多人会时常感受到低落情绪的困扰，生活中出现的各种负面因素或多或少地吞噬着人们对幸福的感受。

一位父亲精心打理着一个花圃，然而，他的两个天真活泼的孩子趁他不备，把割草机推到草坪边的花圃里，不到两分钟的时间，花尸遍地。父亲怒不可遏，他花费了多少时间和精力才侍弄成令邻居们无比羡慕的样子呀！就在父亲呵斥的时候，母亲用手轻轻地拍了拍他的肩膀，说："别这样，要知道——我们是在养小孩，而不是在养花！"①

这不是一个简单的换个角度看问题的故事，而是告诉人们如何返璞归真，回到出发的起点。很多时候，人们忘记了为什么出发，忘记了那些多余的石料正把自己禁锢起来。凿掉多余的石块，就是做减法，做减法比做加法能让灵魂成长得更快。

本书所选的20篇代表性文章之十七

一个人一生只能做一件事②

周 涛

"一个人一生只能做一件事。"这句虽非至理也不出名的话是谁说的？

是我。

有一天我和几位客人聊天，谈起了不少的作家已经弃了笔，去做能赚钱的生意。他们说，你呢？你怎么看？

我就回答了这句话。

是的，人各有志，人一辈子只能做一件事。弃了笔的作家，也许值得羡慕，但我以为未尝不值得怜悯，因为他这样做就已经承认他一生没有力量完成文学这件事。一个放弃了初衷的人，在茫茫人世间，在每日每时的变化和运动中，他有选择的自由，但他的内心说不定是凌乱的。当然还有一些人，他们当初来到世上，就不曾抱有初衷，而只想凑热闹。现在热闹凑完了，也就该到别的地方凑新的热闹去了，社会永远不会只在一个地方热闹。

这种人一生在世，就压根儿没打算去做好任何一件事，而只想在所有能

---

①杰克·坎菲尔德：《我们是在养小孩，不是在养花》，《读者》2002年第7期

②《读者》1989年第7期

引起他兴奋的事中捞好处,压根儿不想能奉献什么。

这一切都发生在"文学失去了轰动效应之后"。失去了轰动,它已不再是社会热闹的焦点,于是,热衷于谈论《百年孤独》的人们,忍受不了哪怕只有十年的寂寞,大势已去,真是"无处话凄凉"。但是,剩下的,并非淘汰的。恰似朱老总、陈老总在南昌起义之后带队伍所经历的情状。那些坚韧的、抱业守志初衷不改的真作家们却像冷静的雪峰那样,清醒地俯瞰着世上的一切,他们看着雪水在春天纷纷离去而并不感到忧伤或孤独,相反,他们感到轻松和欢愉。

雪水自有它该去的地方。雪峰们却并不会因此"贫雪"。

有一座名叫博格达的雪峰就坐落在离我不远的位置,我喜欢远远地凝望它。它是蓝的,一种坚硬有质感的蓝。这种独特的蓝使它和天空的蓝区分开来,使我的肉眼能够看清它高耸于天空傲岸的轮廓。在阳光炽热而强烈的滅射中,它蒸腾着力量和光芒,默然无语,缓缓呼吸,有如一位无所不知的伟大神灵。

你如果心态宁静地久久凝视着它,兴许会听见它的声音,听懂它的话语呢!

"喧嚣的大势已去,崇尚创造的时候已经来了。"

这声音在我心里久久回荡、深深弥漫,一直渗入血液和骨髓。我感动、感激。我心里说:"我的神,你算看透了我了。"

多年来,我做的所有的事其实都在为做一件事做准备,所以,那些所有的事都不算事。

多年来,我东突西进、杀伐征战,仿佛有点儿战果,而实际上是我始终没有摸到那件事的边缘。

多年来,我居于喧嚣的闹市,各种叫卖声嘈杂,起哄和讨价还价的叫声震耳欲聋;真诚的声音是微弱的,它还没有离开口唇就被可怕的声浪淹没得无声无息。

我也受到过扰乱,产生过疑问。这时候我就来到一个视野空旷的地方,独自凝视那座博格达神。它仿佛能够医治我的灵魂,因为我信任它。渐渐地我就平静下来,在它的那种严峻崇高目光的俯视下,反省自己,物欲的骚动又会平息下去。我想,博格达呀,你一生中究竟做了多少事呢?你仿佛什么也没做,连一步也没挪动过,你一生所做的事不过就是屹立着,永远也不垮下去。你俯视着人们,冷冷地看人们争来斗去,生老病死;一代人的利害智愚随他们的肉体埋进土里,下一代人又重新开始那老一套。他们忙忙碌碌,终生忧烦,似乎有永远做不完的事,临死,到彻底休息的时候一想,原来什么也没做。

嚯——笛声响了,时间到了。

所以人们老是想着:"要是能够重活一回多好……"

重活一回的话,你愿意干什么:

"干文学!"我说,"假如我有这才能。"

如果苍天不赋予我文学才能呢?

"那我只好……当一个问心无愧的中国公民。"

四、那些"成功学"常识

《新周刊》杂志曾做过一期《谁告诉我怎么活》[①]的封面专题,在《我们时代的32位青年导师》中,列举了32位人生导师。其中,俞敏洪被誉为"全民外语时代的励志导师",李开复被称为"创意年代的创新导师",《读者》杂志也有幸入选,并被称为"物欲时代的德育导师"。截至2013年4月,《读者》刊登过俞敏洪的文章12篇,其中多为对人生的看法,如《财富如何让快乐永恒》[②]《五种能力支撑你

---

① 《新周刊》2010年11月刊,总第334期
② 《读者》2003年第23期

的美好人生》①《从容一生》②。刊登李开复的文章10篇，多为励志类，如《做最好的自己》③《李开复说成才之道》④《人生成功三部曲》⑤。其他的青年导师和当代青年偶像的文章，《读者》也刊登过数十篇，如《最靠得住的是你自己》⑥《阻碍成功的十大不良习惯》⑦《你必有一样拿得出手》⑧《发掘个性中的潜能》⑨《七个习惯可使你成功》⑩《成功就是战胜自己》⑪《风不能把阳光打败》⑫《你不想赢吗》⑬等等。

　　《读者》中众多青年导师的文章使杂志充满一种"成功学"的味道。成功学起源于美国，风靡欧美和东南亚，并经中国台湾进入中国内地，成为培训界非常热火的一门课程。最近几年，因为太过商业化而招致人们的批评，批评的焦点则是这些书千篇一律，缺乏思想、内容和营养。但从本质来看，成功学实际上是一门关于自我管理的学问，其目的是完善自我，鞭策自己不断积极进取。

　　励志故事和成长格言对一个人是有警醒作用的。对《读者》杂志来说，其"成功学"传播力求做到价值观、道德、思想、目标、励志等相结合。为此，除了"术"的层面的成功法则，《读者》还刊发了许多成功人士的奋斗经历、演讲，他们能够为读者提供更有价值和意义的启发，如惠普前CEO卡莉·费奥瑞娜的《千万不要贩卖灵魂》⑭、北大教授张维迎的《我怕你们急于求成》⑮、央视主持人白岩松的《没有一代人的青春是容易的》⑯、《人民日报》评论部主任卢新宁的《在怀疑的时代

①《读者》2004年第7期
②《读者》2011年第1期
③《读者》2008年第13期
④《读者》2001年第6期
⑤《读者》2004年第24期
⑥韩小蕙，《读者》1997年第8期
⑦李晓燕编译，《读者》1998年第6期
⑧林夕，《读者》2001年第23期
⑨司恩鲁，《读者》2002年第19期
⑩刘宏伟，《读者》2003年第13期
⑪余红军，《读者》2004年第19期
⑫毕淑敏，《读者》2007年第23期
⑬杨澜，《读者》2011年第17期
⑭《读者》2006年第18期
⑮《读者》2011年第1期
⑯《读者》2011年第7期

更需要信仰——北大中文系2012年毕业典礼致辞》^①。这些文章是《读者》"成长的关怀"的重要内容,构成了杂志内容的一道独特风景。

从某种意义上讲,《读者》中各式各样的"成功学"故事,讲述的都是"真善美",很显然,这些主题并非石破天惊,然而,生活总在起起落落,这些来自于生活的成功故事,在某个时刻总能触动内心和灵魂,让读者能够发现自己的优点,凿掉多余的缺点,从而提升智力、改变情感、调适心理、完善人格。这是一个成长的过程,是一个实现常识、让常识更加平常的过程,是一个螺旋式上升和发展的过程。同样的主题,在不同的阶段,认识也会不同,持之以恒,从量变到质变,必然会获得一个全新的人生。

---

① 《读者》2012年第16期

本章小结

成长是一个终生的命题

　　成长首先要确定自己的目标。很多人患得患失,东一榔头西一棒,精力耗散;很多人生活没有目标,无所事事,活在梦想和现实的矛盾中。这其实都是一个人生选择的目标问题。由于价值观的不同,对成功的理解不同,这个目标可小可大,可近可远。但是,必须有一个基本的目标。

　　成长是一个不断适应的过程。在成长过程中,我们总会遇到很多不顺。人的一生实质上是不断适应社会适应人群的一个过程,人的棱角被逐渐磨平了,但心里的目标却愈发明确了,这就是"静水流深"。静是绚烂的起点,也是绚烂的归宿。因为静,我们才能够让生命焕发出原初的博大与深邃;因为静,我们才能学会倾听,学会包容,学会理解;因为静,我们才会锐气藏于胸,和气浮于面;因为静,我们才能"不以物喜,不以己悲"。

　　成长是一个不断积累的过程。每个人在不同的时代,总会遇到各种各样的问题。学生时代,我们可能面临学习的压力、与同学相处的困扰;走上社会,可能面临焦虑和不安;在职场中,会有人际关系的纷争。《读者》提供了一种借鉴和思路,别人的思考和经历,可以拓宽自己的视野,好像与不同阶段的自己相遇。"不积跬步,无以致千里;不积小流,无以成江海",人生是一个不断积累的过程,只有踏踏实实走好每一步,才能到达光辉的顶点。

成长也是一个不断坚守的过程。当今社会,价值多元,社会行为失范,社会竞争遵循丛林法则,弱肉强食的案例不断上演。此外,有些人,为了利益甚至没有底线。但同时,我们也要看到,社会上仍存在许多积极的力量,许多人和许多事情还是充满温情,即使非常细小,也足令我们感动。这正是社会的阳光和希望。因而,在这样的社会中生存,我们依然要坚持规则、道德,要有自己的精神信仰。如果我们放弃了敬畏,结果一定是自我膨胀。《读者》通过各种文章告诉我们要有正确的价值观,要有正确的方法论。诚信、善良、认真,这些最传统的道德也是最有用的智慧。

社会是由个人组成的,一个人的成长有着许多主观因素,但最终离不开社会。如果每个人都能坚信苦难是生活最珍贵的馈赠,都能忠实于自己的内心,不抛弃不放弃,那么,"你的负担将变成礼物,你受的苦将照亮你的路"(泰戈尔)。看到亮光的人一定充满信心,这样的社会一定更有希望。这可能就是《读者》的价值。

成长是一个终生的命题。孔子说,三十而立,四十而不惑,五十而知天命,六十而耳顺,七十而从心所欲,说的就是一个成长的过程。乾隆皇帝将自己的书房取名三希堂,即"士希贤,贤希圣,圣希天",勉励自己不懈追求。俞敏洪在《变老与成长》[①]中写道:

> 成长并不仅仅是年轻人的事情,更是中年人和老年人的事情。当人的身体停止成长时,人的精神、思想和学识也往往停止成长。年轻人还有青春可以作为骄傲的资本,成年人只能以不断增加的智慧和判断力取胜。如果停止成长,只是不断地变老,就意味着处于越来越封闭、自卑和猥琐的生活状态。

①《读者》2004年第13期

　　一个人成长的过程,意味着每天都有新的收获,不管年龄多大,都要听到自己成长的声音。这样的成长,意味着一个人心态的年轻、心智的豁达、心灵的超越。

李晓林插图作品:《坎特公爵的秘密教材》(《读者》2006年第4期)

第五章

对社会发展的关怀

　　改革开放让中国的媒体一下子站到了一个新的历史起点，此时的政治、文化、社会出现了前所未有的巨变。与其他有责任心的媒体一样，《读者》监测环境，与时代同步；协调关系，与民众心连心；传承文化，塑造积极的价值观念和道德准则，有着良好的道德担当、高远的文化眼光和充满理想的家国情怀。她是中国主流文化的重要传播者，是中国社会进步的积极推动者。

李晨插图作品：《改写地图史的女画家》(《读者》2011年第4期)

第一节

与时代互动

办刊是一个实现理想、完成使命的过程。《读者》诞生于改革开放初期,创刊伊始便积极与时代互动,成为时代的一部分。三十多年来,在"博采中外、荟萃精华、启迪思想、开阔眼界""做中国人的心灵读本"等办刊方针的指引下,这本杂志历经市场经济洗礼,由小到大。

一、做改革开放的亲历者、见证者和记录者

改革开放以来,中国社会发生了巨大的变化。如果将社会变化的关键词进行整理,如恢复高考、自由恋爱、包产到户、下海、追星、春晚、下岗、传销、反腐、矿难、孙志刚之死、超女、小康、医改、教改、北京奥运会、房价、拆迁、上访、三聚氰胺、人肉搜索、以德治国、社会和谐、创新创业等,不难发现,《读者》总是冷静而充满责任地报道这些现象和事件。《读者》对中国社会变革的持续关注,构成了中国社会三十多年的一个基本图景。

　　20世纪80年代以来,解放思想、改革开放是主旋律。《读者》中有"改革"一词的文章930篇,出现改革开放总设计师"邓小平"一词的文章有140篇。改革开放三十年,是中国由计划经济向市场经济转轨的三十年。财经作家吴晓波在《中国企业1978—2008:激荡三十年》一书中列举的许多重要人物、商业事件和改革节点,《读者》都从不同的角度报道过,其中有深圳的"春天的故事",有始于小岗村的"包产到户",有温州模式、苏南模式,有"入世",有中国制造、中国创造的讨论等等,企业家中有年广久、何伯权、柳传志、黄鸣、宗庆后、俞敏洪等许多读者耳熟能详的企业史人物。

　　社会经济的变化,也进一步推动社会治理的转型。从社会治理层面来看,《读者》涉及的主题包括民主法治、生态平衡、透明公正、服务型政府、社会和谐、廉洁高效、责任创新和基层民主等等。这是群众的呼声,也是中国改革的目标。

　　三十多年来,伴随着我国的现代化进程和社会各阶层利益的深度调整,社会阶层不断变化,工人和农民阶层出现了新的分化与组合,知识分子阶层产生了分层与流动,新社会阶层快速增加。《读者》中有"阶层"一词的文章共454篇,其中包括《当代中国十大社会阶层报告》[1]《中产阶层的诞生和危机》[2]《城市贫民阶层是一个信号》[3]《利益的冲突——倾听不同的声音》[4]《警惕:乡村权势阶层的崛起》[5]等多篇文章。

　　打工潮是伴随着中国经济发展和城市化进程的一个必然现象,数以亿计的打工者如候鸟般奔波于城乡之间,他们的工作和生计关系着中国经济的发展和社会的和谐稳定。《读者》刊登了大量的文章反映打工者的生活、工作情况和身心发展,倾听他们的声音,感知他们的诉求,报道他们的积极变化。在广东,《读者》月发行量最高时近100万份,分析看来,与广东存在大量的外来人口不无关系。

　　当然,共性总是主角。在对时代主题如改革开放、公平正义、社会发展的关注

---

①中国社科院社会所,《读者》2002年第10期

②李翔,《读者》2009年第21期

③杨军,《读者》2007年第6期

④何清涟,《读者》2001年第9期

⑤张华侨,《读者》(乡土人文版)2001年第2期

和讨论方面,《读者》总是在积极努力。如"言论"栏目,短短几百字就包括弱势群体、反腐、道德、房价、教育等多个话题①:

不怕苦,就怕没机会。——《人民日报》对弱势群体生存状况做了一系列调查报道,这是他们最无奈的呐喊。

不怕纪委瞪眼,就怕"小三"翻脸。——有人调侃说,"小三"倒戈是反腐新利器。这难道只是一个黑色幽默吗?

恨爹不成刚。——网友评出的2010年度最给力之语。

中国几千年解决不了的重男轻女问题,竟然让房地产解决了。——网友戏言。

不救对不起良心!救了就可能对不起自己。——南京一老人雪天摔倒,躺在马路上,有路人不扶却自发为其打伞。

再不是过去添口人就是加双筷子那么简单了,现在的筷子得是钻石筷子。——北京一年轻母亲很感慨,她的宝贝上3年幼儿园花了十几万元。

此外,进行关键词搜索,《读者》杂志中出现"教育"一词的文章共有3064篇,"环保"共358篇,"生态"471篇,这不但满足了人们日益增长的文化生活需求,还为现代化建设的全面发展提供了不竭的精神动力和智力支持。

二、发出持续而清晰的声音

一位读者来信说:我忽然发现,我们这个时代的特征,已经被一本64页的《读者》概括得一览无余。这可能正是我们都在读《读者》的原因。②为了发挥自己独特的力量,《读者》通过长久的关注来推动有重要意义的事件向前发展。如编

---

① 《读者》2011年第8期
② 《读者》2010年第16期"心声"栏目

辑们深刻地认识到"教育兴则国兴,教育衰则国弱"的道理,对教育投以持久的关注。许嘉璐认为,教育的本质功能是留存、传承、创造文化的基地。《读者》杂志恰恰构成了这样的一个基地。

《读者》有一个"社会"板块,其二级栏目"社会之窗""今日话题""杂谈随感"所刊登的文章都是谈论社会发展问题的,几乎每一篇文章都能引发读者的讨论。比如《让中国人汗颜的帖子》[①]列举了许多国人的劣根性,读者反响热烈,手机短信投票数量居当期第一。可以说,《读者》引导了更多的人关注社会、关注民生、关注自然与人类的和谐,这些关注进而转化成行动,凝聚成力量,成为推动社会前进的积极因素。

为了保持与时代同步,《读者》的发展、变化和调整都紧密地贴近时代。通过大众喜闻乐见的语言,富有时代气息的事例,传达真、善、美,是《读者》的风格之一。当然,社会发展牵涉各种各样的问题,《读者》对社会的关注,不是单维度而是多维度的,不是单一题材而是跨题材的。在具体表现上,从可持续发展到民风世风,从官僚腐败到户籍制度改革,从教育公平到社会公平等社会问题,《读者》都有所论述,在这个观点芜杂的时代发出了自己清晰而响亮的声音。具体来说,《读者》对社会发展的关怀在以下六个方面比较突出:

一是《读者》的编辑们都有浓浓的知识分子情怀,对教育开启民智、造就人才之功能深以为然,由此长期关注我国教育的现状、热点、改革和长远发展;二是认识到公平正义和民主自由是一个国家现代化的必然路径,刊登了大量有关社会公平正义和民主自由的文章;三是提倡环保理念及和谐的生态文明建设,形成了一本杂志特有的生态文明思想和表达体系;四是意识到社会发展离不开科技进步,而科技进步的重要一环是大众的科普教育,因而刊登许多文章尽可能提高民众的科学素养;五是自始至终秉持公益和慈善观念,身体力行传播正能量;六是关注社会特殊现象和特殊人群,典型的是三十年如一日地关注艾滋病现象和这个群体,尽一本杂志之力推动我国防艾事业的发展。

---

① Yaleon,《读者》2004年第2期

第二节

教育乃国家民族兴盛之本

教育对个人、国家和民族的作用无论怎样表述都不为过。宋代人陈模说过，"德成而教尊，教尊而官正，官正而国治，其所系甚大"，意思就是说一个国家的兴衰在于教育。从大国崛起的规律来看，任何一个国家的发展，都是政治、经济、文化、军事等方面的综合发展，文化是一个国家与民族的"软实力"，创新是民族进步的灵魂。国家的崛起、民族的复兴、社会的进步，都需要通过教育来解放思想、革新观念，通过教育提高公民的文化素质。

改革开放之初，百废待兴，教育的千疮百孔不仅是民族的巨大伤痕，也是那一代人刻骨铭心的记忆。1977年夏，邓小平同志号召"先从科教抓起"，那一年，高考制度恢复，全国有570万人参加高考，教育已经成为国家的主题，成为民族命运和个人命运的一部分。《读者》的创办者都不可避免地受到时代的影响，都在"文革"期间中断学业，下农村、进工厂，深知教育对人的影响之大。《读者》的定位是面向高中生以上人群，要实现"开阔眼界，启迪思想"的宗旨，必须加大对教育的关注。

《读者》对教育的关注涉及教育的方方面面,包括对国内外教育理念的讨论、人才和人文精神的培养、教育体制改革的反思以及对教育模式变革的关注等内容,涵盖学前教育、义务教育、职业教育、高等教育等多个领域。

一、传播国外教育理念和实践

教育理念、教育体制和人才培养模式被称为影响教育的三大本源问题。所谓本源,就是指影响教育质量和科学水平的根本原因。

《读者》介绍了大量国外的先进教育理念,包括美国、日本、新加坡、澳大利亚、英国、德国、意大利等。不同的国家、不同的学校也许具有不同的教育理念、教育制度和教学实践,但总体来看,又具有基本相同的内容和目的指向:就是重视教育,重视道德培养,尊重人的主体价值和人的个性,倡导开放式教育,提倡生态和谐教育理念,提倡素质教育和全面发展。

《我们不需要天才》[1]介绍了瑞典的教育理念——与其培养一个天才,不如没有一个人掉队,提高全社会的整体素质。重视历史和哲学的德国格外重视对孩子善良品质的培养,并将其列为德国教育的有机组成部分,《德国的"善良教育"》[2]介绍了这方面的实践,包括爱护动物、同情弱者、唾弃暴力等。日本的挫折教育世界闻名,与之有异曲同工之妙的是澳大利亚的"穷"教育。澳大利亚的人民生活富裕,但他们却信奉"再富也要'穷'孩子"! 比如让孩子比大人少穿一件衣服,比如无论寒冬还是酷暑,都常带孩子去海边冲浪,即使呛水或者跌倒也视而不见。他们的理由是,娇惯了的孩子缺乏自制力和独立生活的能力,长大后难免吃大亏[3]。

《我所看到的美国小学教育》[4]讲述了美国教育更重视培养孩子的自由和创造精神。《美国少年的精彩16秒》[5]介绍了生命教育:让学生关注死亡、体悟人生、珍

[1]祖鸣编译,《读者》2003年第23期
[2]唐若水,《读者》2003年第6期
[3]李北兰:《再富也要"穷"孩子》,《读者》1999年第8期
[4]高钢,《读者》1996年第6期
[5]孙建勇,《读者》2012年第13期

惜生命,促使学生成为全面、均衡发展的人。他们把生命教育渗透在死亡教育、品格教育、健康教育、个性化教育和挫折教育之中,形成了完备的体系。以健康教育为例,美国有36个州将健康教育规定为必修课,按幼儿园和低年级、四年级、五年级、六年级4个阶段将其内容细化,并确定了具体的健康教育目标。其中,幼儿园健康教育分为身体健康、心理健康、社区健康3个方面;小学健康教育分为身体健康、心理和感情健康、预防和控制疾病、营养、药品的使用和滥用、意外事故的预防和安全、社区健康、环境健康、家庭生活健康9个方面。

《日本的小学毕业式》①则是作者参加儿子毕业典礼的情况,六年的学习生活结束了,没有三好学生,没有优秀干部,没有第一名,没有最后一名,没有打仗,没有哭泣,更没有找家长。当作者回到家后,打开从学校领到的礼物袋,里面是一部袖珍电子日英翻译器、一盘CD和一本厚厚的精装通讯影集。翻开影集,里面有作者儿子一年级时掉门牙后外出野游的照片,有孩子们制作的工艺品的照片,有写过的作文集,有所有老师和同学们的照片、通讯地址及48位毕业生合写在一张纸上的"未来的梦",记下的都是六年中生活成长的足迹。同时还夹有一个小信封,里面装有毕业准备费中没有用完剩下的7000日元。望着这一切,作者对儿子说:"这是用钱买不到的小学纪念,是幸福感人的童年写照。"

发达国家的教育理念并不是完美的。有人认为,德国教育并不关心塑造意志品质、灌输道德观念。《德国人:永远背着哲学家的包袱》②指出,德国教育体制非常关注各种资格证书,"要用各种证书把你武装起来,以便将来在社会上赢得尊敬与晋升机会"。德国教育体系的问题也一度成为欧洲的讨论热点,《经济学家》分析认为:德国教师的质与量可能是症结所在。德国的学生和老师的比例在经合组织国家中一向偏高,教师短缺,教师年龄偏大,加上1/3的老师感到职业倦怠,都可能影响教育品质。而德国学生早上8点上课,下午2点就放学,如今也备受质疑③。

①广辺雅子,《读者》(原创版)2004年第2期
②斯提芬·齐德尼茨本·尼尔考著,李彦编译,《读者》2001年第12期
③齐若兰:《哪国学生最会读书》,《读者》2003年第9期

　　而日本高压的考试制度也受到了教育家的批判。在日本，一个学生单凭在公立学校学到的知识是很难考取重点中学和名牌大学的，因此，每天傍晚和周末，地铁的站台上总是挤满了各种年龄准备到补习学校去上课的学生。这种补习学校数以千计，遍布于各个角落。在日本，大约有16%的小学学生和45%的初中学生在上这种补习学校。这种竞争一方面有一定的好处，另一方面也加重了学生的压力。在每一个成绩优异的日本学生背后，大都有一个专心致力于子女教育的母亲：她们排几个小时的队为孩子报名参加考试，而到孩子应考时，又要再等候几个小时；她们穿梭般地把孩子从体操班送到音乐班，再送到书法班或钢琴班；她们每天要帮助孩子做家庭作业，替孩子请补习教师，甚至打零工赚钱供孩子进补习学校。在日本，由于扮演这种角色的母亲非常多，因此出现了"教育妈妈"这个名称[1]。

　　教育理念的差异必然导致教育方式的不同，最典型的是人们对中国的填鸭式教学和西方的放羊式成长的对比。比如欧美的学生受教育十分轻松，他们大多数喜欢异想天开，想象力无比丰富，而中国的孩子则在题海战术和"脑筋急转弯"式的问题中辛苦地度过青少年时期。[2]

　　中外教育理念的不同，反映在家庭教育上，就是西方家庭更尊重孩子的天性，而中国家庭更习惯用棍棒教育。早在1982年，《读者》就刊登过一则题为"教育从哪里入手"[3]的幽默：

　　　　学校里召开学生家长座谈会，张老师在会上介绍教育学生的经验说："教育孩子，首先要从这里开始——"他指了指自己的脑袋。

　　　　"张老师，我的经验跟你不一样。"胖胖的爸爸站起来说，"我教育胖胖，原先也从他的脑袋开始，谁知一棍子就把他敲懵了，实践证明，还是从他的屁股入手好些……"

①陶人：《日本的"教育妈妈"》，《读者》1988年第2期
②豆苗：《美国学生和中国学生的差异》，《读者》2003年第6期
③樊永生编译，《读者》1982年第4期

　　这则幽默令人发笑,但是否用棍棒教育,是否用严格的方式来培养孩子一直困扰着中国家长。近年来,"狼爸""虎妈"成为舆论关注的热点,《读者》刊登了《危险的教育实验——"狼爸"和他的孩子们》[①]《做虎妈还是兔妈》[②]等文章。不得不承认,"虎妈"式的教育方法是中国许多家庭的无奈之举,"毕竟,对家长来说,制度给他们的教育是最现实的教育"(熊丙奇)[③]。美国雷夫·艾斯奎斯曾经把无数被称为"小魔鬼"的学生塑造成痴迷学习、彬彬有礼的小绅士,有着"全美最佳教师"之称的他有一天做客北京大学,有学生询问他如何评价"狼爸""虎妈"的教育方式,这位老师直言不讳:

　　　　我不喜欢他们,他们想到的只是他们自己。我的教育理念是:作为父亲,请闭上你的嘴,不要在前面挡孩子的路。我在教室里很少说话,讲桌都没有,我只是在角落里站着,给孩子们更多说话的机会。我教孩子们为自己学,为自己的成长负责。我希望我的学生是善良的、思想开明的,这意味着我必须具备这些素质。[④]

二、中国当前素质教育的现状和反思

　　1992年8月,77名日本孩子与30名中国孩子在内蒙古举行了一个草原探险夏令营。短短的一次夏令营,暴露出中国孩子的许多弱点:中国孩子病了回大本营睡大觉,日本孩子病了硬挺着走到底;日本家长乘车走了,只把鼓励留给发高烧的孩子,中国家长来了,在艰难路段把儿子拉上车;日本孩子准备充分,环保意识强,中国孩子却习惯家长补给,缺乏公德意识……这篇《夏令营中的较量》[⑤]直指我国应试教育的弊端,在《读者》转载后,强烈地刺激了社会的神经,以致引发了一场

①徐梅,《读者》2012年第3期
②方可成、陈铁梅:《有用的无用,无用的有用》,《读者》2011年第8期
③朱坤,《读者》2012年第10期
④周钧:《雷夫答问录》,《读者》2012年第19期
⑤孙云晓,《读者》1993年第11期

全国性的关于应试教育与素质教育的大讨论，之后，《读者》又选编了大量文章引导讨论走向深入。孙云晓后来在给编辑部的信中说："有人说，中日少年《夏令营中的较量》引发的全国性大讨论，拉开了中国教育由应试教育向素质教育转变的序幕。在这个历史性的变化中，《读者》功不可没：是《读者》独具慧眼与胆识于1993年11月号介绍此文，并且是《读者》的编辑将此文标题改为《夏令营中的较量》，从而使'较量'的深刻寓意传遍天下。作为《夏令营中的较量》一文的作者，我对《读者》永怀敬意。"[①]

　　素质教育是与应试教育相对应的一个概念。今天没有人怀疑素质教育的重要性，但关于素质教育的讨论一直不绝于耳，《读者》中关于素质教育的讨论包括"什么是素质教育""中国素质教育的现状和困境""国外素质教育的情况"等。

　　从理论上讲，所谓素质教育，就是要尊重学生的主体性和主动精神，开发人的智慧潜能，形成人的健全人格，全面提高全体学生的基本素质。李岚清同志曾指出："素质教育从本质上来说，就是以提高国民素质为目标的教育。"

　　在现实生活中，何谓素质教育、如何实行素质教育却很有争议。从教育研究者到社会观察者，从老师到家长，社会各界对当今素质教育的现状存在着广泛的批判和质疑。有的学校建立了必读书制度，批判者认为，读书的全部意义并不能存在于十几本薄薄的书里，学识渊博和一代大家都不能靠读书制度培养出来[②]。有的学校和培训机构组织学生做社会调查、访贫问苦，参加各种兴趣班，学习琴棋书画，批判者认为这是"将一大堆根本算不上素质教育的内容当成了素质教育，却把真实必要的素质教育荒废了"[③]。有的人认为，素质教育是个筐，教育部门宣称的"正在全力推行素质教育"，一夜之间完成的从应试教育到素质教育的改变，不过是宣传者和笔杆子合作的结果，学校"实在没有多少变化"，素质教育跟"小姐"一词一样，因此而倒掉。[④]因而，有的学生也质疑"素质教育"：为什么素质教育还

---

① 《读者》1998年第3期"编读往来"栏目
② 凌达：《谁知道素质教育的真经》，《读者》1999年第1期
③ 陈小川：《摩登时代》，《读者》2005年第20期
④ 铁皮鼓：《教育的真实性》，《读者》2005年第2期

是令他们如此疲惫？[①]

长期从事幼儿教育工作的女作家六六对比了新加坡和上海的教育情况，指出素质教育已经将最基本的尊老爱幼、文明礼貌、有涵养排除在外。在她看来，孩子缺少的不是所谓的素质教育，而是从我做起，从身边小事做起，想他人所想，学会分享和友爱。[②]

《素质教育在美国》[③]实际上是对中美教育的对比，美国教育更注重培养孩子独立思考、独立动手的能力，并为孩子的发展提供所需的时间和空间。此外，中国的初级教育好比往车厢里尽可能多地添加重物，而美国的做法更注重人的发展规律，"不大考虑载重量，而是让车子顺其自然地往前跑，并时刻注意给油箱加油，让车跑得更稳、更快，后劲更足……"

中外对比的巨大反差以及素质教育实施的艰难，让很多人进行反思。在很多人看来，中国特色的考试制度，特别是高考选拔制度是素质教育的最大杀手。"一道独木桥横亘在前，逼得学子们只能扔掉一切，全力和五门功课奋战，过得桥来，再去集中精力一窝蜂地恶补必读之书。学生们就是流水线上的产品，在何处该装什么零件都是规定好的。"[④]但是，也有学者呼吁理性看待高考与素质教育的关系。从理论上讲，素质教育是为国家培养人才，高考是为国家选拔人才，二者应该是相互合作、互有交叉、辩证统一的。厦门大学教育学院院长、考试研究中心主任刘海峰教授在论及高考与素质教育关系时多次谈到：高考至少可以提高学生的文化素质、心理素质，还能磨炼意志、培养合作精神及知恩图报等方面的品德[⑤]。

当然，不同的人对素质教育和教育改革也有不同的看法。学者崔润民的太太从1994年便赴美工作，并多次参加美国各大城市的文化交流活动，从而了解到不少美国中小学教育的信息和动向。他们发现，"当我们正在自我否定时，美国人却在悄悄地研究中国的基础教育"，"中国的基础教育，加上美国的高等教育已培养

---

① 《读者》2002年第24期"言论"栏目
② 六六：《比素质教育更重要的》，《读者》2010年第14期
③ 黄全愈，《读者》2000年第13期
④ 陈小川：《摩登时代》，《读者》2005年第20期
⑤ 崔润民：《我看教育改革》，《读者》2000年第10期

出大批杰出人才"。他指出,借鉴美国经验时要真正了解两国文化背景上的差异。文中表述的看法,虽系一家之言,或曰一孔之见,但对如何处理好素质教育、基础教育、传统教育以及事实存在着的应试教育的关系,也许会有所裨益①。

除了素质教育,《读者》还对当前的教育结构不合理现象进行了反思。《扩招——繁荣背后的忧思》②《革新中国教育十二策》③等都直指普通中学、普通高校招生过多,而中等、高等职业教育及成人再培训发展不够的现实。

三、"钱学森之问"和大学精神

2005年,温家宝总理在看望钱学森时,钱老提出了一个问题:"为什么我们的学校总是培养不出杰出人才?"这就是著名的"钱学森之问"。"钱学森之问"是中国教育的一道难题,需要教育界乃至社会各界共同破解。

大学独立精神的缺失是高等教育被批判的重点之一。清华大学校长梅贻琦先生曾说过一句著名的话:"所谓大学者,非有大楼之谓也,乃有大师之谓也。"美国的《生活》周刊认为大学"创造了一个延续整个世界文明的场所,也培养了大量全面了解这个世界的智者"。近十年来,中国高等教育的规模扩张迅速,表现为招生数量成倍增长,高等教育经费也成倍增长,但是大学丧失理想的追求,很难成为社会精神资源的中心。在许知远看来,大学已经很难具有独立的精神风貌,中国一流学府清华和北大也在走向堕落。④《博士"工厂"》⑤更是批判了博士培养的浮躁之风,据统计,中国现今的博士毕业生数量已经超过了其他所有国家,仅2009年一年就有5万名博士生毕业,数量的激增带来了质量的下降。

同时,《读者》也刊发了国外著名大学的理想和追求,这些文章散发着理想

---

①晓梦:《理性对待高考改革》,《读者》2007年第12期
②郑作时,《读者》2006年第14期
③刘庚子,《读者》2010年第16期
④许知远:《看,这个激动人心的地方》,《读者》2000年第4期
⑤李秀卿、方可成、苏岭,《读者》2010年第22期

主义的光芒。《剑桥的书香》①介绍了剑桥大学对人类最美的文化和精神的追求；《物理课的开场白》②则借耶鲁大学一堂普通的物理课的一个场景，希望大学出现更多追求学问和思想的老师，希望大学能够培养出更多具有开放、自由、独立精神的学生。

在有些人看来，中国高校的病根在于"行政化"，表现为校长和院长们忙着做官，想做学问的老师很难申请到科研项目，有思想的教育者难以自主办学，职称评审论资排辈，而学校也常常在应付各种检查和评估中疲于奔命。2005年前后，因为不能认同现行人文艺术教育体制，陈丹青请辞清华大学美院教职，成为当时舆论关注的热点③。2009年，中国科技大学前校长朱清时担任南方科技大学创校校长后当即表态，办大学首先要去官化、去行政化，实行教授治校的方针。由此，有人指出先有校长，然后才有大学④；有些人呼唤教授与董事会治校⑤。

四、教育产业化的反思

对大学的追问，也离不开对教育产业化的反思。2003年高考后，甘肃省山丹县一名高考生收到录取通知后，上吊自杀，原因是高昂的学费让本来就家境贫寒的他一筹莫展，乃至走上绝路。高等教育不属于义务教育范畴，"自从提出教育产业化以来，学费就噌噌噌一个劲儿往上蹿"⑥，各个大学为了生存和发展，通过提高学费、点招和二级院校的扩张，增加收入。很多学校在产业化的过程中，忘记了承担"与生俱来的责任：储备和传播知识，更新和创造知识，保存社会基本价值，提高公民文化素养"⑦。

---

①徐鲁，《读者》1996年第4期
②裴智新，《读者》2012年第8期
③陶潜：《陈丹青："退步"为了向前》，《读者》2006年第12期
④童大焕：《先有校长，然后才有大学》，《读者》2010年第1期
⑤刘庚子：《革新中国教育十二策》，《读者》2010年第16期
⑥戴泽明：《大学高额学费为哪般》，《读者》2004年第1期
⑦戴泽明：《大学高额学费为哪般》，《读者》2004年第1期

《追问中国》①认为,教育产业化"把大学从学术象牙塔抛入商业菜市场,大学成为一家公司,学生变成了一种产品。用大学扩招来推动国民生产总值(GNP),用大学城来拉动房地产,学术项目变成了生意,师生关系变成了老板和雇员……"这是对教育产业化的又一种尖锐的批判。

五、义务教育和教育公平

义务教育是中国的一项基本国策,《义务教育法》规定,每位适龄儿童都应当依法享有接受义务教育的权利,任何个人和组织都不得非法剥夺。《读者》对义务教育的关注主要有两点:一是各国的义务教育情况和对义务教育的本质的探讨;二是义务教育投入不足带来的教育不公平。

2006年2月,《义务教育法(修订草案)》提请十届全国人大常委会审议,已经二十年没有修订的《义务教育法》,再度成为当时两会期间的热点话题。《读者》随即刊发了两篇文章对此进行讨论:《义务教育:政府的责任》②指出政府应该增加投入;《话说德国的义务教育》③则溯源《义务教育法》产生的历史,指出当时普鲁士帝国的义务教育法是促使其在普法战争中取得决定性胜利的重要原因。

长期以来,由于政府投入不足,义务教育实质是"人民教育人民办",大量儿童因为家贫无法完成学业。由于各地经济、文化水平的差异,有些地区出现上学难,不同地区的学生享受的教育也有巨大的差异。随着经济的发展,这种差距越拉越大,因此,有人指出义务教育的最大问题,就是教育的不公平④。

《读者》对教育不公进行反思和批判主要集中在以下几个方面:

一是地区差距,特别是不同地区的高等教育机会不平等,反映在高考上,就是招生歧视。2001年,山东青岛三名女生栾倩、姜妍、张天珠,状告教育部以制定招

---

① 何雄飞、肖锋、胡尧熙、陈漠、孙琳琳,《读者》2011年第21期
② 杨中旭,《读者》2006年第10期
③ 郭力,《读者》2006年第10期
④ 鄢烈山:《教育不公是最大的不公》,《读者》2004年第14期

生计划的形式,使得各地录取分数不一,造成了全国不同地域考生之间受教育权的不平等,违反了《宪法》中关于公民应享有平等受教育权的规定①。《倾斜的高考分数线》②《高考招生歧视背后的省籍鸿沟》③分析指出:不平等的高考录取线凸显了中国地区之间的制度性壁垒和以邻为壑的省籍鸿沟,而正是因为高考地区歧视背后的利益驱动,才有了高考移民。

二是城乡差距。长期以来,我国实行的教育改革政策使城市教育成为最大的受益者,而本来就薄弱的农村教育暴露出重重矛盾,比如教学硬件软件不足,教学水平低下,教师工资拖欠严重,高昂的学杂费造成了严重的农村儿童上不起学的现象,农村留守儿童教育缺乏、失学严重,心理健康也急需重视。《读者》刊发的《农村孩子和城市孩子,谁更聪明》④《农村孩子上学,何时不成心头痛》⑤《农村教育的田野调查》⑥《关爱农村"留守孩"》⑦《关注乡村"留守族"》⑧《中国农村的"留守"孩子》⑨都直指农村教育的种种问题,《到北京去放羊》⑩更通过对一个因父母都在外打工而更习惯对羊倾诉的孩子的描写,反映了留守儿童的情感需求。

城乡差距在城市中的一个重要体现就是农民工子女上学难的问题。外来打工者在城市打拼,有着外人无法想象的艰难和辛酸,其子女上学是难上加难。城市中小学对农民工子女也存在入学歧视,高额的借读费让大量农民工家庭望而却步⑪。因此有的人呼唤《我的课桌在哪里》⑫。作家徐迅雷调查发现,在北京的三百多所农民工子弟学校,其中只有五十多所被批准,大多数农民工子弟学校处于求生的

①刘溜:《谁的孩子输在起跑线上》,《读者》2005年第8期
②刘健,《读者》2002年第1期
③王立品,《读者》2005年第3期
④韩乐,《读者》(乡土人文版) 2002年第10期
⑤颜安英,《读者》2004年第8期
⑥曹林,《读者》2003年第10期
⑦庞文,《读者》2005年第6期
⑧唐黎标,《读者》2006年第6期
⑨阮梅,《读者》2008年第11期
⑩聂茂、厉雷、李华军,《读者》2008年第18期
⑪杨军:《城市贫民阶层是一个信号》,《读者》2007年第6期
⑫黄传会,《读者》2007年第9期

边缘①。此文刊登后,一位河南读者辗转来电,他非常赞同作者的观点:

> 一个国家现在的教育失误,是对将来的犯罪,而且犯下的是大罪;将来的历史不会清算个别人,它将清算一个时代……

三是同一城市和地区的教育不公,这主要体现在名校的"择校费"上。令人瞠目的择校费常常师出有名,实质是教育乱收费的重要体现②。而公办学校本是公共资源,一些享受政策倾斜的重点学校却私收高额择校费、赞助费,加剧了教育的不公平③。

四是同一学校的不公平。从法律上来讲,人人平等,但实际上重点班、实验班等是许多学校的基本设置,有的学校中,一个年级共分四级,火箭班、实验班、重点班、普通班,还有一些竞赛班是不在其内的,可谓等级森严!④

①徐迅雷:《哪儿能容下这张孩子的课桌》,《读者》(原创版)2007年第1期。
②薛凯、王思海、李鹏翔:《触目惊心的教育腐败》,《读者》2004年第6期
③鄢烈山:《教育不公乃最大不公》,《读者》2004年第14期
④铁皮鼓:《教育的真实性》,《读者》2005年第2期

第三节

关注公平正义和民主自由

　　公平正义和民主自由是每一个现代社会孜孜以求的理想。由于各国国情不同，文化不同，选择的发展路径和发展模式不同，各个现代社会对公平正义和民主自由有着不同的理解和实践方式，这些差异使得各国的实践都形成了自己的特色。中国特色社会主义的公平正义和民主自由是百余年来无数仁人志士和各族人民共同奋斗的结果。从孙中山的三民主义到新民主主义到新中国成立六十余年的伟大实践，社会主义公平正义和民主自由逐渐成熟完善。党的十八大报告指出，公平正义是中国特色社会主义的内在要求，人民民主是社会主义的生命，要通过民主和法治建设保证人民依法享有广泛权利和自由。公平正义和民主自由也是社会主义核心价值观的重要内容。党的十八大报告首次概括了社会主义核心价值观，即在国家层面倡导富强、民主、文明、和谐，社会层面倡导自由、平等、公正、法治，个人层面倡导爱国、敬业、诚信、友善。社会主义核心价值观是党和人民共同为之努力奋斗的价值取向，是我们党立足社会主义核心价值体系建设实践做出的重大理论创新，也是构建中国特色社会主义现代文明秩序的行动纲领。

《读者》认识到公平正义和民主自由是国家和社会现代化的必然路径,也是改革的出发点和依归。从创刊开始,就刊登与此相关的各类文章,进行关键词搜索,发现有"公平"出现的文章共885篇,"正义"460篇,"民主"625篇,"自由"2953篇。

一、公平正义是幸福的尺度

公平正义是衡量一个国家或社会文明发展的标准,也是我国构建社会主义和谐社会的重要特征之一。十八大报告提出:"加紧建设对保障社会公平正义具有重大作用的制度,逐步建立以权利公平、机会公平、规则公平为主要内容的社会公平保障体系,努力营造公平的社会环境,保证人民平等参与、平等发展权利。"

(一)公平正义都是相对的

随着经济的发展和政治民主意识的觉醒,人们比以往任何时候都关注公平和正义。发展起点的不公平、发展机会的不公平、表达意愿与参与权力的不公平,导致人们收入差距急剧拉大,幸福感降低[1],这些都是涉及人们切实利益的问题。

但绝对的公平是不存在的。当公平变为机会均等、结果上的均等、起点上的均等、贡献上的均等时,这每一种均等,都有它不可克服的不公平的一面,并且带有一定的负面效果。[2]因此法国哲学家蒙丹曾说:"世界上分配得最公平的要算是良心了,因为从来没有人埋怨过自己缺少良心。"[3]这是一种讽刺,但现实生活中,公平是相对的。

而就公平和效率来说,如果追求公平,常会影响效率,如果强调效率,往往忽视了公平。[4]每一次追求公平和正义的时候,不仅面临政治和法律考虑,还有经济

---

[1] 卢周来:《我们为什么感到社会不公平》,《读者》2007年第3期
[2] 王建国:《公平的畅想》,《读者》2007年第7期
[3]《读者》1982年第12期
[4] 曹毅:《要公平还是效率》,《读者》2008年第2期

的思考。《正义的成本》①则从经济学的角度讨论公平的取舍:一旦实现正义的成本太高,人们自然会缩手驻足。在作者看来,在公平正义的大纛之下,还有许多小天平,而在诸多小天平之间,也还有取舍比较的问题。

面对公平和正义问题,需要我们培养一个良好的上进的心态,改变自己,不因为社会不公的存在而一味怨天尤人。《生活是公平的吗》②告诉我们,许多成功人士之所以成功,就是因为无论生活是公平的还是不公平的,他们都会义无反顾地坚持下去。《你为什么是穷人》③则告诉我们,"世上的贫与富不是绝对的,永恒对立的是观念本身"。在抱怨、依赖、等待与无所事事中,贫瘠的人生只会周而复始,改变观念、勇敢行动,才能改变命运的不公。《莫求虚有的公平》④则告诉我们,世界不是根据公平的原则而创造的,面对不公平,要用自己的智慧向不公平进行挑战,要认识到在生活中"要求平等"是一种狭隘的心理表现,斤斤计较只能带来无穷的烦恼:

> 一个心胸开阔的人,能够正确地看待自身与他人的差别,他既不会自轻自贱,崇拜英雄或偶像,把任何人都看得比自己优越,也不会盲目自信,无谓地贬低他人。他不会因别人的权力、财富、地位而愤愤不平。他愿意以自己的实力战胜对手,而不愿因对手的缺陷使自己轻易获胜。他没有时间幸灾乐祸,没有时间评论别人,他只是忙于自己所追求的事业。他不会计较在每件事上是否都公平,只愿意自己的内心快活与充实。这才是心理健康的人。

此外,《读者》告诉我们,还应该用发展的眼光看待社会不公。构建一个公平正义的社会需要全社会进行长期努力。如何全面建成覆盖城乡居民的社会保障体

---

①熊秉元,《读者》2007年第18期
②张霄峰,《读者》2007年第2期
③古古,《读者》2006年第20期
④雷音、向斐,《读者》1989年第5期

系？如何保证教育平等？如何破除潜规则和特权思想？这一切,都需要国家层面的制度设计和不断探索。

《读者》通过对制度、文化、道德、法制等方面的介绍,提高了全体公民的素质,使人们有渴求公平正义的意识、参与公平正义的能力和依法追求公平正义的行为。

（二）实现公平正义需要制度和规则保障

没有规矩,不成方圆。亚里士多德在赞扬希腊城邦时说:"人类因为能不断地进取而成为最优良的动物,但一旦脱离法律和社会的公正,人就能堕落成为最恶劣、最凶残的野兽。""正义需要用来控制人性的恶,只有在公民自治的秩序井然的社会里,才能找得到善美。"只有消除特权、打破"潜规则",通过制度和规则创新,才能实现机会平等,才能保障权利公平。

基督教哲学认为人有原罪,认为人性本恶,所以主张以制度与法律来约束人,并认为有了好的制度,坏人也会做好事;没有好的制度,好人也会做坏事。市场经济是实现资源优化的经济,它的重要手段就是竞争,而竞争的公平与否,却在于规则的制定。经济学家发现,在竞争中比牛还"牛"的是规则问题,于是创立了制度经济学,并在学说中告诫人们,制度创新与技术创新是推动社会经济发展的两个不可或缺的轮子。《规则的胜利》[1]从规则制定的角度讨论了制度的重要性。《以文明制度约束人性》[2]则从制度和人性的关系讨论文明制度的重要性。

《"五月花号"上所承载的东西》[3]则讲了1620年一群英国人乘坐一艘小船寻找新大陆的故事。新大陆是什么样的？他们不知道。一艘小船驶向茫茫大海,前途未卜,需要与风暴、疾病、饥饿、死亡进行抗争。他们决定共同签署一份公约,名为《五月花号公约》,内容是:

---

①郭梓林,《读者》2001年第11期
②朱学勤,《读者》2003年第23期
③黄鸣鹤,《读者》2002年第15期

为了国王的荣耀,基督教的进步,我们这些在此签名的人扬帆出海,并即将在这块土地上开拓我们的家园。我们在上帝面前庄严签约,自愿结为一个民众自治团体,为了使上述目的得以顺利进行、维持和发展,亦为将来能随时制定和实施有益于本殖民地的总体利益的一应公正法律、法规、条令、宪章和公职等,吾等全体保证遵守与服从。

这段文字,深刻反映了民众追求自由、平等的思想,契约精神和法理精神,也第一次从民众的角度阐述了国家权力的来源:国家是民众以契约的形式合意组建的,国家的公权力来自于民众所让度的部分权利的组合。

(三)弱势群体是检验公平正义的试金石

20世纪60年代,美国民权运动高涨,社会秩序大乱。肯尼迪总统顺应时势,推出了《平权法案》,在教育、福利、就业诸方面,给予有色人种特别是黑人等社会弱势群体以法律的倾斜。这是罗尔斯的"公平的正义"理论的应用,为当代美国社会带来了半个世纪的稳定。

公平正义是人民的向往、幸福的尺度。弱势群体处于社会底层,经济相对贫困,在医疗、教育、社会保障等方面都更需要国家和社会给予保障。弱势群体是最需要关注和关心的群体,他们是检验公平正义的试金石。关注弱势群体,是《读者》一贯的主题。梅红通过对《读者》短信平台的分析认为:读者选出的最喜爱的120篇文章中,关于弱势群体的有10篇。从读者选出的文章中可以看出,虽然这些人身处劣境,但都表现出昂扬的精神和对美好生活的追求和向往。①

《读者》主要从弱势群体的社会关注、救助等角度呼吁对弱势群体的关注。孙郁通过《穷人的声音》②希望现代作家们多关注穷人的生活,"在这个世界上,一切漠视、冷嘲穷人的作家,都算不上真正的歌手"。毕飞宇的《救灾只是一个开

①梅红:《〈读者〉的品牌及审美分析》,西南交通大学出版社2009年版,第135—136页
②《读者》2007年第7期

始》①,则通过对社会救助的讨论得出了好社会的标准:人人敬业,人与人互助,不要贪婪。

农民在中国各社会阶层中相对较弱,"三农"问题也是中国最大的问题。《读者》对"三农"问题的关注,包括农民的收入问题、土地政策、农业税收、农村医疗保险等等。以"农民"作为关键词,《读者》中出现该词的文章共有1891篇,出现"农村"的文章共有1750篇,出现"农业"的文章共有637篇。2000年,《读者》(乡土人文版)创刊时,还专门开设"三农话题"栏目,后又开辟了"乡村话题"栏目,相继刊发了《新世纪谁当农民》②《对土地和农民的牵挂》③《谁来保护农民》④《医药·医疗·医保》⑤《给农民以宪法关怀》⑥等较有影响的文章。

(四)户籍制度改革:公平正义的现实关切

我国的户籍制度是在特定历史条件下,国家进行社会管理、劳动力配置的有力手段。在计划经济时代,一个人就像一棵树,"组织"把你栽到什么地方,你就只能在什么地方扎根⑦。户籍制度改变了很多中国人的命运。20世纪70年代,下放知识青年兴起回城热潮,已经在下放地结婚生子的知识青年只能将一个人的户口调回城市,有的人因此选择留在农村,有的人则选择了离婚。⑧

改革开放以来,户籍制度经历多次变迁,但仍然束缚经济的发展。进入20世纪90年代,户籍制度改革是社会各界普遍关注的话题之一。在乡镇企业日渐疲软和农民收入持续不景气的情况下,原有的"离土不离乡,进厂不进城"为主导的乡镇企业模式坍塌,大部分农民工选择外出谋生,社会对农民工逐步转向承认、接受、鼓励流动(异地转移)的时期。据有关部门统计,到2000年,全国剩余农村劳

---

① 《读者》2008年第14期

② 赵炳华,《读者》(乡土人文版)2000年第7期

③ 关仁山,《读者》(乡土人文版)2001年第4期

④ 吴重庆,《读者》(乡土人文版)2001年第6期

⑤ 吴从周,《读者》(乡土人文版)2002年第9期

⑥ 张英红,《读者》(乡土人文版)2003年第12期

⑦ 孙道雄:《家住县城》,《读者》(乡土人文版)2005年第11期

⑧ 方向:《户籍制让分割的家庭几时圆》,《读者》2002年第6期

动力超过了2亿人。

随着社会经济的发展,人口的合理流动已经成为一股不可阻挡的潮流,对四十年不变的户籍制度形成了冲击,旧的户籍制度带来的负面效应也日益显现。1998年7月22日,国务院发出批转公安部《关于解决当前户口管理工作中几个突出问题的意见》,但仍然很难适应社会经济的发展。户籍管理制度造成了社会不公,形成了二元对立的城乡结构,不仅影响了工业化和城镇化的发展,也对城市管理造成了巨大的挑战。从20世纪90年代至今,《读者》刊发了大量关于户籍制度改革的文章,对这一社会问题进行关注。对公众而言,呼吁户籍制度改革一方面来自于对具体问题的求解,另一方面也是对社会公平和正义的渴求。

1. 户籍制度造成了城乡二元结构

中国的户籍制度明确将城乡居民区分为"农业户口"和"非农业户口",两种户籍的国人享有不同的发展机遇和保障,这使原有的城乡差距进一步扩大,形成了典型的城乡二元结构,即城市以大中型企业为主,基础设施发达,人均消费水平较高,而农村仍然以小农经济为主,基础设施落后,消费能力相对低下。城乡二元结构带来一系列的政治、经济和社会问题,改变城乡二元结构,就必须改革现有户籍制度,加快中国城镇化步伐,增加农民收入,缩小城乡差距。

为此,《读者》刊发了大量的文章予以呼吁。如《我们距离发达国家还有多远》[1]分析了中国农村贫穷的原因,指出户籍制度使农民处于不利的社会境遇是重要的原因之一。《给农民以宪法关怀》[2]则强调,"歧视农民的二元制度至今仍在延续,形成了举世独有的二元社会结构。其根本缘由在于我国在苏联模式的严重影响下,建立起一套高度集中的计划经济体制和包含户籍制度在内的二元社会结构,人为地把我国切割成市民与农民相区别、城市与农村互相隔离的社会"。

---

[1] 张结海,《读者》2006年第2期
[2] 张英红,《读者》(乡土人文版)2003年第12期

黎青插图作品:《职场压力:身心不能承受之重》(《读者》2005年第6期)

王青插图作品:《啥都是个社会学》(《读者》2010年第22期)

2. 户籍制度形成了新的社会不公

户籍制度的存在,使进城后的农民处于社会的边缘,从《农民的苦痛与城市的胸怀》[①]《京城边缘的人们》[②]《"城市之光"下的流浪者——城市流动人口中的弱势群体》[③]中,人们可以看到大部分进城农民集中在城乡结合部,形成了实际上的贫民窟,国家相关管理部门甚至对他们缺乏基本的人文关怀和基础保障。

从根本上说,户籍制度并非户籍本身,而是依附于户籍的就业、升学、住房、医疗保障、社会福利等一系列利益。《农民进城的门槛有多高》[④]《收入差距是如何拉大的》[⑤]《算一算"民工潮"的成本》[⑥]《入世,怎样保障农民的利益》[⑦]都指出,户籍制度和行政垄断,使农民工无法享受与城市人一样的各种利益,造成了大量的经济和社会问题,所以,有的人大声疾呼,给予外来务工人员更多的关爱[⑧],给进城农民更充分的保障[⑨];当然,在有些人看来,农民工本身就是一个渗透了太多歧视的词汇,是进城农民"一种世袭而非自由选择的身份"[⑩]。

3. 户籍制度加大了贫富差距

户籍制度的存在以及收入分配、教育等诸多领域的体制性缺陷,导致精英寡头化和底层人固化,阶层与阶层之间的流动困难[⑪],大多数的中低层人无力改变自己的命运。北京师范大学收入分配与贫困研究中心主任李实认为:由于目前缺乏科学公正的人才评价体系和充分竞争的人力资源市场,教育投入的价值并未充分

---

①孟波新,《读者》(乡土人文版)2002年第3期
②方三文、李玉霄,《读者》(乡土人文版)2002年第7期
③孙伯辉、张璋,《读者》(乡土人文版)2002年第11期
④乔润令,《读者》(乡土人文版)2002年第3期
⑤汪伟,《读者》2010年第21期
⑥张海峰,《读者》(乡土人文版)2002年第6期
⑦胡鞍钢,《读者》(乡土人文版)2002年第4期
⑧孙立平:《关注我国的弱势群体》,《读者》2002年第18期
⑨方三文:《给进城农民更充分的保障》,《读者》2001年第8期
⑩沉默:《"民工",到底是个什么"工"》,《读者》2004年第16期
⑪黄俊杰:《安身立命与自我救赎》,《读者》2009年第7期

体现,而户籍、出身、企业身份等差别,已成为拉大收入差距的推手①。

当然,在有的城市,户口的某些功能已经弱化,但户口仍是划分我国公民等级的尺度,限制了劳动力和人才的自由流动。《黄河边的农民——调查转型期的"三农"现状》②通过调查发现,"现代化要割断那些经济重心已转入城市的农民与承包土地的联系,但城市户籍拒斥他们,这使他们成不了能够自我表达与自我组织和管理的现代公民"。除了对进城务工人员的影响,高企的房价和基于户籍管理的各种"限购"政策,也"将中国最优秀、最相信梦想的一代逐出'北上广',具有中国特色的中国大城市病灶已然形成"③。《治堵,还是添堵》④讲述了北京为缓解城市交通压力而限购的例子,文章毫不客气地表达了愤怒:"欧盟把国家的壁垒都给取消了,人口、资金自由流动。全国其他城市都在推进户籍制度改革,北京……还搞这种地方主义,开历史的倒车……我就觉得,我很爱北京,但北京不爱我!"因而,有人讽刺说:"按照中国的规矩,卡特和布什这类'农民',到华盛顿当四年总统,恐怕还得先办暂住证。"⑤

从理性层面来看,户籍制度的改革牵涉方方面面的问题,只有建立健全覆盖城乡的社会基本生活保障体系,不断完善相关配套设施,并且打破地方行政保护主义,才能从根本上改革现行的户籍管理制度。当户籍制度与户口完全脱钩,纯粹成为国家管理、统计人口和进行决策的依据时,户籍制度也就恢复了本来面目。

二、自由与规则同在

卢梭在《社会契约论》中表示他的最大遗憾是:"人是生而自由的,但却无往不在枷锁之中。"纪伯伦也说,自由是人类枷锁中最粗的一条。⑥的确,任何人都

---

① 《读者》2010年第15期"言论"栏目
② 李彦春,《读者》2001年第5期
③ 初见:《这是最好的城市,这是最坏的城市》,《读者》2010年第11期
④ 张禣心,《读者》2011年第5期
⑤ 《读者》2006年第6期"言论"栏目
⑥ 吴淡如:《自由是枷锁中最粗的一条》,《读者》2007年第2期

不能为所欲为,人们要得到自由,必须遵守规则。没有规则的束缚,自由就会引发混乱和伤害。

瑞士被称为自由的天堂,但智慧的瑞士人深深地懂得:他人自由的开始,便是自己自由的终止。他们从平凡的生活中体会到,美丽的天堂需要良好的管理和严谨的规则,更需要每个人的自律①。作家陈忠实在加拿大和美国旅行时,感到处处不自由,比如他去一个律师朋友家做客,原以为在家可以喝酒,但朋友告诉他,律师职业是不允许喝酒的。这个规定的唯一目的,是避免律师喝得神经兴奋时胡说八道。为执行这一规定,律师的管理机关会不定期通知某律师到医院去抽血化验,一旦发现血液里酒精含量超标,便停止其一个季度的营业,情节严重者取消律师资格。②著名报人梁厚甫曾长期旅居美国,在他看来,美国既是自由国家,更是纪律国家。③

自由愈发达的国家,法规必然愈发达。因此,要想享受更多的自由,就必须遵守规则,这就要求人们必须具有健康、健全的心理,提高自己的文明修养。陈忠实的律师朋友说,自己的职业本身就是以法律为神圣的,自己如果不遵守律师自身的职业规定,连自己心理上都难以自信起来④。这显然不仅是一种自律,而是对规则的敬畏。这种自律使法规不是束缚的锁链,而是护身的铠甲,这显然是规则和文明的力量体现。⑤

---

①曼桥:《瑞士:没有"自由"的天堂》,《读者》2002年第7期
②陈忠实:《那边的世界静悄悄》,《读者》2009年第10期
③梁厚甫:《纪律与自由》,《读者》2003年第9期
④陈忠实:《那边的世界静悄悄》,《读者》2009年第10期
⑤约翰·罗斯金:《自由与克制》,《读者》1983年第10期

本书所选的20篇代表性文章之十八

我们为什么感到社会不公平①

卢周来

社会公平状况

世界银行对社会公平总结出两条原则:第一条原则是机会公平。我们原来有一个说法,机会公平就是把所有人都放在一条起跑线上,比如说老人和小孩,如果是跟青壮年放在同一条起跑线上,或者是把残疾人和正常人放在同一条起跑线上,我想结果还是不公平的。所以政府、公共政策应该本能地照顾社会中的弱者,而掌握大量资源的人群应该有所收敛,只有这样才能真正让每个人都有机会。否则,泛泛地说同一条起跑线,最后的结果就是胜者通吃。

第二条原则就是避免剥夺享受成果的权利。如果一个社会中人人都是机会均等的,而且富人的财富获得也具备正当性,但如果政府没有给穷人基本的生活与医疗保障,即使贫富差距并不特别突出,穷人仍然会觉得这个社会不公平。

小平同志曾经说过一句话,老百姓的感觉来得比我们更加真实,就是这么一个道理。中国改革开放的伟大成就是不容否认的,但是我们的公平状况不容乐观。首先是收入差距急剧拉大。像北京、上海这些城市已经跟发达国家大都市没有多大区别了,但是中国最穷的地方呢,我刚刚到过西宁,去了一个贫困的地方,在村头有一家小店,我们把所有东西买光才花了370元。

其次，发展起点的不公平、发展机会的不公平、表达意愿与参与权力的不公平。举一个例子，比如说全国人大代表中，城市人口每24万人选举产生一个代表，农村人口每96万人产生一个代表。

第三个表现就是社会排斥。如果一个人没有一套合体的西服、一双合脚的皮鞋，就感到没有脸面进入公共场所。我原来调研过一些农民工，他们每天吃完饭之后，就在马路旁几个人砸开一个西瓜吃，他们感到城市没有办法容纳他们，他们不能进入到城市里任何一个公共场所。

如果公平状况继续恶化的话，可能有这样的情况：短期看，会危及社会稳定，中期看可能会威胁经济可持续发展，中长期看可能会导致经济转型被锁定，长期来看可能会导致合法性的危机。

比如说，在某地发生了一起简单事件，就是当地的农民因有关部门治理污染不力去找政府，本来开始去找政府的农民大概就十来个人，后来就扩大了，最终酿成了一万多人的围攻事件。小平同志曾经说过这样一段话，如果搞两极分化，中国就会出现闹革命的问题。

这几年有一个词叫"改革冷漠症"，贫困阶层说我现在穷得都到菜市场捡菜帮子吃了；富人们则害怕进一步的改革会触动他们的既得利益，因而变得保守起来。既得利益者不愿意推动改革，普通老百姓也不愿意推动改革，"改革冷漠症"就是这样产生的。

原因

社会公平状况恶化的原因可以归结为五个方面：一个是经济增长的必经阶段，还有就是制度转型必须付出的代价，这都具有震荡性；还有可以避免的三点，某些公共政策存在失误、转型过程中的制度失范、政府的职能错位。

在经济增长的过程中，会出现某种程度上的贫富分化，这在现代经济学上是有说法的。我们知道农业社会很简单，一把锄头、一条扁担，如果再有一头水牛就非常了不起了。如果人均占有的资本量大了，就要给资本更大的利润,那么你就不得不压低劳动力的相对价格。所以资本和劳动力之间的差距会拉大。

第二个因素就是制度转型。这可以从改革动力上来理解,你要让改革能够推进下去,首先你要给改革参与者更高的收入。比如说我们的沿海地区,民营部门、三资企业,他们是中国增量改革的参与者,要让他们有积极性,只能给他们相对高的收入。如果改革越改越穷他们还会有积极性吗?

但是经济增长和制度转型造成了收入差距,还不能完全解释公平恶化的问题,这只能由后面的几个因素来解释。第一是某些公共政策存在失误,这些公共政策主要包括住房改革、医疗改革、教育改革、社会保障改革。按道理我们交了钱给政府,政府就应该给我们保障,但目前还做不到这一点。

由于医疗走向市场,所以现在出现了"创造病人"的现象。像我的一个邻居,孩子感冒了送到儿童医院,花了2000块钱。这还不算,在治疗的过程中医生跟家长说,你的孩子还有一点不正常,为什么,说是有点性早熟,就这样又花了一万多块钱,小孩还被治得蔫蔫的。

第二就是转型过程中的制度失范。像官员弥散性腐败和国有资产的流失都属于此类。商务部的一个调查报告,说中国外逃官员是4000人,携带资金约500亿美元,折合人民币约为4100多亿元。我去年承接这个课题进行大型调查,将官员腐败视为社会公平感不足的首要原因的被调查者比例高达63%。

第三个原因是发展压力下地方政府职能错位。本来政府主要的功能是维护社会公平、进行宏观调控、创造法治环境,但是现在很多地方政府都像一家大公司,省长就是董事长。在这样的环境中,政府就有本能的亲善资本的冲动,造成不公平。

解决之道

中央现在形成了一个共识,就是我们要建设一个和谐社会。最好的选择就是在促进社会公平的过程中推动制度转型,这个时候我们说促进社会公平不仅仅是解决不公平问题,而且是为下一步改革提供动力的问题。

必须坚持改革的方向不动摇。改革大体分两步走,先有经济绩效的总体改进,后有对改革成本承担者的及时补偿。比如说,一个单位有100人,现在有一个决策,如果决策通过的话,可以为这100个人中的某一个特定的人带来300元的收益,而给另外99个人每人带来1元钱的损失。如果这个决策以民主投票的方式进行表决,结果一定是以99票反对对1票赞成而无法通过。但是从总福利改进的角度看,决策通过会给单位增加300元的福利,带来99元损失,所以改革是允许的,净收益是201元。这个时候政府就来协调,怎么样协调?改革的受益者给受损者补偿,做这么一个承诺就可以了。改革如果继续进行下去,受益者从增加的300元中拿出198元,给其他99个人每人补偿两块钱。如果这样的话,改革一定会得到100%的支持。

小平同志晚年在想什么,一个是中国发展起来之后怎么办,实际上就是分配问题,还有一个就是"三农"问题。而现在我们恰恰忽略了小平同志关于改革设计的有关补偿的阶段。

政府现在急需承担一些基本的保障责任,这就是兜底,像基本的救助,还有教育资助政策,不能以任何理由妨碍失业者临时性就业,还有就是法律援助。

从长远看,必须要惩治腐败,提高政府的效率,降低政府运行的成本,完善监管与法制,堵塞非法致富的渠道,建立劳资谈判的机制,还有就是保证司法公正。

第四节

关注生态文明

　　文明与文化一样,是一个非常广泛的概念,它包括了人类改造世界的物质成果和精神成果的总和。人类文明的进程可以分为三个阶段:一是原始文明,二是农业文明,三是工业文明。工业文明以人征服自然为特征,生态文明则倡导热爱自然、尊重自然、人与自然和谐发展,是一个全新的文明形态,是人类面对自身发展困境要走的必然之路。

　　生态文明是衡量未来中国发展的一个重要指标,党的十五大报告明确提出实施可持续发展战略,这是与生态文明一脉相承的行动纲领。党的十六大以来,在科学发展观指导下,党中央相继提出走新型工业化发展道路,发展低碳经济、循环经济,建立资源节约型、环境友好型社会,建设创新型国家,建设生态文明等新的发展理念和战略举措。党的十七大报告进一步明确提出了建设生态文明的新要求,党的十七届五中全会进一步提出提高生态文明水平,“绿色发展”被写入“十二五”规划并独立成篇。党的十八大报告首次单篇论述生态文明,首次把“美丽中国”作为未来生态文明建设的宏伟目标,并强调把生态文明建设放在突出地位,融入经济建设、政治建设、文化建设、社会建设各方面和全过程。这表明中国共产党对中国特色社会主义总体布局认识的深化,把生态文明建设摆在五位一体的高度来论述。

作为一个文明的概念,生态文明包括生态观念、生态制度、生态行为、生态环境、生态经济等多方面内容。《读者》对生态文明的关注可以分为以下几个方面:

一、介绍西方生态文明理念和状况

20世纪50年代开始,西方国家工业化进程带来了严重的环境污染,引起社会各界的注意和反思。如何转变经济发展模式,解决污染问题,重新营造天蓝水清的人居环境,成为西方国家社会发展中遇到的普遍问题。数十年来,西方国家在观念、法规政策和实践等层面积极探索,为发展中国家的生态文明建设提供了丰富的经验。《读者》对西方发达国家经验的介绍主要集中在介绍世界各国的生态环保理念和做法。西方国家普遍重视培养和提高公众的环境保护意识,规范公众行为,倡导绿色生活。

英国人热爱自然在全世界赫赫有名。《英国花园》介绍了英国人如何把"自然把玩于股掌之间,总是要把生活艺术化,让鲜花开在自己的生活里",在作者看来,"自然和花园才是英国最主要的特产"[1]。英国人对动物宠爱的程度令人咋舌,他们会为动物设立许多基金,将一些年老体迈的西班牙驴供养在漂亮的田园里,有的动物保护组织急切要求所有爱猫者给猫们使用防晒霜,很多民间组织还向痛失宠物的人提供埋葬动物尸体的服务,有些人甚至要求死后葬在动物墓地里,躺在宠物的身边。对于农业部把英国的小牛和羊出口到其他欧洲国家"遭宰割",动物保护主义者整夜守在港口进行抗议[2]。

英国人同时非常节俭。以用纸为例,在大学的办公室里,笔、纸、胶水、信笺等

①义海,《读者》2007年第7期
②张晓文:《宠爱动物的英国人》,《读者》1995年第5期

文具用品可以随时取用,而且从不用登记。一位中国访问学者取用空白的A4纸准备打印资料却遭到了老师的批评,在老师看来,"这么好的纸只有在打印、复印时或抄正式的文稿时才用",原来,每个办公室都有各式各样用过一面的所谓的"废纸",是供老师平时随便写写画画使用的。在中小学,学生的课本一般都是上一年级学生留下的,这样不仅减轻家长的负担,而且每年还节省了大量印教材的纸[①]。在日常生活中,英国人也十分节俭,上街时"往往只买一两个青椒,或者一两个蘑菇,或者半根黄瓜"[②]。芬兰人的节俭也是举世闻名的,他们甚至在每年4月中旬举办"吝啬周"活动。"吝啬周"期间,在火车站、图书馆等公共场所,组织者设立了不少宣传点,引导人们树立正确的消费观念,并且介绍各种实用的节约利废思路,包括如何旧货翻新的传单,反对生产一次性使用的消费品,反对追求时髦淘汰过时物品的消费习惯,呼吁政府对使用新自然资源和高耗能的产品课以重税,对提供大量就业岗位的修理业减免税收,等等。[③]

《东京的天空为什么那么蓝》[④]介绍了日本北九州市的经验:他们将环境保护和人们的生活有机地结合起来,比如利用一些特殊的技术对垃圾进行回收和再利用,变成有价值的消费品——这同样能拉动经济的增长。

《莱茵河为何总是清的》[⑤]为人们提供了另一种解决治理企业排污的思路。莱茵河畔有大大小小不少于3000家企业,但莱茵河的清澈远近闻名,原因就在于政府在排污治污中扮演了一个非常积极的角色,即政府联合当地大型企业兴建污水处理系统,并在污水治理厂占有一定的股份,政府出钱派人监管。联合污水处理厂不仅处理入股企业的污水排放,也积极鼓励其他企业将污水通过管道运送到处理厂,从而使污水处理厂不仅节省了相关开支,也产生了一定的利润。对于居民日常生活污水也照此实行,污水治理费从水费中收取。市长的解释很能给人一些启迪:"如果一提公益就意味着要增加某些人的负担,显然这不是真正的公益。我们提倡

①钟小佩:《"小气"而慷慨的英国人》,《读者》2000年第19期
②王春华:《英国菜市场散记》,《读者》2006年第4期
③霜涛:《芬兰的"吝啬周"》,《读者》2002年第7期
④黄琳,《读者》2007年第4期
⑤陈亦权,《读者》2011年第1期

但不依靠人们主动去做公益事业,也不施加压力逼迫人们去做,而是用我们的智慧去规划和部署,让公益事业也成为一种营利事业,从而实现真正的公益。"

二、关注法律法规对生态环境保护的作用

健全、完善的法律法规是生态保护的屏障,这不仅提高公民环境保护意识,也规范着政府和人民的行为,使生态理念得以贯彻落实。

音乐之都维也纳郊外有一片名扬天下的森林,这不仅是因为施特劳斯的名曲《维也纳森林的故事》,更由于这里的人们生活在层层叠叠的绿色包围之中,森林是国家的骄傲与福气之一。但几个世纪以来,它也凝聚了人们的辛勤劳动和严格的法律保护。冯骥才在《维也纳森林的故事》[1]中告诉我们这一段历史,一个重要的原因是1852年奥地利就颁布了《森林法》,一百余年来,严格执行,不断完善,沿用至今。

新加坡盛行节俭之风,新加坡的法律规定,在餐馆浪费食物,需加倍付费[2]。城市化带来的生活垃圾曾令全世界的管理者头痛不已,在德国,垃圾分类回收不仅是经济体系的一个组成部分,也有着严格的法律规定,在公司、家庭和公共场所都有分类垃圾桶[3]。

水资源缺乏是许多国家都要面对的现实问题。对南非来说,水资源更具有重大的战略意义,因而南非政府对自来水浪费问题格外关注。南非开普敦市严格规定了时间,上午10时到下午6时之间禁止对花园和草地进行灌溉,甚至对南非私人花园的用水也做了详细的规定。比如,同一个花园只能使用一种浇灌设备,用接水管每周一次,只能浇30分钟,还要根据门牌号的奇偶数分开进行;用水桶或喷壶每周两次,可以浇一小时;用滴灌设备每周一次,只能浇20分钟。对于违反节水

---

①《读者》1994年第1期
②温达华:《新加坡的三道"风景"》,《读者》2006年第6期
③邵青还:《告示里见精神》,《读者》1994年第6期

措施的人,一旦发现,就进行高额罚款,甚至被判处半年监禁[1]。节水法规如此精确细化,并如此严格苛刻,着实令人惊叹。

多管齐下治污染也是西方的重要经验。为减少尾气排放污染,地广人稀的瑞典对汽车尾气排放有着严格的规定,此外,还增加汽油费、车费、停车费和学车费,通过加大汽车消费成本使人们多选用公共交通工具[2]。

爱尔兰把限塑和禁烟列为生态建设的重要经验。《各国的禁烟》[3]介绍了各国的禁烟运动:芬兰已禁止在所有公共场所抽烟;瑞典与冰岛则在国内航线班机中下达禁烟令;英国的伦敦和利物浦全面禁止在地下铁道内抽烟;丹麦则对生产销售烟草课以重税,一包香烟的定价中87%是税收。

三、倡导绿色健康的生活

对绿色健康生活的重视和倡导是全世界的共同追求,但西方发达国家的许多举措和成果走在了中国的前面。

"健康才是最重要的"是普遍的共识,为此,西方人更重视在每天进行最便宜而有效的健身运动,像骑自行车、散步、整理花园、爬楼梯、慢跑,不管任务如何艰巨,他们都希望走到户外,至少走到窗口寻找天空的所在,抬头仰望,领略天空和自然之美[4]。从更深层次来看,绿色健康生活体现了对生命的尊重。在《国外的"敬重生命"教育》[5]中,读者发现英国人关爱生命是从小动物开始的,而德国每年都举办短寿展,其警示作用远超长寿展。

《凡夫俗子尚可"绿"乎》[6]则对当前国家的一些绿色环保政策提出了反思,比如政府一方面高呼低碳减排,另一方面却鼓励汽车消费;比如地方政府总是为

①刘仲华、李峰、高永聪:《节约,各国有奇招》,《读者》2005年第22期
②高建平:《我不买车》,《读者》2001年第3期
③《读者》1988年第12期
④韦斯利·T.克斯顿马察、路莎·J.塞华特:《一切从减》,《读者》2004年第21期
⑤青木、晓杨、陈甲妮、王刚,《读者》2012年第1期
⑥连清川,《读者》2010年第5期

了发展经济而不顾对环境的保护。这种思考与十八大的精神很是契合,即生态文明要与政治文明、社会文明、文化文明、经济文明融为一体。

对绿色健康的生活方式,《读者》从来都是不遗余力地进行赞扬和推广。比如"乐活"提倡关爱自己,关爱地球,做好事,有活力,爱并快乐着的生活理念,是集健康、环保、时尚于一体,是能够"抑制现代城市中大量慢性疲劳症候群的最佳选择",因为"既简单又炫酷,既被新锐小众追捧,又受芸芸大众推崇"①。《读者》刊发了《比有常识再多点见识》②《人能学会敬畏自然吗》③《低碳,低碳》④等11篇文章予以介绍和推荐。

节能减排影响到千家万户,作为普通民众,能为减排做些什么呢?《低碳生活50条准则》⑤指出,开短会也是一种节约;"宅"很费电,没事多出去走走;烘干没有必要,多用阳光晒衣服。为了更好地倡导绿色生活,2010年,《读者》还发起了"倡导绿色生活,培育低碳一族"征文活动,希望借此提高大众的节约意识与环保意识,从生活中的点滴做起,节能减排,共同创造低碳环保的绿色生活。

四、关注环保人物和公益活动

环保是生态文明建设的重要环节,环保人士在提高公众环境意识、推动公众参与环保方面为全社会起到了榜样的作用,激励着越来越多的人投身环保。

《读者》介绍了大量国内外的环保人物,如被誉为"生态之母"的美国生物学家卡尔逊,她在《寂静的春天》中详述了杀虫剂对环境的伤害,并对化学毒害问题提出警告,开启了美国及世界范围内的环保革命⑥;被尊称为"可持续发展的

---

①唐丹妮:《乐活——快乐生活》,《读者》2007年第13期
②严悦,《读者》2010年第4期
③黄俊杰,《读者》2008年第16期
④马小淘,《读者》2011年第2期
⑤张凌凌,《读者》2010年第3期
⑥吴方笑薇:《把"人"字写小些,更小些》,《读者》2003年第18期

先知"、反对核能与化学农药、批评以经济成长作为衡量国家进步标准的舒马赫[①]；享誉澳大利亚的动物世界的探险家史蒂夫·欧文[②]；中国第一个民间环保团体"自然之友"的创办者梁从诫[③]；积极参与可可西里地区生态保护，在与盗猎者的搏斗中身亡，被中国国家环保局、林业部授予"环保卫士"称号的青海省玉树藏族自治州治多县原县委副书记索南达杰[④]；第一个向公众揭示了淮河十年治污不成的真相和癌症村的生态灾难，并创办了淮河流域第一家民间环保组织"淮河卫士"的霍岱珊[⑤]；中央电视台记者、北京绿家园负责人、环保组织和媒体结合模式的开创者汪永晨[⑥]，等等。

　　除了环保杰出人物，《读者》还介绍了多个政府和民间的环保组织和环保志愿者的事迹。他们积极践行环保理念，号召并呼吁身边的人了解环保、支持环保、参与环保。杰出的环保人物和大量的环保志愿者是建设美丽中国的引领者和实践者。

　　《读者》长期关注环保，刊登环保公益广告，影响最大的事情是建设"读者林"。

　　2000年，为落实党中央关于西部大开发的宏观决策，改变西部的生态环境，加强西部人的环境保护意识，实现西部经济的可持续发展，《读者》和中国青少年发展基金会共同发起了"保护母亲河，共建读者林"活动。《读者》利用杂志影响力大的优势，广泛宣传此项活动的意义。活动倡议得到了全社会的响应，汇款单如雪片般飞向青基金，在短短3个月时间里共有近10万人参加了捐款活动。捐款者最小的一岁，最大的八十来岁，覆盖社会的各行各业。曾孤身一人徒步考察黄河全境的环保志愿者周汝尧将考察报告《黄河纪行》在《读者》上进行义卖，承诺卖一本书向"读者林"活动捐款5元。

---

①刘仁文：《小的与大的》，《读者》2006年第18期
②徐迅雷：《人间有大美而不言》，《读者》（原创版）2006年第12期
③攀妮：《梁从诫：为无告的大自然流泪》，《读者》2000年第23期
④王伟群：《血染的希望》，《读者》1996年第4期
⑤曹红蓓：《霍岱珊：守望淮河的人》，《读者》2005年第7期
⑥蔡平：《绿环》，《读者》1997年第7期

"读者林"活动自2000年2月推出以来,参与捐款的人数超过100万人次,捐款总数超过400万元。"保护母亲河,共建读者林"活动在甘肃刘家峡项目区、兰州大砂沟项目区、四川乐山项目区建设了三期近2万亩"保护母亲河绿色工程"。《读者》杂志社不遗余力地推进此活动,累计刊发彩页广告22版,投入版面广告免费额达300多万元,累计刊发宣传文章18篇,共20版次:其中整版14版,二分之一版3版,三分之一版3版,累计1万字以上。在《读者》的影响和带动下,全国多家报刊也陆续营建了自己的读者林,为中华大地播下了一片片新绿。

2002年9月25日,三位"神秘"的女孩来到中国青基会,向"读者林"送来了一笔3万元的捐款,并要求这笔捐款以言承旭的名字来命名。言承旭是当时全球最红的华人偶像组合F4的领军人物,而捐款者都是他的来自国内外的歌迷。一位歌坛明星的名字怎么会出现在"读者林"中呢?原来在言承旭歌友会网站上,一个歌迷发出了倡议,就是用特殊的方式表达对自己偶像的喜爱,做一些对言承旭、对歌迷、对社会有意义的事。这位网友是一名在校大学生,是《读者》的忠实读者,也是"读者林"的热心参与者,他提出了捐建以言承旭命名的"读者林"的想法。他的提议引起了网站负责人和歌迷组织中的积极分子的重视和支持,经过严格的调查和论证,组织者向全国的歌迷发出了倡议。倡议得到了积极的响应,参加者近400人。10月31日,同样名义的捐款又一次送到中国青基会,两批捐款共计人民币46677元、美元529元、日元10000元,其中还有一些是其他币种兑换而成的。

偶像的力量是巨大的。歌迷们的这一美好举措,引起了媒体的广泛关注和正面报道。在2002年9月28日F4北京演唱会前,北京的许多媒体报道了这一消息,有些媒体还配发了《追星,就应该这样追》的评论,对这一美好善举表示赞赏和肯定。香港、台湾的一些媒体也纷纷转载,新华社还播发了通稿。①

第二件事是黑龙江一位身患癌症的退休老人卢亦民看到"读者林"的活动,毅然从所剩无几的储蓄中捐了5000元钱。此时,他工作的煤矿已经倒闭多年,一

---

① 汪文彬:《追星追出的"读者林"》,《读者》2003年第2期"编读往来"栏目

对儿女也双双下岗,家中生活拮据。在他看来,这点钱留给儿孙,无法从根本上解决问题,而捐给"读者林",则是造福社会。看到卢亦民老人的信后,《读者》杂志社特地委托当地邮局送上鲜花,表达"读者人"深深的感谢和祝福。令人惋惜的是,老人病情已到晚期,他没有战胜病魔,一个月之后就辞世了。

在2002年1月18日召开的2002年全国保护母亲河行动电视电话会议上,《读者》杂志受到共青团中央、全国绿化委员会、全国人大环境与资源保护委员会、全国政协人口资源环境委员会、水利部、农业部、国家环保总局、国家林业局等八个部委的联合表彰,授予《读者》杂志"全国保护母亲河行动先进集体"荣誉称号。时任全国政协主席的李瑞环同志称赞这一活动是保护和改善生态环境的"一个很好的尝试","开展以来取得的成效是显著的",并要求大家"矢志不渝,扎实工作","使我们的祖国山更绿、水更清"。时任团中央第一书记的周强同志也两次为"读者林"活动专门批示,认为这一活动很好,要求抓紧抓好,抓出成效,既要见树,也要见人。

五、对当前我国生态问题的反思

生态文明是社会可持续发展、和谐发展的必由之路,也是建设"美丽中国"的核心要义。目前,日益严峻的生态环境问题,已经影响了绿色发展、循环发展、低碳发展,制约了经济发展方式的改变。长期以来,《读者》坚持对我国生态文明的问题进行反思和批判。

一是对制度缺陷的反思。一个社会问题积重难返,必有深层次的制度缺陷。长期以来,我国地方政府在"GDP冲动"下,对环保并不重视,甚至严重违反环评规定,"先上车再补票""上了车也不买票"等现象屡禁不止。以水资源为例,长江、黄河、淮河、海河四大流域断流、流失、污染现象严重,太湖、滇池、巢湖等多地爆发蓝藻,"越治越污染"的背后说明在环保体制和法律法规上存在重大缺陷,制度缺陷加剧环境违法,长期以来,形成了恶性循环。

二是对环保教育缺失的追问。目前,我国已经走过了基本的环保启蒙阶段,但从全国来看,环保教育仍然严重缺乏,"我们几乎没有环境保护方面的教育,至今连个垃圾分类都做不到"[1]。长期参与实践的环保人士对此更加刻骨铭心,民间环保英雄奚志农近乎哀叹地表示,"我们跟他们的差距不止一百年","搞环保最关键的就是给人洗脑和换脑,坚忍、友善并且适当妥协","这几乎是奚志农用性命得来的经验"[2]。

环保教育的缺乏使社会普遍缺乏基本环保常识。比如,在很多人看来,铺了"草皮"就是绿化[3]。再比如洗衣服会带来资源浪费,中国人习惯"穿一次,洗一次",但英国"大约只有7.5%的衣服称得上非洗不可,其余大部分都只需丢进洗衣机转一圈而已"。正确认识这些常识,并且养成良好的生活习惯,无疑会节省大量的资源[4]。

三是对人性贪婪的批判。在急功近利地追求享受和物质的过程中,很少有人会停下来反省一下繁荣的代价,面对自然更难持有感激和敬畏之心,用尽祖宗资源,断了子孙活路也在所不惜[5],这是多么可怕的思维和行为。著名环保作家唐锡阳先生对此也深有感触,他呼吁"'人'字原本多大就写多大。现在是写得太大了,应该写小些,小些,更小些,把'人'写在原来应有的位置上"[6]。

仅有反思和批判是不够的,生态文明建设必须秉承天人合一的思想。天是儒家思想中的最高权威,是道德观念和原则的本原。在儒家看来,天具有超人力量,至高无上,应该敬畏天命。庄子最早提出了"天人合一"的概念,被汉代思想家、阴阳家董仲舒发展为天人合一的哲学思想体系。传统儒家的"天人合一"思想是一种追求人类和自然共存的大智慧,蕴含着人与自然之间亲密无间的关系。在中国思想史上,"天人合一"是一个基本的概念,季羡林先生对其解释为:天,就是大自然;人,就是人类;合,就是互相理解、结成友谊,两者不是征服与被征服的关

①张结海:《我们距离发达国家还有多远》,《读者》2006年第2期
②沙林:《重归香格里拉》,《读者》2001年第4期
③李皓:《城市绿化的误区》,《读者》2005年第10期
④马迪编译:《日常环保"五宗罪"》,《读者》2010年第6期
⑤吴越、许旸、徐晶卉:《贪婪让我们"慢性中毒"》,《读者》2011年第2期
⑥吴方笑薇:《把"人"字写小些,更小些》,《读者》2003年第18期

系。《读者》对此主要体现在倡导善待自然、珍惜自然和绿色健康的生活方式。

　　《土家的茶文化》[①]讲述了土家人通过茶这个媒介，"使今天活着的人在精神上与祖先进行了交流，与神灵进行了沟通，实现了天人合一，获得了精神上的至高境界"。《生活在大城市的30项成本》[②]指出：选择在大城市生活，就意味着背离——背离天人合一的生活方式，背离轻松悠闲的生活节奏，背离低风险、低污染、低物价的生活环境，背离健康，背离睡眠。唯一没有背离的是欲望本身，它被打扮成理想、前途、上进心和生活品质。《敬畏自然》[③]对自然的态度更为明显："大自然既简单又复杂，像个朴素和蔼而又渊博深沉的学者，它深藏着自己博大精深的内涵，外表却又显得极为平易随和。天真的稚子也能如鱼得水地嬉戏其中，大字不识的山村老汉数着粗硬的手指也能对付。""顺生、顺时、顺应自然，大自然就会像白昼那样一目了然。""敬畏自然、顺应自然、理解自然，我们人类方可在大自然中和合万世，颐养天年。"

---

①陈孝荣，《读者》（乡土人文版）2006年第3期
②山鸡哥，《读者》2008年第22期
③詹克明，《读者》1998年第5期

第五节

普及科技知识　弘扬科学精神

科技的进步与人类的进程休戚相关。当今社会,已经进入知识经济时代,科学技术发挥着越来越重要的作用。从科学技术是第一生产力,到科教兴国,再到科学发展观,可以清晰地看到,发展科技已经成为我国一项长期施行的基本国策。只有科技进步,才能建设现代化强国。

科学素质是公民素质的重要组成部分。2006年国务院发布的《全民科学素质行动计划纲要》指出,根据有关调查,我国公民科学素质水平与发达国家相比差距甚大。公民科学素质的城乡差距十分明显,劳动适龄人口科学素质不高;大多数公民对基本科学知识了解程度较低,在科学精神、科学思想和科学方法等方面更为欠缺,一些不科学的观念和行为普遍存在,愚昧迷信在某些地区较为盛行。公民科学素质水平低下,已成为制约我国经济发展和社会进步的"瓶颈"之一。

科普教育是科技和教育的一个交叉环节,是提升公民科学素质的重要途径。党的十六届六中全会将"普及科学知识,弘扬科学精神,养成健康文明的生活方式"作为构建和谐社会的重要内容。党的十八大报告指出,要在全社会,"普及科学知识,弘扬科学精神,提高全民科学素养"。所有这些都充分说明党中央、国务院对科学普及工作的高度重视。

科普作家、中科院文联主席郭曰方说,科普图书市场真正原创性、创新性的科普作品非常少,不少科普文章内容陈旧、形式单一,虽然书名不尽相同,但内容大同小异,一看就是互相摘抄汇编的结果。"你到图书城看一看,就会发现书架上的科普图书,虽然书名不同,但内容上却差不多。"另外,我国科普作品大多仅限于传播科学知识,涉及科学精神、科技价值观、科研道德、科学思想、科学方法的著作很少[1]。

《读者》自创刊起,"科海览胜""知识窗"等栏目就一直伴随《读者》杂志,平均每期发表科学知识的文章两篇以上。此外,又通过"心理人生""生活之友""军事天地"以及"补白""意林""资料卡"等栏目,介绍了大量的科学知识,三十多年来,《读者》默默地完成了一项浩大的科普工程。

一、普及科技知识

《读者》杂志注重将科学文化知识进行普及化和系统化。《读者》的内容极其丰富,乃至每个人都能找到适合自己需要的知识。与文献资料相比,这些知识足够"科普",不同专业的人都能够轻易理解和阅读。《读者》普及科技知识可以分为两类:

一是关注科普常识。科普与生活密切相关,但很多时候人们缺乏基本的常识。比如近几年,社会谈"化学"色变。很多人认为,"凡是采用了化学手段的东西一概对人体有害,而所有的天然物对人体一定是安全的"。但"真实情况恐怕要比这种直觉复杂得多"。《读者》刊发了《我们为何错读化学》[2],对化学的历史和价值做了科学的分析。比如大闸蟹销售火爆,但大多数人却不知如何选购,杂志刊登了

---

[1]蔡文清:《一本烂书背后的科普困局》,《北京晚报》2013年3月25日
[2]浦家齐,《读者》2009年第13期

《巴城大闸蟹》①一文,介绍大闸蟹的生长环境和选购技巧。"三聚氰胺事件"爆发后,很多人对牛奶敬畏有加,《读者》随即刊发了多篇文章进行讨论,除了从社会责任、伦理道德和法律法制等角度外,还从科普角度进行分析。如《三聚氰胺身世调查》②对三聚氰胺的成分和使用进行了详细的说明。《今天你还喝牛奶吗》③则是科普作家方舟子的研究心得,告诉国人低温杀菌奶与超高温杀菌奶的区别,并引用国内乳业人士透露的信息:国内通行的做法是最好的原奶用来生产鲜奶、酸奶,其次是奶粉、常温奶,接着是花色奶(早餐奶、花生奶、草莓奶之类),然后是乳饮料,最后是工业奶粉(用于制作糕点、糖果等),而购买牛奶时,要避免选择低端和高端产品。因为"牛奶的成本基本固定,利润空间小,低价、降价往往也就意味着劣质、掺假。高端产品需要密集的广告投放,广告成本占了其成本的大部分。高端产品宣称的种种好处,有很多都不具有特别的价值"。这为人们选择牛奶提供了一个指南。

求知是人类的欲望,人们对未知的世界总是充满好奇。《读者》刊发了大量这方面的文章。如《鲜为人知的体表新奇趣》④《世界七谜古今谈》⑤《男脑大女脑巧》⑥《为什么要探索宇宙》⑦等,告诉了读者一个有趣而未知的世界。生活中,人们常常会看到很多人以所谓学者专家的身份在做各类商业广告,狂轰滥炸,真假难辨,《"科学"诡惑》⑧揭穿了这些把戏,在作者看来,"科学绝不唬人,唬人绝非科学"。利用科学虚张声势,借用各类名词进行概念营销,很多时候不过是编造虚假信息,借用科学之名大行谋利之道。

当然,科普也有很多误区,甚至有自相矛盾的地方。《科普"打架",我们听

---

① 方兆麟,《读者》(乡土人文版)2006年第8期
② 薄三郎,《读者》2008年第22期
③ 方舟子,《读者》2008年第22期
④ 龙夫,《读者》1999年第8期
⑤ 张力实,《读者》1994年第11期
⑥ 燕黎编译,《读者》2000年第4期
⑦ 恩斯特·史都林格,《读者》2012年第20期
⑧ 詹克明,《读者》(原创版)2007年第11期

谁的？》①举了这样的一个例子：一些科普报刊或报刊的科普、养生、医学等专栏或版面上，先后登出了有关"婴儿不宜经常食用蜂蜜"的告诫性科普文章。这些文章通常都强调，蜂蜜中有一种物质，对婴儿尚未成熟的肠胃有害。之所以出现这样的情况，作者分析，主要有四种情况：1. 缺少相关知识的作者"滥竽充数"；2. 一时性的实验结论；3. 有些科普翻译文章，为了吸引读者，译者甚至编辑竟然有意将"可能""也许"等表示或然判断的副词删去；4. 不同医学体系的不同结论。生活中，人们也常常被许多谣言所惑，比如"补碘盐、海带可以防辐射"的谣言引发了抢盐风潮；"注水西瓜"的谣言导致瓜农遭受损失，实际上无论从成本上还是保存上，这都不具有可操作性。其他的诸如"宿便是健康杀手""牛奶有利于睡眠"等等更是层出不穷。《这一代人的恐惧与焦虑》②便分析了谣言产生的机理。

二是关注科技前沿动态和人类科技成就。人类历史上每次大的科技进步，《读者》基本都有所涉及。如与纳米有关的文章多达20篇次，可见其对生活的影响。《走向未知的世界——纳米》③《极小，但很神奇——纳米风暴席卷世界》④等都从不同角度介绍了这一神奇的技术。

新中国六十年，科技发展实现了历史性飞跃。原子弹、氢弹、人造地球卫星、杂交水稻、汉字激光照排系统、人类基因组、神州飞船、航母等都是中国科技发展和进步的重要标志。《读者》也陆续刊发文章，或介绍相关知识，或展示成就，完成科普教育。以航母为例，《读者》陆续刊发了《世界上的航空母舰》⑤《航空母舰巡航记》⑥《令人生畏的航空母舰》⑦《全球十大重要武器》⑧《航母的软肋》⑨《别国航母知多少》⑩等十多篇文章。

---

①安咏珠，《读者》1999年第4期

②维舟，《读者》2012年第11期

③解思深，《读者》2000年第4期

④何佳，《读者》2001年第7期

⑤《读者》1984年第10期

⑥熊伟、赵然等，《读者》1994年第10期

⑦印第安疯马，《读者》（原创版）2008年第2期

⑧五兴和，《读者》2009年第5期

⑨山水、杜文龙，《读者》2011年第2期

⑩于成，《读者》2012年第24期

技术并非完美无缺,也有种种局限,《十个高科技神话》①就介绍了隐形航空电子技术、加密技术、面貌识别、国民身份证等种种问题。高科技的进步也有副作用,比如《高科技犯罪扫描》②就介绍了令人触目惊心的高科技犯罪现象。当然,一个民族要想站在人类的高峰,就离不开科技的进步。为此,《读者》不遗余力地刊载《未来世界十大动向》③《未来50年大趋势》④《未来千年全球经济发展的五大推动力》⑤等文章,对未来趋势发表看法。

二、弘扬科学精神

与发达国家相比,中国人的科学素养落后至少二三十年。中国科协2004年公布的我国公众科学素养调查显示:2003年我国公众达到基本科学素养水平的比例为1.98%,比2001年提高了0.6个百分点。而2001年美国一项相近的调查显示,美国公众具备基本科学素养的比例则达到17%⑥。

科学素养一般包括三个部分,一是对科学知识达到基本了解的程度;二是对科学的研究过程和方法达到基本了解的程度;三是对科学技术对社会和个人所产生的影响达到基本了解的程度。科学素养的提高与科普教育密切相关。一个人接受的科普教育主要来自于学校、家庭和社会机构。就学校和社会来说,《读者》刊发了大量的国外的情况,包括丰富多彩的科普活动,琳琅满目的科普科幻类书刊,以及国外如何开展科普讲座、科技博览会、科技设计发明比赛、见习研究等科技活动。这对国内的科普工作者和教育工作者无疑是一个很好的启发。《好莱坞怎样走进科学》⑦介绍了美国疾病预防控制中心经常在影视作品中夹带宣传公共卫生

---

①《读者》2002年第22期
②周镇宏,《读者》1992年第11期
③王勇,《读者》1992年第5期
④理查德·沃特森著,张庆编译,《读者》2009年第6期
⑤格雷厄姆·T.T.莫利托著,刘增义编译,《读者》2000年第24期
⑥李将辉:《科学素养,你具备吗》,《读者》2004年第22期
⑦刘芳,《读者》2007年第19期

知识的故事,这是一种成功的寓教于乐的案例。但国内的科普多以传奇故事的形式面世,满足了一部分观众的猎奇心理,离科普的本质却越来越远。

在家庭科普方面,《读者》刊登有《学会与孩子谈科学》①《扭曲的母亲》②《当吸管穿透土豆》③等文章,发挥了一个指导手册的作用。

此外,对科学素养进行讨论的时候,也更注重对人文素养和精神的讨论。"科学知识的传播普及要与人文精神结合起来。真正产生深刻广泛影响的科普作品是那些体现对人的关怀,对人的生活甚至人的命运关怀的优秀作品。上世纪70年代末、80年代初,作家徐迟的《哥德巴赫猜想》影响了一代人乃至几代人,当时的青年学生们,在陈景润追求科学精神的鼓舞下,在食堂排队买饭时背单词,晚上点灯熬油读书成为那个时期的一种时尚。之所以能够出现这样的作品,是与作者深厚、浓郁的人文精神分不开的。"④《读者》刊登的《还是科学尊重人》⑤是对屡屡发现的劣质奶粉、剧毒韭菜、豆芽等不安全食品制造者的抨击,作者认为,"即使经济发展了,人们富裕了,也只是物质上的富裕,而不是精神、人文素养和科学精神上的富裕,算不上真正的发展和富裕。这种物质上的财主、精神上的乞丐现象和行为,早晚会因跛行而跌下悬崖"。

科学家和科技工作者是科技进步的引领者和重要推手,是科技成果的创造者。一个科学家要成长为该学科领域的开拓者、奠基者和组织者,需要付出非凡的毅力和艰辛。《读者》在对"自由独立、批判探疑"的科学家和科学工作者的科技成就报道的同时,也更注重挖掘他们的成长历程和科学精神。

林巧稚是中国现代妇产科学的主要开拓者和奠基人之一。1983年,这位北京协和医院第一位中国籍妇产科主任及首届中国科学院唯一的女学部委员(院士)不幸去世,《读者》刊发了《生命的使者》⑥一文以表示对她的深切悼念。林巧稚

①玛丽·巴德·罗著,日昌编译:《读者》1996年第4期

②董月玲,《读者》2005年第3期

③苇笛,《读者》2009年第7期

④蔡文清:《一本烂书背后的科普困局》,《北京晚报》2013年3月25日

⑤张田勘,《读者》2005年第12期

⑥《读者》1983年第8期

一生亲自接生了数万名婴儿,但她非常注重科普工作。著文、演讲,接见青少年和妇女,到门诊、病房对妇女做面对面的宣传。这些"精确而又通俗的宣讲,产生了良好的效果"。对于大量的群众来信,她总是分门别类地认真处理。林巧稚无疑体现了老一辈科学工作者的科学精神。2009年,在中宣部、中组部等11个部门联合组织开展的"双百"人物评选中,林巧稚被评为100位新中国成立以来感动中国人物之一。

霍金被誉为继爱因斯坦之后世界上最著名的科学思想家和最杰出的理论物理学家。《读者》中涉及他的文章就有47篇次之多。如《斯蒂芬·霍金——划时代的英雄》①《霍金是怎样"炼"成的》②《霍金的大学时代》③等。这些文章从不同侧面为大众展示了一个形象丰满的霍金。

《读者》也注意报道科学家在媒体和社会中常常遭受"冷落"的现状。2007年,科学家彭桓武在参加完2006年度国家科学技术奖励大会后第二天离世。彭桓武终其一生奋斗的事业是中国的核反应堆、原子弹、氢弹、核潜艇和基础物理,但他去世的信息与当天"各大网站头条的章子怡恋情猜测的消息相比显得微不足道",科学家成了公众视角的"边缘人"④。很显然,与娱乐明星相比,科学家常常是孤独的。之所以产生这种现象,一方面与科学家本身从事的工作领域和工作性质有关;另一方面,也与中国的文化思维和社会环境有关。

为此,《读者》刊发了大量对当前科研环境进行讨论的文章。有些问题是指向社会环境的,有些批评是直接面向科学家自身的。市场经济的发展,使许多科学家耐不住寂寞,急功近利,只为课题而不为研究。《我所认识的印度知识分子》⑤介绍了印度知识分子的独立和探索精神。他们在各地报刊上写科普文章,创办科普杂志,出版科普著作,成立一个科普作家论坛,以组织的方式开展工作。

在人类思想史上,人文精神与科学精神常常被割裂开来,或者陷入工具理

①潘涛编译,《读者》1995年第9期

②李珊珊,《读者》2011年第10期

③迈克尔·怀特、约翰·格里宾著,洪伟编译,《读者》2011年第14期

④李晓栋:《公众视角的"边缘人"》,《读者》2008年第4期

⑤李少君,《读者》2004年第4期

性的误区,或者夸大、神话了"人文主义"的价值担当。《读者》不仅重视对古今中外优秀人文精神的选择,还强调人文精神与科学精神的融会贯通。《读者》不仅注重科普作品的科技价值和社会价值,也非常注重科普作品的文字美,使其利于传播。有些科普常识甚至隐藏在一篇篇故事中。科学松鼠会是一家致力于在大众文化层面传播科学的非营利机构,以"剥开科学的坚果,帮助人们领略科学之美妙"为宗旨,其作品充满浓浓的科学精神和人文精神,《读者》转发了其数篇科普作品,还刊发了其创办者的文章——《姬十三:让科学松鼠会成为百年协会》[①]。

如介绍圆周率计算的一篇文章《π趣史》[②],在对知识的介绍中蕴涵了穷理尽相和永远攀登的人文精神;一则小知识《水刀》在介绍最新科学成果的同时寓含了"柔弱胜刚强"的古老哲理。其他栏目也常常闪现人文精神与科学精神的双重光芒。如坚守二十多年的《人物》栏目,介绍了古今中外许多优秀科学家和人文学者,很多科学家不仅追求科学理性,还具有人文主义气质;同样,人文学者不仅推崇人文主义,也遵守科学理性。在他们身上,人文精神与科学精神和谐地合二为一。如《花雨尘埃旧巢痕——忆金克木先生》[③]中的金克木先生,他通常被人们定义为东方思想文化学者。他不仅对东方思想文化造诣很深,掌握多国语言,还对天文学、数学颇有研究。直到晚年,为了一个微积分问题,他还想方设法借来了英文原版的《数学史》参阅。这些颇有传奇色彩的智者事迹,说明只有当科学与人文和谐统一时,世界和人生才会更为美好、完整和绚丽多彩。

《我们离真有多远——在科学与艺术之间》[④]则直接从真善美的角度对科学与艺术进行讨论。文章认为,大自然原本是最善的,最和谐的。老庄求善为本,尊重自然,爱惜自然。环保主义、和平潮流和绿色观念是对老庄思想的继承。

---

① 张彦之,《读者》2009年第19期
② 陈龙洋编译,《读者》2001年第13期
③ 叶稚珊,《读者》2004年第3期
④ 邹文,《读者》2001年第10期

第六节

关注并积极参与公益慈善事业

公益慈善事业是社会保障体系的重要组成部分,是构建和谐社会的重要内容,也是一个国家和地区文明进步的重要标志。任何一个民族都是存有善心的,我国慈善思想源远流长,儒家思想中"老吾老以及人之老,幼吾幼以及人之幼;出入为友,守望相助,疾病相扶"就是这一思想的生动体现。

目前,我国公益事业得到了很大发展,但依然存在非常明显的问题:一是慈善制度机制仍然不健全,制约了慈善事业的发展;二是政府的公益慈善机构信誉度下降,民间的公益慈善组织还远远没有发展起来;三是富有阶层对社会捐赠的比重依然较少;四是公益慈善事业可持续发展的路径还需要进一步探索,以吸引更多具有公益精神的企业家和社会资源进入公益慈善领域。

《读者》对公益慈善事业的关注是长期的。这对传播公益慈善精神,发展公益慈善事业,让更多的人献上一份爱心,构建和谐社会有着深远的意义。

一、关注国内外公益事业的发展情况

美国的慈善事业是全球最发达的。2006年,中华慈善总会副会长徐永光曾感慨:中美人均国民生产总值(GDP)相差38倍,但中美人均慈善捐款额相差7300倍!①但也有人认为,不能盲目地拿中国和美国相比,因为中国的经济与社会的运作方式与美国不同,美国是一个典型的"小政府,大社会"的国家,慈善机构掌握的财富相当于国民生产总值(GDP)的10%。

《读者》刊发了《美国富豪乐于回报国家》②《美国的捐献文化》③《趋近一个较为完善的社会》④,对捐赠进行讨论。

二、关注公益人物和志愿者群体

公益人物和志愿者群体是公益事业的先行者和具体实施者。著名的慈善人物有比尔·盖茨、乔布斯、李嘉诚⑤;民间公益人物如白方礼⑥,还有来自国内的志愿者群体。《读者》刊发了《有一种看世界的角度叫NGO》⑦等文章进行讨论。

在中国的公益事业中,国外的人道主义群体是一支特殊的力量。一批来自不同国度的外国人,活跃于中国各地从事公益事业,他们没有宗教使命,也未受组织派遣,只是秉持着某种理想主义与人道主义信念,志愿服务于中国那些身陷贫困的群体。他们的人生选择、他们对人生价值做出的阐释,或可为当下中国的年轻一代提供借鉴。⑧

---

①《读者》(原创版)2006年第2期"思想碎片"栏目

②钱红玲,《读者》2001年第1期

③杨帆,《读者》2001年第1期

④茅于轼,《读者》2003年第13期

⑤余世存:《李嘉诚和他的时代》,《读者》2002年第10期

⑥曹静:《感动,叩问我们的心灵》,《读者》2006年第4期

⑦翁小铖、左耳,《读者》2010年第9期

⑧汤涌、何婧、孙春艳:《新版"白求恩"》,《读者》2010年第15期

三、对公益问题的反思

中国公益事业的落后,有着深刻的制度问题。特别是2011年"郭美美事件"的爆发,使社会对政府公益机构的信任降到最低点。社会对公益制度的讨论也不绝于耳。《读者》刊发了《直面中国的慈善事业》[①]《"权威声音"被打问号,我们还能相信谁》[②]等文章对问题进行分析。

企业家在成立基金会、进行捐献之外,还能在公益事业中发挥积极的作用?《穷人银行家》[③]提供了另一个视角。在穆罕默德·尤诺斯的字典里,穷人不仅与麻烦无关,甚至还是一条财路。他以独特的方式帮助世界上400万穷人脱贫自立,但他声称自己不是在做公益事业,而是在做生意。这是金字塔底层的财富,也是面向社会群体的公益。尤诺斯的做法为全世界企业家提供了新的思路。

行慈善事,做公益人,离普通百姓会有多远?《做公益人,离普通百姓有多远?》[④]指出,慈善其实无关财富和身份,它和所有人都没有距离。

近几年,各种民间公益机构雨后春笋般涌现,他们多倡导一种微公益的概念。2011年被称为微公益的升级年。《读者》刊登了《网络善客:让慈善成为一种生活常态》[⑤]《为鸡蛋而暴走》[⑥]等对这些现象进行了报道和探讨。这实质上是提倡人人参与的微公益。

---

①司金、陈建利,《读者》2008年第1期

②陈仁泽,《读者》2012年第1期

③非比,《读者》2005年第13期

④粮晓燕,《读者》(原创版)2007年第7期

⑤郑儒凤编译,《读者》2008年第20期

⑥王晶晶,《读者》2012年第11期

🐝 本书所选的20篇代表性文章之十九

我们缺的是见识——崔永元对话刘震云①

崔永元 刘震云

知识分子的目光应该像探照灯一样，它照射的不是过去，也不是现在，而应该是未来

崔永元：我跟刘震云先生见面的机会挺多的，两个人一见面就开玩笑，很少有一个能坐下来认认真真地谈点儿正事的机会。所以这次我们就约定说，咱们少开玩笑，多说正事，因为观众看开玩笑的机会太多了，他们可以买票听相声去，但是做电视节目，我们觉得还是得说点儿正事，说点知识分子的事。

现在"知识分子"这个词在网上很热门，但好像成了一个中性词，甚至成了贬义词，这是因为在今天的知识分子当中发生了很多事，比如有人约着打架，您怎么看这样的事呢？

刘震云：我觉得我们国家的知识分子，脑子都挺灵光的，如果说他们出现问题的话，可能出在眼睛上——知识分子到底能看多远。这里牵扯出一个特别重要的问题，就是知识分子存在的必要性。为什么一个民族或者说我们人类需要知识分子？整天风吹不着、雨打不着，你在房间里读书，你在实验室里搞科研，这个民族要你干什么？我觉得就是要借用你的眼睛。知识分子的目光应该像探照灯一样，它照射的不是过去，也不是现在，而应该是未来。比如讲，你是一位科学家，苹果掉在你头上，你确实应该发现地球是有引力的。还有像发明蒸汽机、汽车、冰箱等等，这是知识分子应该给我们带来的。那么作为一名研究社会科学的知识分子，你确实应该考虑如何照亮这个民族的未来和未来的道路,而我们的知识分子到底做了多少呢?

崔永元: 您说的是公共标准还是个人感受?

刘震云: 是个人感受。如果是公共标准就应该这样要求知识分子,知识分子应该有担当,要能够照亮未来的道路。在日常生活中,如果我们能感受到知识分子的存在,这是民族的幸运;如果感受不到,就是知识分子的失责和缺席。

崔永元: 我们怎么能感受到知识分子的存在呢?

刘震云: 比如讲我们上学,知识和知识分子对于孩子的影响是关键的,因为我们的教育是知识分子在操持着。我曾经在我的母校说过,中国教育最大的问题是中国教育本身就需要教育,我们通过传授标准答案的方式,把一百个孩子变成了一个孩子,但是在有些民族和国度,他们却把一百个孩子变成了两百个孩子。如果我们和人家比,不说在其他方面,单是在智识上,或者是对于世界认识的宽度和深度上,我们确实存在一些差距。从这个角度来讲,我觉得知识分子,从校长到教授,当然也包括像我和崔老师这样的人,我们大家应该有所反思,甚至是惭愧。

伟大在哪里? 见识在哪里? 不总在远方,有时候就在你我的身边

崔永元: 我试着总结一下您这个结论,是不是就是说有很多人是知识分子,但他们有知识却没有见识?

刘震云: 特别准确。但是呢,有的知识分子比你说的还要再退一步,他不是知识分子,他是“知道分子”。他从幼儿园小班开始到博士毕业,考试成绩都非常好,别人提到的事情他全知道。但是我觉得知识分子最重要的特点是应该有创见,这是非常重要的。我觉得中国什么都不缺,我们不缺人,因为中国是人口大国;我们不缺钱,因为现在世界上很多奢侈品店是靠中国人来支撑的。我们缺的是什么呢? 缺的是见识,是远见。就像我们修马路,往往第二年就要重新挖开看一看,可能前一年施工的时候,把什么宝贝给落里面了;我们的很多座大桥,寿命超不过20年,那可是桥啊,我们的精英们为什么不能考虑得稍微长远一点呢？

胡适先生曾经说过一句话，我非常赞同。他说一个民族和族群，总是在提倡道德而不注重规则的话，这个民族是会道德沦丧的。我也特别赞赏你之前说过的一句话，你说，很多牢骚其实是建设性的声音。它的理论基础是什么呢？一个人、一个族群、一个民族，想要干什么的同时，你也一定要知道不能干什么，有时候牢骚就是告诉你不能干什么。

崔永元：知识分子总要忧国忧民，这是正常状态，但是所谓的忧国忧民，不是说读过很多课本、受过从学前班开始的训练就可以完成的，需要的是见识。那么，知识分子的见识是从哪儿来的呢？

刘震云：知识分子的概念，未必是读过书的人就是知识分子，有些不识字的人见识特别深远，在我看来就是非常好的知识分子。伟大在哪里？见识在哪里？我觉得也不总在远方，有时候就在你我的身边。

现在仔细想想，在我开始接触知识的时候，有两位大"知识分子"对我的影响特别大。第一位根本不识字，是我舅舅。他在我们村里赶马车，赶得特别好，方圆几十里，再调皮的牲口到了他手里，马上就变得温顺。我13岁那年，他跟我有一次特别深刻的谈话。他问："你觉得你聪明吗？"我说："不太聪明。"他又问我："你笨不笨？"我说："我也不笨。"他说："世界上就怕这种人，要不你聪明，要不你是个傻子，你生活得都会非常幸福，像你这种既不聪明又不笨、不上不下的人，在这个世界上最难混。"我问他："那我的一生应该怎么规划？"他说："你记住我的话，不聪明也不笨的人，一辈子就干一件事，千万不要再干第二件事。"我记住了舅舅的这句话，直到现在为止，我就干一件事，就是编"瞎话"。

另外一位大"知识分子"，是我另外一个舅舅，他是一个木匠，方圆几十里，他的木匠活做得是最好的，为什么呢？别人打一张桌子花3天时间，他花10天，所以他打出来的桌子就比别人的好。舅舅就跟我说："赶马车的舅舅给你定性了,你是不聪明的人,我再教你一招,就是做事情要慢。"现在很多人都督促我们,各行各业都要快,我们几乎每天都会看到很多用百分比标明的速度增长的指标。其实,不一定总要逞一时之快,有时候也要逞一时之慢,这个哲学思想就是我从做木匠的舅舅身上学来的。所以别人写一本小说花3个月,我花3年,人家说我写得好,其实并不是我的手艺比别人好,而是我花的时间比别人长一些。这是我写作最大的秘密和诀窍。

比真情更重要的是独特的见识,我们没有看到。这也是有时候我们对一些书籍和电影失望的重要原因

崔永元:今天听您说这些的时候,其实我也挺意外的,因为平时您给大家的印象是语言能力特别强,喜欢开玩笑,可我们今天听到的是一种忧思。

我还有一个疑问,可能也是观众的疑问,就是说现在您跟电影圈接触得比较多,参加首映式、走红地毯等等,这些您都在经历。很想知道,您跟书中的人物用什么方式接近?就是您怎么知道最普通老百姓的生活和喜怒哀乐,有这样的生活体验吗?

刘震云:首先我说说影视圈,我不但跟电影圈接触得特别多,我跟电视圈接触得也不少。其实一年365天,我一个晚上在电影圈,一个晚上在电视圈,剩下的363天,我还是在书桌前,跟我书里的人物在一起。

与书里的人物相处和与生活中的人物相处,最大的区别是什么呢?刚才老崔说,平常谈话好像没有这么深入,其实我每天跟书里的人谈话都会这么深入,有时可能会比今天谈得更深入,为什么呢?因为没有时间限制。比如说今天录像,说录到明天早上6点,就算我们没什么,观众也急了。现实中的人肯定是忙碌的,但是你跟书里的人物相处的时候,他们永远是等着你的,你可以把昨天没有谈完的话题今天再接下去。还有一点,在现实生活中你想找到这么深入知心的朋友,可能会找到一两个,但很难找到十个,可在书里你可以同时找十个这样的人。

崔永元：我们日常生活中可能体会不到您刚才说的那种感受，也许只有作家才能体会。我们自己直观的感觉是读书的人越来越少，当然也有人说是通过网络在看书，您的感觉是怎样呢？

刘震云：我不觉得读书的人越来越少，我经常看到有人在地铁上拿手机在读书。还有，如果一本书没有人读，这不是读者的问题，一定是作者的问题。我相信，好书一定是畅销书。

崔永元：您在乎这个吗？

刘震云：当然在乎了，如果你的书只有5个人读和有50万人读，当然是非常不一样的。在50万读者中，肯定能够找到很多想听你说话的人。我是一介书生，手无缚鸡之力，但是通过编"瞎话"，能够让人知道这个"瞎话"背后，可能比真话更接近真实，我就是通过这样一个途径跟大家交流。如果一辈子能有那么十来次，甚至20来次通过写书这种途径来交流，我觉得挺好。

另外，都说智慧存于民间，这句话是千真万确的。生活中有好几个层面，有政治的层面，有社会的层面，有经济的层面，但是它最后总有一个是生活的最底的层面。我在生活中是一个不"绕"的人，我喜欢把复杂的事情变简单，不喜欢把简单的事情变复杂，这事弄还是不弄，要么弄要么就不弄，这是像我舅舅那样的村里人的世界观和方法论。

（《解放日报》2012年8月17日，本书有删节）

四、通过公益活动传播大爱

《读者》积极参与公益活动，除了刊登公益机构的发展历史、联系方式，号召大家一起做公益①外，《读者》还积极参与各项公益事业。社会公益事业的发展程

———————

① 《一起做公益》，《读者》2010年第8期

度是现代社会文明程度的一个重要标志,《读者》在实施公益活动的过程中,其蕴涵的公民意识、公德意识将持久而广泛地发生作用,促使更多的读者长久地关注《读者》杂志,从而搭建读者与《读者》的互动平台。

（一）积极参与"希望工程"

"希望工程"是团中央、中国青少年发展基金会以救助贫困地区失学少年儿童为目的,于1989年发起的一项公益事业。其宗旨是资助贫困地区失学儿童重返校园,建设希望小学,改善农村办学条件。《读者》刊登了大量有关"希望工程"的文章及公益广告;除此而外,《读者》还开展了向"希望工程"捐款救助失学儿童的活动,活动中《读者》杂志共捐款154万元。若按每人200元计算,《读者》此举当让7700名失学儿童重新跨入课堂。

1994年,"希望工程"中存在的一些问题被媒体报道后,该项公益事业引起了广泛质疑。"希望工程"的核心推动者、青基会秘书长徐永光为此一直饱受争议,处于风口浪尖。2001年,徐永光退出任职十年的青基会秘书长一职。2002年,《读者》刊发了《直面危机朝圣"希望"》①一文,对希望工程的发起缘由、成长轨迹和徐永光的心路历程进行了全方位的报道。

（二）捐助图书和资金

《读者》通过赠阅图书等形式积极关注国防,关注教育,关注公益事业,关注自然灾害后的重建,关注亲情的延伸,关注每个人的发展。

1.国防捐赠

边防官兵生活非常辛苦。1998年,《读者》特地慰问兰州军区南疆军区,并捐赠了1000套《读者》精装本,受到了官兵的欢迎。

---

①李玲,《读者》2002年第4期

2. 向教师和学校赠书

1997年教师节,《读者》发起了给全国特级教师赠书的活动,即杂志社向全国将近7000名特级教师免费赠送一年《读者》。为了使全国每个特级教师都能得到本刊,《读者》在这年的第2期上刊出消息,花3个月时间,通过各种渠道,如各地教委、《全国特级教师名录》、读者回执等获得他们的地址,然后委托邮购单位邮寄到他们手中。此项活动反响很大,好评如潮,为全国尊师重教风气的树立做了件实事。

2008年9月,在第23个教师节前夕,《读者》杂志联合北京学友园教育传媒集团,一起向全国特级教师赠送20万册《读者·教师节特刊》。在每册特刊中,专门设计了给每位特级教师的贺卡。

2010年8月,《读者》杂志社携手甘肃、贵州、云南三省青少年发展基金会共同发起"分享《读者》,传递爱心——爱心订阅赠送《读者》"公益活动。《读者》杂志社向三省贫困地区的90所学校捐赠2010年《读者》全年杂志和一批合订本。

2012年11月,《读者》在台湾辅仁大学举行赠书仪式,赠书给台湾辅仁大学125名大陆学生。一方面一解大陆学生的思乡之苦,另一方面继续传递心灵的慰藉。

3. 参与抗击"非典"

2003年,"非典"来袭,民众恐慌蔓延,全国进行了一场抗击"非典"的攻坚战。《读者》杂志社刊登抗击"非典"的广告和《团结一致 战胜"非典"》[1]《憧憬着 就有希望 就有美好》[2]《筑起我们的健康长城》[3]等文章,同时,向抗击"非典"的医疗单位捐款150万元,贡献了自己的一份力量。

---

[1]《读者》2003年第11期"编读往来"栏目
[2]董湘辉,《读者》2003年第18期
[3]林峰等,《读者》2003年18期

4. 给灾区送去精神慰藉

《读者》一直尝试用一本杂志的微薄之力为社会奉献自己的力量。在汶川地震和玉树地震中,《读者》都专门编辑了特刊。

2008年,汶川地震,举国哀痛。深圳EMBA班的学员许丽红找到《读者》,想和《读者》一起为灾区做点事。他们全班同学购买了80多万元的帐篷和10万本登有抗震救灾文章的《读者》捐给灾区。

玉树地震发生后,读者出版集团决定由《读者》杂志社负责出版一期地震特刊。《读者》杂志社随即迅速组织和调度编辑力量开展工作,在保证主刊质量及其流程正常运行的前提下,编辑们利用双休日加班加点,只用15天的时间就完成全部编辑工作,使特刊如期出版。"玉树地震纪念增刊"全面记录了此次地震灾害造成的损失,真实反映了抗震救灾第一线的人和事,为广大读者留存了一份真实、详尽、全面、深入的全景式记录文档。该增刊发行8万册。

此外,读者出版集团、读者出版传媒股份公司及《读者》杂志社向汶川地震灾区捐款120万元,向青海玉树地震灾区捐款500万元,向甘肃舟曲泥石流灾区捐款200万元,捐教材图书70种15万册。

5. 捐赠感恩公益项目

2009年,为了庆祝新中国六十华诞、配合第四届"中国十大杰出母亲"评选活动的开展,《读者》杂志社与全国妇联主办、中国妇女发展基金会联合甘肃省妇联承办中国十大杰出母亲——首届"读者杯感恩母亲爱心公益短信征集活动",以弘扬社会主义核心价值观,倡导敬母、爱母、助母的良好风尚,歌颂新中国六十年的辉煌成就,在全社会形成和营造尊重母亲、祝福母亲、热爱祖国、回报社会的良好氛围。

2010年,继成功举办第一届"读者杯感恩母亲爱心公益短信征集活动"后,《读者》杂志社与中国妇女发展基金会再次开展这一活动,得到了广大读者的积极响应与广泛参与。本次活动共收到来自全国27个省、自治区、直辖市的61350

名中国移动手机用户发来的捐赠短信,其中祝福语32810条,近2000条祝福短信入围,祝福语捐赠收入306750元人民币。评委团对这些祝福短信进行了细致的评选,最后评出特等奖10条,一等奖30条,二等奖60条,三等奖100条,纪念奖1800条。活动总捐赠收入170余万元。

2011年,继成功举办前两届"读者杯感恩母亲爱心公益短信征集活动"后,《读者》杂志社与中国妇女发展基金会第三次开展这一活动,又一次得到了广大读者的积极响应与广泛参与。本次活动全国移动手机用户参与人次约达10万,捐赠收入近50万元人民币。

6. 关注弱视儿童

2012年8月,《读者》杂志社与中华儿慈会、北京光彩明天儿童眼科医院签署合作协议,共同开展送弱视儿童"光彩明天"大型公益活动。目前我国有1200万名弱视病患儿童,尤其是贫困地区、贫困家庭的弱视儿童,缺乏医疗费用,缺少治疗,影响了弱视儿童的未来。《读者》杂志社决定捐助资金,一年帮助300位弱视儿童进行康复治疗,让困境儿童拥有光彩的明天。同时带动《读者》的广大受众人群,共襄义举,为更多贫困弱视儿童拨云见日。

第七节

关注艾滋病传播

致谢《读者》[①]：

　　我们很高兴有机会和中国著名的《读者》杂志在防治艾滋病方面进行了一次愉快的富有特别意义的合作。

　　二十多年来，全世界死于艾滋病的人数不断增加，远远超出了人们所能想到的数字！目前中国有约84万名艾滋病毒携带者。如果中国不幸失去了控制艾滋病传播的最佳时机，到2010年，中国的艾滋病毒携带者将有可能达到1000万人之巨！它将会拖垮中国改革开放以来所取得的经济建设成就，甚至影响到社会的稳定和进一步发展！

　　联合国有责任和义务去关怀和帮助世界各国解决这个社会发展问题。我们欣喜地看到，中国政府已经意识到了艾滋病给中国发展所带来的巨大威胁。2003年12月1日及12月18日，世界艾滋病纪念日，温家

①辛婉华：《致谢〈读者〉》,《读者》2005年第1期

宝总理和吴仪副总理先后在北京和河南访问了艾滋病人,对他们的生活和医疗给予高度关注。此后,在国务院防治艾滋病工作委员会的领导下,中国的防治艾滋病事业取得了巨大的进步。

一个特别现象是:现在中国的主要媒体对艾滋病问题都给予较高的关注。我们也注意到了读者杂志社对这个社会敏感问题的关注,你们报道的河南退休医生高耀洁不辞辛苦奔波于河南乡村、宣传预防艾滋病常识、救助艾滋病孤儿的感人事迹,唤起了更多的人对艾滋病这个社会问题的关注。

《读者》杂志作为中国发行量最大的国家一级优秀期刊,多年来积极而卓有成效地致力于各项社会公益活动。在主编彭长城先生的大力支持下,读者杂志社为联合国出版物汉语版《拯救我们的未来》的中文编辑和印刷付出了许多的努力,这是一本用来指导亚太地区政府部门为防止艾滋病蔓延而采取整体统一和协调的行动的工具书。我们感谢康力平主任和李艳凌编辑在百忙的工作之余,牺牲休息时间,及时地完成了此书的编辑印刷工作。我们注意到了经过你们的精心编辑,这本出版物也具备了《读者》引人入胜的风格,我们希望并相信它会对中国防治艾滋病的伟大事业起到一些抛砖引玉的作用。

这些公益活动背后,映照出《读者》工作人员对社会、对人类的一份深切的关爱,这也正是《读者》创刊23年以来倡导人文关怀理念的具体体现。《读者》正潜移默化地培养着人们高尚的情操,用你们的力量推动我们这个社会不断走向完美。在社会的发展过程中,一个富有社会责任感的媒体也是推动社会进步的巨大力量。

在第15届世界艾滋病大会上,南非前总统曼德拉说:"在防治艾滋病运动中,每个有所作为的人,都是这场运动的领导人!"希望贵刊引领你们数以万计的读者朋友,小心翼翼地躲开艾滋病毒的侵袭,同时也给予那些不幸遭受艾滋病毒袭击的病毒携带者们更多的人道主义关怀和支持,共同走向一个祥和幸福的未来!

　　在此我谨代表联合国亚洲太平洋经济社会委员会向关心、支持、完成本次活动的同仁、朋友们致以诚挚的感谢。

联合国亚洲太平洋经济社会委员会健康发展处主任辛婉华
2004 年 11 月 18 日

　　这封来信的缘由是 2004 年 11 月,联合国亚洲太平洋经济社会委员会的《拯救我们的未来》要赶在 12 月 1 日世界艾滋病纪念日前出版并送给中国国务院艾滋病防治工作办公室,因为时间紧张,遇到了一些困难,辛婉华女士把此事告诉了《读者》,编辑部的工作人员由此加班加点,使得这本书及时出版。时任国务院艾滋病防治办公室主任的王陇德先生也对《读者》的这一善举给予高度的评价并写信致谢。

　　截至 2013 年第 8 期,《读者》刊登的关于"艾滋病"(含"爱滋病"①)方面的文章共 170 篇次,涉及艾滋病知识、艾滋病传播、艾滋病防治、艾滋病高危人群、艾滋病志愿者、艾滋病孤儿等多个领域。总体可分为以下几个部分:

一、预警艾滋病的传播

　　有研究者发现,从 1981 年美国洛杉矶加州大学医院医学中心诊断出首例艾滋病②到 1985 年 7 月我国发现的第 1 例艾滋病死亡患者是一名国外来华旅游者,再到 2001 年,我国政府公开宣布艾滋病在局部地区有流行趋势,但长期以来,中国媒体对艾滋病的报道缺乏一种必要的预警作用。

　　《读者》是最早关注艾滋病传播的媒体之一。早在 1986 年就刊发了《爱滋病

---

① 1993 年 7 月,国家在《量和单位国家标准 GB3100 ~ 3102—1993》中,审定废止了"爱滋病"而统一使用"艾滋病",之后有些媒体仍混用两词,《读者》也出现此情况

② 余杰:《世纪回眸》,《读者》1997 年第 6 期

在各国》①的文章,对艾滋病在世界范围内的传播情况和传播路径进行了介绍。后来又刊发了多篇文章进行告知和预警。

1987年,艾滋病患者超过200人的国家达到21个,美国达到35518人。②1988年1月和3月,来自世界各地的代表在伦敦开会讨论艾滋病对全球的冲击。他们呼吁各国政府采取紧急行动来遏制这种通过血液和其他体液传染的疾病③。《读者》随即刊发了《威胁人类生命的疾病》④《爱滋病,正在敲开亚洲大门》⑤等文章,对艾滋病感染者数量、传播速度、传染途径和危害等分别进行了介绍,指出世界范围内预防艾滋病的蔓延已经迫在眉睫,中国大陆也必须积极采取措施。

随后,《读者》又刊发多篇文章,进行数字预警。如截至1992年6月末,全世界报告的艾滋病病例已经超过50万人。如果考虑到漏报因素,估计全世界艾滋病病例已达200万人。⑥1995年,这一数字跃升为470万人,艾滋病病例的大本营已由非洲转移至亚洲。⑦1999年,全球平均每天感染艾滋病的人数达到8500个。⑧

中国的情况也不容乐观。自2001年以来,中国已进入艾滋病发病和死亡的高峰期,2002年全年报告艾滋病病例数比2001年增长44%。2003年,中国政府宣布的艾滋病毒感染者人数为84万,发病人数为8万,中国的艾滋病患者人数已跃居亚洲第二,仅次于印度。艾滋病病毒感染者至少有80%生活在中国农村,经济的落后,防范意识的淡薄,导致艾滋病蔓延趋势明显,由此带来的一系列经济、社会问题更加令人触目惊心。当年9月,时任中国卫生部常务副部长的高强在联合国出席关于艾滋病问题特别会议时表示,"艾滋病防治工作仍面临着严峻的形势,艾滋病在中国还没有得到有效遏制"⑨。

---

①《读者》1986年第1期
②《读者》1987年第10期
③《世界百年掠影》(连载九)(1980—1989),《读者》1999年第10期
④张宝泉,《读者》1988年第7期
⑤《读者》1988年第1期
⑥《读者》1992年第10期"报刊拾零"栏目
⑦《读者》1996年第9期"报刊拾零"栏目
⑧雨媚:《健康数字》,《读者》1999年第1期
⑨李菁:《人道主义者高耀洁(节选)》,《读者》2004年第6期

二、传播预防艾滋病的知识和理念

艾滋病的出现让人们谈"艾"色变。《读者》先后刊发了《爱滋病问答》①《1991年九项最伟大的科学成就》②《勇气》③《改变世界的十大医疗进步》④《过去30年的30大创新名单》⑤《人类发展报告》⑥《情爱千年备忘录》⑦等多篇文章,向广大读者告知艾滋病传播途径、预防方式、医疗进展等,以此进行公众教育。

《美国八七外史》⑧曾引用了美国一名高级卫生官员就艾滋病提出的警告:当你和你的伴侣性交的时候,你不只是在和她(他)搞,你同时是在和她(他)过去十年所有和她(他)搞过的人搞。话虽粗俗,却也容易警醒人们。"言论"栏目也刊登过防艾滋病广告语"在性之外还有生活"⑨。《读者》试图通过这些言论提醒人们注意对艾滋病的日常防范。1992年4月,中国第一条艾滋病求助热线开通,《读者》专门刊发了这一信息。⑩当然,中国防艾治艾工作仍然任重道远。"人人都知道一点,人人都觉得与己无关"⑪,这是目前遇到的窘境。

除此而外,每年世界艾滋病纪念日,《读者》都会刊发防艾治艾的公益广告。"红丝带"是国际通用的关心艾滋病防治工作、用爱心关怀和帮助艾滋病病毒感染者和艾滋病病人的标志。《读者》也曾专门刊文对红丝带的历史、含义等进行了解读⑫,提醒给予艾滋病患者更多的关爱。

---

①《读者》1988年第1期

②晓兆,《读者》1992年第10期

③布衣,《读者》2004年第18期

④Dan Childs Susan Kansagra,《读者》2008年第12期

⑤葛仲君编译,《读者》2009年第10期

⑥《读者》2000年第1期

⑦利比·斯蒂芬斯、厄特恩·里德著,张艾编译,《读者》2001年第5期

⑧张北海,《读者》1988年第9期

⑨《读者》2000年第16期"言论"栏目

⑩《读者》1992年第12期"报刊拾零"栏目

⑪《读者》(原创版)2006年第1期"思想碎片"栏目

⑫《各种彩色丝带的由来和含义》,《读者》2008年第13期

三、呼吁给予艾滋病患者人文关怀

彭丽媛是中国预防艾滋病义务宣传员,她在阜阳拍过一个公益广告。片中彭丽媛的搭档是个小男孩,当她第一眼看到那个男孩时,不由得震撼了。这个才3岁的孩子,眼神里丝毫不见天真烂漫,却写满了与年龄极不相符的孤独和冷漠。他是个艾滋病孤儿,在来到这个世界之前,就从母体里感染了艾滋病病毒。

拍摄过程中,人们遇到了意想不到的麻烦。无论彭丽媛如何跟男孩讲话、逗他笑,他就是不理不睬,根本不愿看她一眼,拍摄工作被迫中断。男孩已经习惯了一个人的世界,习惯了周围人的冷漠,平时几乎不与任何人说话。导演对彭丽媛说:"你要跟他玩,最好抓住他的手。"当时男孩的手上起了水泡,正流着水,彭丽媛拉住男孩的两只小手,一把将他抱了起来——这种接触并不会感染。男孩觉得不可思议,紧紧盯着这位陌生的阿姨,稚嫩的小脸上顿时阳光灿烂了……[①]

这是《读者》刊登过的一个故事。长期以来,艾滋病患者成为社会的边缘人。在艾滋病知识不断普及的今天,人们依然谈"艾"色变。医院拒收他们,社会排斥他们,艾滋病患者甚至很难获得一个小小的拥抱。这无疑让他们本来黯淡的生活蒙上了更多的阴影。艾滋病儿童也许是艾滋病群体中最无辜、最无助的一群。他们因为母婴传播或输血感染上艾滋病,在社会中常常被"当成瘟神,受尽歧视"。中国媒体对艾滋病的报道,也大致经历了一个从猎奇化、妖魔化到客观公正再到人文关怀的过程。《读者》对艾滋病的关注,一方面坚持客观公正,另一方面坚持人文关怀。

---

① 姜钦峰:《你可以拥抱我吗》,《读者》2007年第12期

　　《死神的召唤——一个医生和艾滋病患者的故事》①讲述了纽约蒙蒂医疗中心艾滋病医疗队的队长弗里德兰和病患的故事。彼时的美国人对艾滋病唯恐避之而不及，艾滋病患者也常常生活在极端恐怖和被人遗弃的气氛和环境里，精神颓废，但弗里德兰却"大胆地与艾滋病患者接触、抚摸、拥抱，给病人以真诚的爱和安慰，鼓起他们求生的勇气和信心。他不戴面具，也不穿把人裹得严严实实的长袍，他鼓励队员们也像他这样去接近患者"。这篇文章中蕴含的人道主义思想一直贯穿《读者》对艾滋病患者报道的始终。

　　《镜头里的艾滋童年》②通过纪录片《颍州的孩子》讲述了艾滋病孤儿赵骏的故事。这个家庭有5口人因艾滋病先后辞世，包括赵骏的父母。孩子出生后便不幸感染了艾滋病。奶奶因接连失去亲人疯了，而两个叔叔拒绝抚养这个有病的孩子。这个破碎的家庭中弥漫着"死亡的味道"，故事令人窒息。这部影片获得全球公共卫生类最佳纪录片奖、入围第79届奥斯卡最佳纪录短片奖，但拍摄者仍然深深地担心：纪录片中拍摄的孩子只是极少数，那7万多个在相同的阴霾里挣扎的艾滋孤儿们，又是一种怎样的悲哀？他们能否得到世人的关爱和帮助？在他们看来，"一个人、几个人、一部纪录片的力量，毕竟太小"。

　　有的地方政府和志愿者为艾滋儿童专门建造了红丝带小学，将他们安排在一起学习生活。但是，这个学校中总是缺少老师，缺少资金，更让人感到悲哀的是，当孩子走出校园时，也仍然被排斥、冷落。《我想让他们知道我多么孤单》③就讲述了一个山西的红丝带小学的故事。而放弃学业，并在河南全心创办艾滋孤儿学校——"东珍学校"的李丹④，也面临同样的困境。对大多数人来说，给予艾滋病患者基本的人文关怀，依然需要突破自身的心理障碍。

---

①王永利，《读者》1987年第9期

②周欣宇，《读者》2008年第1期

③陈军吉，《读者》2011年第17期

④吴亚章：《行走着，记录着》，《读者》（原创版）2005年第5期；吴晨光、法伊莎：《李丹：现实的理想主义者》，《读者》2004年第11期

四、关注艾滋病患者的正面力量

在呼吁关爱艾滋病患者的同时，《读者》也刊登了大量艾滋病患者直面现实，与命运进行抗争的故事。

2001年6月1日，新世纪第一个国际儿童节，在非洲南端的南非共和国，一个年仅12岁的孩子去世了。他是一个普通的黑人孩子，但他却受到了全世界人民的关注和敬佩。他是一个不幸的艾滋病患者，但他更是坚强而勇敢的小斗士。得知他被艾滋病夺去生命的消息后，时任联合国秘书长的安南于当天发表讲话，说他的事迹感动了世界上无数人。虽然他最终没能战胜病魔，但凭着惊人的毅力和顽强的斗志，他毕竟是迄今世界上存活时间最长的艾滋病患者。[①]

《艾滋病在哈特兰》[②]讲述了一对生活在一起的同性恋艾滋病患者的故事。在20世纪80年代的美国，艾滋病和同性恋都被视为罪恶，但他们却能够坚定地从容地生活在一起，直到离开这个世界。此文刊发后，有读者来信说：“尽管文字中自始至终弥漫着死亡的气息，但我嗅出的却是生命的坚韧和对爱情的矢志不渝。我从他们身上看到了人性的光辉，更明白生命应该被珍惜，美好的情感应该被祝福。”[③]

《守护绝望中的希望》[④]是一对因输血感染艾滋病病毒的母子的故事，被艾滋病宣判死刑的人大多很哀伤、很绝望，但这位母亲在经历了绝望之后，变得淡然和平静起来，她开始积极地生活。

有些艾滋病患者在治疗过程中，也开始着手记录抗艾过程，自建网站和组织，帮助他人。一个叫黎家明的艾滋病患者，他写的《最后的宣战——一个艾滋病感染者的手记》[⑤]在“榕树下”网站连载，引起了很多人的关注。《读者》刊发后，许多人来信或来电询问他的近况，想帮助他。一个母亲花了整整三个小时给杂志社

---

①简平：《勇者无惧》，《读者》2002年第15期

②李丹婷编译，《读者》2006年第13期

③《读者》2006年第15期“编读往来”栏目

④澜涛，《读者》2008年第8期

⑤曾鹏宇：《我是艾滋病人》，《读者》2001年第22期

写来一封信。信中说，"只要内心还存有一丝生的希望，只要心中还有爱，还有情，还能感受到温暖，就能从心灵深处去抵御那些伤痛，只有对生的强烈渴求，对爱的深深渴望，才能坚持你的信念"①。

再如艾滋病患者李想，创办了国内第一个支持与关怀艾滋病感染者的NGO（非政府组织）——"红树林"；策划拍摄了中国第一部反映艾滋病患者生活状态的纪录片《我们的生活》；出版了国内第一本讲述艾滋病患者故事的书籍《我们的故事》。其中大部分稿件是李想在病床上拖着虚弱的病体撰写或改编的。② 同样类似的文章还有《我就在你身旁》③《凯文的追求》④《通往良知的唯一道路》⑤ 等。

五、著名防艾人物的时代价值

志愿者一直扮演着非常重要的角色。在政府关怀缺位时，他们的积极实践能够彰显精神，传递爱心；当社会行动缺失时，他们的行动能够唤醒社会，传播文明。

由于中国特殊的国情，防艾志愿者特别是一线的工作人员在开展工作时，遭遇过许多不理解，前期还遭遇了地方政府的阻挠，现在虽然能够得到政府支持，但很多民间防艾组织难以注册，没有合法的身份，这使他们在一线开展工作时，常常受到公安部门的检查，还有艾滋病感染者和患者的不信任和质疑，这些都给防艾工作带来诸多不便。随着艾滋病感染人群的不断扩大，防艾志愿者的工作越来越繁重。在这样的环境下，防艾志愿者的价值更加凸显。《读者》刊载过的国内防艾人物有高耀洁和桂希恩。

1996年，高耀洁发现因输血感染艾滋病的病例，开始意识到血液传播艾滋病的严重性。从这一年开始，她自费进行艾滋病防治和救助工作，并从2000年开始将主要精力放在对艾滋遗孤的救助方面。在六年多时间里，她走访了河南省100

---

① 《一个母亲给黎家明的信》，《读者》2002年第4期"编读往来"栏目
② 王盈：《痛苦，源于上帝的爱》，《读者》（原创版）2006年第12期
③ 洪生，《读者》2002年第3期
④ 迈尔斯·罗斯顿，《读者》2010年第14期
⑤ 查一路，《读者》2009年第5期

多个村庄,见了1000多个艾滋病患者;她自费出版《艾滋病、性病的防治》一书,免费发放30万册,仅此一项支出就达40多万元。由她主办编写的《预防艾滋病的知识》到2003年10月1日也已经出版16期,印数达61万份①。2001年,"全球卫生理事会"授予高耀洁"乔纳森·曼卫生及人权奖",2002年她被美国《时代》杂志评为"亚洲英雄",被《商业周刊》授予"亚洲之星"称号;2003年上半年,又获得"亚洲的诺贝尔奖"——亚洲拉蒙–麦格塞公共服务奖;2007年3月,赴美接受了世界妇女权利组织"生命之音(Vital Voices Global Partnership)"的年度"全球女性领袖"奖。

1999年,桂希恩在河南省上蔡县文楼村发现了艾滋病病例。之前,这种病被当地人称为"怪病"、"无名热"。有的医生明知当地爆发了这种病,却因种种顾虑而不敢声张。在文楼村,桂希恩检测出十几名艾滋病患者。他非常震惊和难过,就给中央领导写信反映情况。他拿着自己制作的幻灯片,在上蔡县走村串户,教村民如何防治艾滋病。每次去上蔡,他都会带一些钱和药品,发放给病人,减轻他们的痛苦。他向当地政府建议由自己组织医疗队,免费开展对上蔡艾滋病疫情的调查,却遭到政府官员的拒绝:"你是湖北的医生,为什么要来管我们河南的事?"但桂希恩丝毫没有退缩。他总共11次自费去文楼,先后20多次深入艾滋病高发区。从1999年到2005年,桂希恩接触过的艾滋病病毒携带者和病人不下500人,由他资助艾滋病检查的费用达15万元。2003年2月28日,桂希恩获得"贝利·马丁奖"②。

2003年和2004年,高耀洁和桂希恩先后当选中央电视台"感动中国"年度人物;感动中国组委会分别给了他们这样的颁奖词:

　　高耀洁:这是一位步履蹒跚的老人,但她在实现"但愿人皆健,何妨我独贫"的人生理想的道路上却迈着坚定的脚步。她以渊博的知识、理性的思考驱散着人们的偏见和恐惧,她以母亲的慈爱、无私的热情温暖

①李菁:《人道主义者高耀洁(节选)》,《读者》2004年第6期
②石破:《人间大医桂希恩》,《读者》2005年第6期

着弱者的无助冰冷。她尽自己最大的力量推动着人类防治艾滋病这繁重的工程,她把生命中所有的力量化为一缕缕阳光,希望能照进艾滋病患者的心间,照亮他们的未来。

桂希恩:他清贫而充实,温和而坚定。仁者的责任让他知难而上。他让温暖传递,他让爱心汇聚,直到更多人向弱者张开双臂,直到角落里的人们看到春天。他不惧怕死亡,因为他对生命有更博大的爱。

颁奖词不仅是对一个人事迹的总结,更是对时代意义的提炼。高耀洁和桂希恩们的意义已经超越了防艾事业。当然,艾滋病改变了他们原有的生活轨迹,使他们以防艾志愿者的身份成为公众人物。从某种意义上讲,公众人物参与社会公益事业,总能发挥积极的影响力。《读者》还报道了安南[①]、曼德拉[②]、温家宝、彭丽媛、濮存昕等政治人物和公众人物在防艾治艾方面进行的工作。他们在公益事业上的努力,增进了人与人之间的信任与和谐。

🐝 本书所选的20篇代表性文章之二十

你可以拥抱我吗[③]

姜钦峰

彭丽媛是中国预防艾滋病义务宣传员,她曾在阜阳拍过一个公益广告。片中彭丽媛的搭档是个小男孩,当她第一眼看到那个男孩时,不由得震撼了。这个才3岁的孩子,眼神里丝毫不见天真烂漫,却写满了与年龄极不相符的孤独和冷漠。他是个艾滋病孤儿,在来到这个世界之前,就从母体里感染了艾

①天桥:《他是世界的大忙人——安南写真》,《读者》2001年第24期
②胡尧熙:《公民典范曼德拉》,《读者》2009年第21期
③《读者》2007年第12期

滋病病毒。

拍摄过程中，人们遇到了意想不到的麻烦。无论彭丽媛如何跟男孩讲话、逗他笑，他就是不理不睬，根本不愿看她一眼，拍摄工作被迫中断。男孩已经习惯了一个人的世界，习惯了周围人的冷漠，平时几乎不与任何人说话。导演对彭丽媛说："你要跟他玩，最好抓住他的手。"当时男孩的手上起了水泡，正流着水，彭丽媛拉住男孩的两只小手，一把将他抱了起来——这种接触并不会感染。男孩觉得不可思议，紧紧盯着这位陌生的阿姨，稚嫩的小脸上顿时阳光灿烂了……

半年后，在某电视节目演播厅，彭丽媛又见到了那个小男孩。令她大感意外的是，男孩仿佛变了一个人，变得爱说爱笑、调皮捣蛋，还扑上来亲热地喊她"彭妈妈"。或许，那一个温暖的拥抱，已经永远铭刻在他的心灵中，消除了他的孤独和忧伤。

我有个朋友在电视台做记者，台里准备在世界艾滋病日做一个节目，他自告奋勇地扮演艾滋病患者。2006年12月1日上午，朋友来到南昌市胜利路步行街，选了一个最显眼的位置，这里是南昌市最繁华的商业街，人气很旺。他在胸前挂了一块牌子，上面写着几个大字："我是艾滋病患者，你可以拥抱我吗？"摄像机远远地隐藏在一个角落里。他当街一站，立刻吸引了不少行人围观，当那些好奇的目光触及"艾滋病"三个字时，人们"哗"地一下四散而逃，有人甚至捂着嘴巴一路小跑。朋友早有心理准备，依然表情自然，不卑不亢。

不断有人从他身边走过，好奇地看看他胸前的牌子，立即掉头就走。两个小时过去了，竟没有一个人敢上去拥抱他，他挺不住了，开始主动劝说行人："抱抱我吧，与艾滋病人正常交往是没有危险的。"人们却逃得更快了。当天阳光灿烂，街上人潮涌动，他孤零零地站在大街上，仿佛被这个世界彻底遗弃了。那一双双冷漠的眼睛令他不寒而栗，他甚至忘了，自己其实只是个

"演员"。

终于,一个穿风衣的中年男人走到他跟前,看了看牌子,没有说话,张开双臂紧紧地拥抱了他,然后又拍了拍他的肩膀。"谢谢!"朋友满怀感激地道谢,莫名其妙地,汹涌的泪水忽然决堤而出。仅仅是一个无声的拥抱,竟让这个七尺男儿当街大哭!过了一会儿,一对年轻的情侣走过来,分别上来拥抱了他,然后手拉着手走了。拥抱,一个,又一个……

那天,朋友最终是带着笑容离开的。

事后谈起那次经历,朋友仍有些不好意思:"说来惭愧,起初我只是觉得有趣才去的,根本没想到自己会哭。但是那天,当我获得第一个陌生人的拥抱时,泪水实在无法控制。那种感觉,你没有亲身体验过,是无法想象的。"

想起彭丽媛唱过的一首歌:"有过美丽的梦,有过蓝蓝的期待,却无法摆脱那命运的安排。我想看日出,也想去看大海。大哥哥,大姐姐,我不愿失去未来……"灾难固然难以承受,但比灾难本身更可怕的,是旁观者的冷漠和无知。关爱,有时只需要一个轻轻的拥抱,举手之劳,为什么不去做呢?

本章小结

坚守自己的表达方式

美国《独立周刊》创刊词写道："杂志有生以来便代表一种智慧的活动。杂志的作用是从旧材料中编织新的故事,配合时代的潮流改写历史及传记,伸张已经被人遗忘的真理,使健康的知识更能适合人的口味,化玄奥的科学为应用的知识,向世界上黑暗的角落,以及人类文化教育的若干隐处,投以搜寻的光亮,发起新的运动,导引旧的运动,高撅警铃使酣睡中的人们自梦中惊醒,扭转那些向后张望的头颅,使他目向前方……"这是《读者》的办刊者常常用来自省的一段话。杂志应该而且必须具有引领人生的责任感和社会担当,这也是一本杂志能够走得更远、影响更大的基础。

中国的改革是一场没有退路又没有参照系的改革。随着社会的发展,纷繁复杂的现象不断上演,各种诉求争相表达,各种思潮相继涌现并被解构,媒体在这个文化趋于多元的时代里,各自寻找着适合自己的生存方式。

新闻类媒体追求信息的及早发布。与之相比,《读者》在新闻事件的传达上,似乎总是滞后的,但是思考是不会过时的,静水才会暗藏深流,在重大事件的报道上,她并未缺席。在时代的变革方面,《读者》总是积极而入世的。在某些关乎社会进步的主题上,《读者》的介入,甚至能够引起广泛的社会讨论。

时政类媒体总是勇敢地进行批判。与之相比,《读者》似乎总是不愠不火的。然而,对真善美的阐扬,实质上也是对假丑恶的另一种抨击和鞭笞。有时候,促膝而坐的平等交流远比高高在上的教导和批判更有效。对这本杂志来说,建设远远大于解构。

娱乐通俗类媒体总是追求情感和"星闻"。与之相比,《读者》似乎又总是显得"小资",让人获得所谓"心灵上升的快感"。其实,干净的、轻柔的文字更有利于建立人们的精神家园。媒体追逐的大腕明星,在《读者》中都有特定的表达角度。这些角度,使杂志通俗而不低俗,繁华而不喧嚣,这也许是杂志走得久远的原因。

传媒学者喻国明说:"媒体的责任在于:当社会哭时,不让大家哭得更伤心;当社会笑时,不让大家笑得太狂妄。"①每一个媒体都有自己的发展之道。对《读者》来说,准确地把握时代的脉搏,同时用自己的方式与社会产生着特定的联系,为个人的提升,社会、民族、国家的进步做着优秀文化的积累和正能量的传播,一定是必须坚守的。

---

① 《读者》2009年第4期"言论"栏目

第六章

《读者》的当代价值和未来走向

　　作为中国发行量最大、覆盖面最广的一份刊物，《读者》的人文关怀在三十多年的时空中呈现了一种独特的价值。首先，这是一种文化自觉和自信，实现了文化的创新和自强；其次，她有利于个体构建由内而外，由身心到社会的和谐体系；再次，她帮助人们完善文化知识素养，建立正确的价值观和道德观，推动实现人的现代化；最后，她通过个体进步促进社会进步。个体是社会的组成部分，当个体得以成长，个人价值得以实现，中华民族伟大复兴的梦想就必然实现。

何保全、于泉滢插图作品:《徐光启:历史给明朝的最后一个机会》(《读者》2010年第19期)

2009年9月,中国共产党第十七届四中全会在北京召开。此次全会的主题是研究新形势下党的建设。作为十七大代表,笔者列席了本届全会,并参加了第十组的讨论发言,有幸向胡锦涛同志做了汇报。发言内容引用的案例主要来自《读者》的文章,其中一则就是《读者》选自民国老课本:

> 我们党历来重视党员干部的党性教育,重视党风廉政建设。但进入新的时期以来,我们的党员干部队伍中,也出现了一些不容忽视的重大问题,比如贪污腐败、以权谋私等等,这不仅严重影响了党的执政形象、干部队伍的形象,也使人民群众心里产生了不满。
>
> 今年第21期的《读者》杂志刊发了民国时期小学课本的一组文章,文章配图,好看好读,讲的是启蒙教育。其中有一个插图让我们印象深刻:一个小孩子将自己的手伸入糖罐里,抓了一把糖,手却卡在罐口拿不出来,又疼又急流出了眼泪。旁边的母亲却面带微笑,指着罐子教导他:"你不能贪多。一颗一颗拿,就拿出来了。" 这是一个告诫我们不要贪心的故事。这个故事中蕴含的重要哲学理念就是教导我们凡事要取该取的,做事必须要有一个度。这个度也是我们每个党员都必须坚持的。我们必须对这个度保持高度的戒备。如果贪,就破坏了这个度,人和事情就会变得不顺畅。如果贪,我们做人做事的基础就会不再牢固。

在发言中引用了《读者》的故事,让人感觉耳目一新。其实,这只是《读者》人文关怀与思想政治建设和社会主义道德建设结合的一个体现。人文关怀在思想政治工作和社会主义道德建设中的作用巨大。在党的十七大报告的基础上,十八大报告进一步指出:"加强和改进思想政治工作,注重人文关怀和心理疏导,培育自尊自信、理性平和、积极向上的社会心态。"这恰恰也可看做是对《读者》三十余年人文关怀的一个总结,即伴随着时代的进步和社会生活的急剧变化,持续、深入、广泛地进行文化的关怀、情感的关怀、成长的关怀和社会发展的关怀,丰富知识,慰藉情感,建立正确的价值观,促进社会的进步。这本宣传真善美的杂志,也由此被称为"中国人的心灵读本"。

2008年,《新周刊》杂志社评出三十年十大中国骄子,《读者》名列其中,评委如此评价:

> 它是13亿中国人的心灵鸡汤,饱含真善美维生素和励志蛋白质;它是和谐社会里的最和谐音符,让读者看到世间朴素的美好,品味平常生活的滋味,珍惜手头拥有的一切,激发勤奋工作的斗志。它是有益的知识,也是生活的哲学。它是情感的慰藉,也是力量的源泉。这本杂志和它维系的心灵,一直都是改革开放的中国必备的道德营养和精神营养。

获奖的评语总是充满溢美之词。《读者》应时代而生,因时代而变,顺时代而兴,与时代共荣。这本杂志在三十多年时空中的价值和意义确实已经超越了杂志本身。中国期刊协会会长石峰对此曾如此评价:

> 她不再属于某个出版集团、某个省,更不属于某个人,她属于这个社会、这个时代,属于广大读者。①

对这本杂志来说,惟有继续坚持人文关怀,继续创新,才能继续成为时代进步的一部分,成为国家发展的一分子。

---

① 石峰:《让〈读者〉御风而行》序(一),《让〈读者〉御风而行》,甘肃教育出版社2011年版,第3页

第一节

文化担当：从精神坚守到文化创新

文化是民族凝聚力和创造力的重要源泉，是综合国力竞争的重要因素，是经济社会发展的重要支撑。在全球化深入发展的当今世界，特别是西方发达国家企图用西方思想文化"一统天下"的背景下，作为一个发展中大国，要实现民族崛起和繁荣昌盛，必须有自己的文化设计，有自己的文化力量。

传媒和出版是文化传承和创新的重要组成部分。自古以来，出版的真谛就是"记录历史，传承文明"。出版前辈陆费逵曾说："吾人用尽脑筋和心血，出一部有价值的书籍供献于社会，则社会上的人们，读了此书之后，在无形中所获的利益定非浅鲜；反是，如以诲淫诲盗的书籍供献于世，则其比提刀杀人还要厉害。"①

短短几句话，体现了一代出版人的良心和追求。对《读者》来说，更要有自己的文化理想和文化担当。这既是出版属性本身的要求，也是时代赋予的责任。

首先要坚守人类文明的精神高地。历史上，中国领先世界上千年之后，鸦片战

---

①俞筱尧、刘彦捷：《陆费逵与中华书局》，中华书局2002年版，第176页

争、甲午海战、八国联军攻占北京等事件让中国深陷半封建半殖民地社会,整体上看,被丧气、不自信、崇洋媚外等情绪笼罩,中国一片死气沉沉,甚至出现了帝王复辟事件。让中国重获强大生命力的,不是洋务运动这种"器物"层面的事情,也不是政治上的维新和革命,而是五四新文化运动。五四新文化运动高举科学、民主旗帜,标志着中华民族这个受封建专制影响深远的古老民族在文化上的一次涅槃,有力地促进了中国的现代化进程,影响至今。这正是文化的巨大力量。

拥有自己的文化力量,在于文化自觉、文化自信和文化自强,这就要求以开放的视角认识文化,以开放的态度对待文化,以开放的思路发展文化。

从哲学的角度看,自觉是一种建立在内在自我发现和外在审视把握基础上的自我解放、创新和发展意识。自觉强调的是自我的主动性和理性。民族的觉醒,首先是文化上的自觉。文化自觉是一种内在的精神力量,是对文明进步的强烈向往和不懈追求。[①]

自信即相信自己,是人安身立命的一个重要支撑。文化自信,是一个国家、一个民族对自身文化价值的充分肯定,是对自身文化生命力的坚定信念。杜维明曾说,"美国有美国的问题,中国有中国的问题,不能把中国的糟粕和西方的精华比,比的结果是什么? 我们的民族自信没有了,自尊也没有了,最糟糕的就是我们跟传统完全断裂了"。只有对自己文化有坚定的信心,才能获得坚持坚守的从容,鼓起奋发进取的勇气,焕发创新创造的活力。中华民族素有文化自信的气度,正是有了对民族文化的自信心和自豪感,才在漫长的历史长河中保持自己、吸纳外来文化,形成了独具特色、辉煌灿烂的中华文明。

自强意味着包容发展、开拓创新。文化自强是在文化自觉、文化自信的基础上,以开放、包容的姿态广纳世界优秀文化,完成本民族的文化更新,实现文化繁荣。

其次要持续不断地进行文化创新。文化的生命力在于创造。《读者》是一本文摘刊物,但办刊的过程总是有鲜明的办刊方针和指导思想,并不是一般的内容

---

① 云杉:《文化自觉 文化自信 文化自强——对繁荣发展中国特色社会主义文化的思考》,《红旗文稿》2010 年第 15 期

整合,在表现形式、承载内容、表达方式和社会影响上都别具一格,甚而在世界范围内,都很难找到与之相同的一本刊物。《读者》的文化传承是自觉的,自信的,也是开放的,多元的,超越的,更新的,这实质上完成了一种文化的自强和创造。对此,中国期刊协会原常务副会长张伯海评价说:

> 《读者》表现了办文摘期刊也是创造性的劳动。优秀的文摘期刊绝不仅是信息的二次传递,而且是以调度这些信息进入新的思想层面、新的情感世界、新的智能活动的创造性的精神产品。《读者》的成功还在于它找到了与众不同的文化形态。它玲珑别透、清新俊逸,使读者一眼就认出它是别的期刊难以替代的"这一个"。①

总体来看,《读者》的文化创新体现在以下几个方面:

从形式来看,《读者》文化创造体现为一本本精心编辑的杂志,以及与此相关的图书出版和数字出版活动。从1981年创刊到2012年底,《读者》已经累计发行近16亿册,在中国期刊市场的占有率从1983年的1/124发展到今天的1/27,已经形成了一种蔚为壮观的期刊出版现象。

从内容来看,《读者》秉持文化自觉和文化自信的原则,以开放的大文化观介绍和传承中外优秀文化,使中外文化和谐共生,人类文明交相辉映,文学作品千姿百态,为读者提供了丰富多样的文化营养;"文以载道,以文化人",《读者》以自己的方式自然而然地承载了文学教育、知识教育、美术教育、科学教育、文化教育、道德教育、心理教育、社会教育等多种教化功能,这为读者视野的开阔和文化素质的提高准备了很好的知识基础。

从方式来看,《读者》远离暴力色情,不追热点,温文尔雅,体现了一种独立的精神气质。佛教讲究平等、随缘的理念,弘化不辍,说法度人,《读者》讲究平等交流,真诚沟通,心灵顿悟,追求润物细无声的表达方式,这使其承载的信息和价

---

①《读者》1999年第1期"心声"栏目

值能够在潜移默化中为广大读者所接受,入心、入脑,显得保守而有力量。静心阅读每一本《读者》的过程,都是一趟修心之旅、精神之旅、文化之旅。

从影响来看,三十多年来,《读者》追求人性和爱,真善美一以贯之,启迪了人们的思想,慰藉了人们的心灵。在与时代互动的过程中,《读者》宣扬积极的价值观,与社会主义核心价值观一脉相承,这在"以德治国"和社会主义精神文明建设中,体现了媒体的时代责任、精神能量与文化气质,具有独特的文化宣传和启迪功能。

曾任法国国家图书馆馆长的弗雷德里克·巴尔比耶在《从狄德罗到因特网》一书中说过这样的话:"知识结构与构造从根本上由所用传媒定义、总量及其相应的实践来确定。"一个社会的文化生产与传媒出版的生产数量、价值取向和传播方式密切相关。一个社会的文化创新与传媒的内容创新、经营创新和技术创新也关系密切。对于《读者》来说,其文化创新只能是必须继续立足中国优秀传统文化,借鉴国外先进文化,超越某种宗教经典和仪轨,形成多元的、开放的、超越的文化传播体系。这个体系的左括号是人性和爱,右括号是人类文明,中间则是情感、道德、社会和时代。

第二节

和谐社会：从身心协调到社会和顺

社会主义和谐社会是全方位的概念。从小的方面说，是人自身的和谐，从大的方面说，是人与人之间的和谐，从更大的层面来看，是人与社会的和谐、人与自然的和谐。人是一切社会关系的核心，个人自身的和谐是其他和谐关系建立的基础。而心理和谐则是个人自身和谐的关键。只有心理和谐，才能身心协调，以和处众、内和外顺。《读者》致力于塑造良好的人际关系，致力于人与人、人与社会的和谐。"儒重治世"，儒家的道德和伦理思想是塑造良好人际关系和社会关系的重要思想支撑，而佛教的"无缘大慈，同体大悲"更将爱表现到一个极致。

每一个人的内心都是一个广袤的世界。歌德在诗中写到："回到内心深处去吧，在那里你会得到更多的发现。她会在你心里幻出变化无穷的姿影。 一个身体会变成许多形象，千姿百态，越来越可爱。"目前，时代、社会和生活急速加快，《读者》吸取儒、释、道中"心"的修炼精神，在内心上主张返璞归真，活在当下，以提升一个人精神上的修养，培养一个强大的内心世界。一个具有独立精神追求和内心强大的人,才能认识自己,才能用积极的心态面对生活中的酸甜苦辣。

《读者》同样倡导仁爱、诚信、包容、理解、公正等传统美德。上千年传统文化是中国人的道德信仰和集体人格,只有遵守传统道德,才能与人为善,和谐关系。反之则会造成人际关系的紧张和冲突。从"和谐"一词的本意来看,"和"者和睦,"谐"者相合,这就要求有缓和的心态,包容的技巧,以诚待人,以德服人。

社会是不断进步的。在转型和发展过程中,总会遇到很多问题。与时政类媒体不同,《读者》对社会问题的批评是温和的、建设性的;对社会中积极的东西,《读者》更通过标杆人物、道德模范等树立正面形象,以高尚的精神塑造人,以优秀的作品鼓舞人,传播先进文化。

人性、道德和爱是社会和谐的重要推动力量。法国社会学家孔德在晚年提出用"人道教"治理社会,人性和爱是人道教的核心。在他看来,爱是人类最高幸福之所系,是人心灵存在之寓所。"我们会倦于思想,或者倦于行动,但决不会倦于爱。"[①]《读者》正是通过一篇篇文章,将积极正面的思想源源不断地注入读者的精神家园,给人们容易躁动的心灵带来宁静与自由,塑造乐观向上、积极进取、豁达平和的价值观,使人们能够正确处理个人与他人、个人与集体、个人与社会之间的关系,从而真正实现社会和谐。

《读者》同样追求人与自然的和谐、生态环境的和谐。中华文明的生态伦理思想是解决国人超越工业文明、建设生态文明的文化基础。《读者》中的很多文章,在探讨生态文明和绿色健康生活时,总是能够从中华传统文明中吸取营养。儒家思想的"天人合一""敬畏天命",道家哲学的"道法自然""返璞归真",佛经教义中的"善待生命""慈悲为怀"等思想,为人们重新理解人类与自然的关系提供了文化和哲学的思考。除此而外,一篇篇生态文化作品都反映了人类对自然的一种自发的爱。

需要指出的是,和谐不是一个趋同的概念,而包含着多样性的归旨,其终极状

---

① 邢贲思:《欧洲哲学史上的人道主义》,上海人民出版社1979版,第209页

态是人的彻底解放和自由自觉的发展。儒家说："君子和而不同,小人同而不和。"一个标准既是心胸狭隘的表现,又会造成咄咄逼人的结果。而多元的心态,才能够成就自己,既拥有可健跑如飞的双腿,又拥有可一展冲天的翅膀。

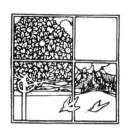

第三节

人的现代性：从知识素养到理性确立

　　中国现代化的过程是一场深刻的革命，又是一个巨大的社会系统工程，它要在经济、政治、文化、社会、生态五个层面交错展开，又要期待文化思想领域的电闪雷鸣，提升人的人文素质，实现人的现代性。

　　《读者》传播文化，关注社会，但归根到底是以"人"为中心的，即社会的发展、知识的完善、情感的慰藉都是为了人的成长。如果把西方的文艺复兴、启蒙运动和中国"五四"成果归结为"人的发现""人的启蒙""人的觉醒"，那么，《读者》的文化指向，则是在对人尊重的基础上，培养人的现代性，从而实现人的价值。从这个角度来看，《读者》是对人性的尊重、传承和发展。

　　《读者》提升人们的人文素养，培养人的现代性，是通过知识到理性来实现的。

　　首先，《读者》中的人文素养体现为知识。这主要来自于两个方面：一是对传统文化的反向追溯，二是对人类多样文明的横向跨越。当然，我们要看到，知识虽然丰富多元，但与专业的媒体相比，《读者》的深度也许不够，以曾国藩为例，《读者》中含有"曾国藩"一词的文章共59篇,时间横跨1983年到2012年。坦白地讲,它们是分散的、不成系统的。

但是,从另一个角度来看,一篇篇浅显的文章却构成了一项浩大的知识普及工程。专业的科学常常因为其深度和复杂难以为大众所接受,因为专业,所以小众。但《读者》却提供了另一种了解文化知识的途径,形成了一种让每个人都能够理解的表达方法。很多读者不订阅专业杂志,而仅从《读者》上了解科技、文化、历史、教育等各类知识,一方面在于各类知识互为印证,互为补充;另一方面在于社会并不需要每个人都成为某个领域的专家,但丰富知识、开阔视野却是人类的共同需求。对于大众而言,《读者》恰恰提供了一个丰富多彩的世界,人们可以轻易找到了解和掌握的途径。

其次,《读者》中的人文素养体现为教养和理性。阅读是一个自我教育的过程。德国哲学家雅斯贝尔斯说:"教育本身就意味着:一棵树摇动另一棵树,一朵云推动另一朵云,一个灵魂唤醒另一个灵魂。"知识即信息,当这些积极的、向上的、美好的信息不时在读者眼前跳跃时,会在某一刻触动我们的神经。通过与曾国藩有关的59篇文章,我们可以看到曾国藩的修齐治平的人生理想和仁爱忠恕的道德精神。知识能够祛除愚昧,道德使人们有所敬畏,而我们生活的时代赋予了鲜活的时代精神。当一篇篇这样主题的文章汇集在一起的时候,就组成了一个精神世界。在这样的世界中徜徉,人们会自然而然地完成自我教育,培养积极的心理和价值观念,甚而变成自觉的行为习惯系统。

周国平说:"文明之对于不同的人,往往进入其不同的心理层次。进入意识层次,只是学问;进入无意识层次,才是教养。"①一个人现代性的成长是一个长期的过程。对于《读者》来说,惟有长期努力,才能帮助读者实现自我生成,最终使人的现代性特征得以确立。

---

①周国平:《智慧与人品》,《读者》1995年第4期

第四节

中国梦：从个人尊严到国家富强

当前，国家正在宣扬中国梦，践行中国梦。中国梦是中华民族和中国人民的整体利益，是每一个中华儿女的共同期盼。

中国梦是一个文明梦。中国是一个拥有五千年悠久文明的泱泱大国，孔孟学说和老庄哲学奠定了东方人的精神世界，四大发明影响了世界文明；勤劳勇敢的中国人不仅具有绵延不绝的家国情怀，又有知礼包容的传统素养。在当下，以爱国主义为核心的民族精神和以改革创新为核心的时代精神，正在构建中国人新的精神坐标，使中华文明融入了新的内容。中华民族辉煌灿烂的历史文明与当代中国自强不息、日新月异的崭新面貌遥相呼应，构成中华文明绚烂繁荣的两端。

中国梦是一个尊严梦。新中国成立以来，人民的物质生活水平不断提高，精神生活也越来越丰富多彩，个人的发展也有了更加广阔的空间；在国际交往中，中国始终坚守友善和正义，不惧大国、不欺小国，中华民族以自立自强的品质获得其他民族的尊重，中国更以经济发展的引擎带动世界经济的复苏而造福于世界。伴随着中国的国际地位越来越高，近代中国那一段屈辱、沉沦、任人宰割的历史已经彻底成为过去,中国成为一个在国际上有尊严的国家。虽然共和国也走过弯路,遭遇过"文革"浩劫,人民经历过迷茫和痛苦,当前社会还存在着不公、贫困和贪腐,还存在境外敌对势力对民族地区的煽动破坏,但放到整个世界格局中,持续稳定发展的中国社会还是让绝大多数老百姓感到安全和幸福。国家有尊严,个人才有尊严。

中国梦是一个时代梦。放眼世界,这是一个超级霸权式微、新的健康的国家关系正在形成的时代,是人类重新检视自身并与自然开始和谐共存的时代,也是个人价值得到国际社会普遍肯定的时代。立足中国,改革开放焕发出巨大的生产力和非凡的创造力,中国制造的产品遍布世界,赶德超日,中国成为世界第二大经济体;国家五位一体战略的整体推进,使国家综合实力和百姓生活质量得到实实在在的提高;国人依靠自己的智慧和能力,在创造财富的同时也改善自身的生活。

中国梦归根到底是人民的梦。人民是由一个个个体组成的,中国梦是每个人的梦,必须紧紧依靠一个个个体来实现,必须不断为人民造福。习近平总书记说:"生活在我们伟大祖国和伟大时代的中国人民,共同享有人生出彩的机会,共同享有梦想成真的机会,共同享有同祖国和时代一起成长和进步的机会。有梦想、有机会、有奋斗,一切美好的东西都能创造出来。"梦想是一座灯塔,指引追梦者栉风沐雨,坚定前行。梦想是一个国家宝贵的财富,无数国民的梦想感召民族的内心,成就一个国家的复兴。《读者》以人文关怀为主旨,以打造国人的心灵读本为目标,历经三十余年持续不懈的努力,成为中国人的阅读所爱,能与世界上发行量最大的杂志比肩,成为中国期刊界的代表。《读者》的成功,印证了这个与时俱进的伟大时代。《读者》的人文关怀,是中国梦的一部分。《读者》是中国梦的追梦人,也是中国梦的圆梦者。

作为中国梦的追梦人,《读者》清醒地知道新中国一路走来的艰辛付出,更知道梦想实现途中的艰难险阻。只要人们坚定信念、锐意进取、不懈奋斗、攻坚克难,担负起时代赋予的责任和使命,每一天都会比前一天更加接近梦想。

作为中国梦的圆梦者,《读者》要通过自己不懈的努力,继续传递社会的正能量,使社会更加公平正义,让天更蓝、山更绿、水更清、空气更洁净,让每个人的人生价值得以实现,让中华民族以更辉煌的姿态屹立在世界民族之林。

过去,灿烂的中华文明照亮过人类文明发展的进程,今天,有梦的中国必将为世界和平和人类进步做出更卓越的贡献。因此,我们要相信价值的力量,相信年轻人,相信未来的中国,从这个意义上讲,《读者》的事业刚刚开始。

后 记

一

　　每个人的命运都在时代裹挟中向前。印象中,我小学没毕业"文革"就开始了。在中学学习了一年零三个月后,16岁那年,我就到了兰州工农轴承厂当工人。工厂是新厂,很多事情都得自己干,后来当了班长,接触《反杜林论》等马列原著,寻找各种图书丰富自己,写工作小结和搞技术革新,不知不觉就干了八年。1977年冬天,中断十年的高考制度终于恢复,很多人由此改变了命运,中国也由此走上了尊重教育、尊重人才的新时代。在几个月紧张的复习后,我顺利考入兰州大学历史系。四年的大学生活紧张又丰富多彩。毕业后,我被分到了甘肃人民出版社。报到时是1982年年初,大街上洋溢着春节来临的气氛。春节之后,我正式成为《读者》编辑部的一员,在万象更新之际开始了编辑生涯。

　　每个人的成长都与环境密切相关。记得报到时《读者》杂志编辑部一面墙上的一句话给我留下了深刻的印象:"世界上有许多美丽的花,往往开在无人知晓的地方。"编刊本身也是一个学习和成长的过程。很多文章深深影响了我个人的性格和价值观。其中,记忆深刻的有三篇文章:《一个人一生只能做一件事》《上帝变了》《把信带给加西亚》。《一个人一生只能做一件事》告诉我人生精力有限，要明确自己的目标，在实现目标的过程中，不要受各种诱惑的干扰。《上帝变了》告诉我，一个人在世界上可以不逞强，但绝不能软弱，遇到事情的时候要勇敢站出来，否则可能一事无成，最后沦为一个可有可无的人。《把信带给加西亚》则时时提醒自己要忠于职守，不管做编辑还是经营还是管理者，既然组织把事情交给我，就应该想尽办法把事情做好。这既是对组织的忠诚，也是对自己良心的负责。这三篇文章都发表于20世纪。从那个时候开始，中国人的选择就逐渐多起来，社会变革加速，很多人在时代的潮流中一显身手。时间飞逝，转眼间三十年过去了，对我来说，庆幸自己有着不变的坚守，《读者》成为自己持续一生的工作，并成为生命的一部分。

二

《读者》是一个奇迹。其成功的理由有千条万条，但归根到底，还是定位的成功，思想的成功，内容的成功，文化的成功。"博采中外、荟萃精华、启迪思想、开阔眼界"的办刊宗旨奠定了《读者》的基本文化架构，使刊物能够立足中国传统文化，包容世界优秀文化，同时关注人性，关注爱，关注成长，关注社会，虽偏居中国西北一隅，却具有世界的视野、现代的眼光，符合人类进步和时代发展的大趋势。

每个人都面临一个不断取舍的问题，《读者》今天的成功是在坚守信念中实现的。我们在三十多年的办刊生涯中，遇到很多杂志，因为迎合读者被打得七零八落，失去了自己的阵地，甚至消失在时代的洪流中。《读者》用真善美征服了读者，这些传统的美好的东西总是显示出一种强大的力量。《一九四二》热映后，徐帆在第三届北京国际电影节上说，如果没有冯小刚、刘震云内心的坚持，可能就没有这部电影。原来，早在1993年，冯小刚看到刘震云的小说《温故一九四二》后，深受震撼，但多次筹拍都因各种原因而搁置。梦想从种下到变成现实，整整过去了十八年。当然，一本杂志不能解决人生的所有问题，很多人在杂志陪伴了自己一段时间后，离开了她。种种原因，不一而足。但在相伴的那段时光里，某句话，某篇文章，某个故事，可能会在一个人的内心潜伏起来，悄悄生长，在某一刻，这些隐藏在心灵深处的道德和正面的力量被触动了,便显示出不同的作用来。这是这本杂志的不同之处,也是她在人生发展和时代进程中的独特价值。

在《读者》创刊三十年之际,文化大家余秋雨先生曾托朋友带来一幅字:"九州何处无读者,纸页入心为长城。"书法内敛而有力,与这本杂志的气质存在着某种契合。一本有思想、有坚守的杂志能做到发行量这么大,并能影响自己的读者,使阅读者有情操、有追求、有敬畏,甚而在内心建立了文化的长城、道义的长城,实在是让办刊者欣慰,又诚惶诚恐。

三

三十多年来,社会发展日新月异,《读者》杂志也从一棵树长到一片林。我和同事们一起见证了杂志从月发行量十几万册到千万册的发展。目前,《读者》已经到了一个新的发展阶段,也面临许多新的挑战和机会。

一是就中国期刊版图来看,在新的技术应用下,传统出版已经面临严峻的挑战,但面对中国的阅读市场,创新的媒体仍有很大的市场空间。

二是就国家文化发展战略来看,读者出版传媒股份有限公司成立以来,已按照上市公司的要求运作三年,2013年3月底向中国证监会提交了上市申报材料。如何在即将到来的新阶段,按照文化大发展大繁荣的要求,继续坚持文化自觉、文化自信和文化自强,继续坚持道德和信仰传播,在社会主义精神文明建设中发挥积极作用,是《读者》人面临的重要课题。

三是从省内环境来看,读者出版传媒股份有限公司和《读者》也面临一个新的发展战略机遇期。甘肃省委书记王三运提出了华夏文明传承创新区这一重大文化创新和赶超战略,省长刘伟平在政府报告中明确提出加快读者出版传媒股份有限公司上市的任务,省委副书记欧阳坚要求文化品牌企业发挥龙头作用,省委宣传部部长连辑部署了打造"敦煌画派"的具体任务,《读者》作为知名的文化品牌,如何按照省委、省政府要求,在甘肃文化大省的建设中大有作为,是目前日益迫切的问题。

四

《读者》的成功引来了研究者的关注,截至目前,已有几十篇相关论文和几部著作发表和出版。影响大的当属师永刚在《读者》二十周年时出版的《〈读者〉时代》一书,此书前后修订出版了多个版本,发行几十万册。对我个人来说,这么多年,不管是从事编辑、经营工作,还是现在的管理工作,对《读者》的思考从未间断。《读者》创刊三十周年时,读者集团决定为《读者》杂志社的三位老编辑每人出一本书,借此机会,我把编辑思考、研究论文和各类发言集合在一起,出版了平生第一本专著《让〈读者〉御风而行》。我是一个比较随性和有惰性的人,原想在退休后花点时间对积累的资料进行归纳整理、做点研究工作,如果没有中宣部"文化名家暨'四个一批'人才作品文库"的编辑出版,没有中华书局罗华彤编辑的不断催促,这本书可能还在自己的脑海中继续酝酿。

从某种意义上讲,本书只是众多研究中的一家之言。由于交稿时间的紧迫、自身学识的疏浅,很多观点虽已表达出来,但还没有说透。有的观点在脑海中已现端倪,但需要进一步提炼归纳,才能形成文字,这有待本书再版修订时加入。在写作的过程中,还遇到一个贯穿始终的挑战,就是《读者》的文章基本篇篇耐读,当把这许多文章置于一个大的逻辑框架和一个个小的逻辑架构下的时候,理性是增加了,但整本书读下来的流畅感和韵律感减弱了,这不能不说是一个遗憾。为此,本书引用了部分《读者》刊载过的文章、段落和插图,作为一种补充。在此,我要感谢这些作者,他们的作品使《读者》丰盈有灵气,也使这本写《读者》的书丰满多了。另外,书中引用了读者的溢美之词,充满一种表扬和自我表扬的味道。我觉得,人还是需要给自己鼓劲的。《读者》杂志凝结着几代办刊人的智慧,很多人为之付出了毕生的精力和心血,有些人已经退休,有些人已经作古。在前赴后继的《读者》事业中,我借这本书,传递对前人的纪念,对后人的激励。从另外一个方面来看,《读者》杂志乃至"读者"品牌的进一步发展,本身也面临着对过去系统归纳和认真总结的问题。《读者》在改革开放三十多年的时空里,建立了自己的人文关怀体系,这本书只是这个体系在内容和思想上的初步总结和呈现,有心之人可以在此基础上,继续深挖下去。

　　本书在成书过程中,得到多位朋友、同事的帮助。张祖安在资料整理方面做了许多工作;党晨飞对全书章节调整提了合理的建议;范海成和《读者》杂志社的多位同事参与了书稿的校对;张生荣负责对老照片扫描归档;张小乐、魏婕连续加班,保证了排版进度;徐晋林设计的图片插页,使这本有学术味的著作透着视觉的轻松;特别要感谢我的老领导、《读者》编委会前主任傅保珠,他认真地阅读校订了书稿,并提出了中肯可行的修改意见。

　　在本书付梓之际,再次感谢广大读者,感谢志同道合的同事,感谢生命中的亲人和朋友,感谢所有关心、呵护《读者》杂志和"读者"品牌的人。

2013年6月9日